新形态教材

下册

大学生
体育与健康教程

（第2版）

主　编　张瑞瑛　戴东辉　石　磊
副主编　张建社　王　南

U0953104

掌握体育技能　塑造健康体魄

精讲视频　体育干货，掌握要点促健康。

配套题库　在线刷题，轻松复习不挂科。

东北大学出版社
·沈　阳·

图书在版编目（CIP）数据

大学生体育与健康教程. 下册 / 张瑞瑛，戴东辉，石磊主编. -- 2版. -- 沈阳 ：东北大学出版社，2024. 7. --ISBN 978-7-5517-3609-1

Ⅰ. G807. 4；G647. 9

中国国家版本馆 CIP 数据核字第 2024R9S775 号

出 版 者：东北大学出版社
地址：沈阳市和平区文化路三号巷 11 号
邮编：110819
电话：024-83683655（总编室）
024-83687331（营销部）
网址：http://press.neu.edu.cn
印 刷 者：辽宁一诺广告印务有限公司
发 行 者：东北大学出版社
幅面尺寸：185 mm×260 mm
印　　张：14. 5
字　　数：380 千字
出版时间：2024 年 7 月第 2 版
印刷时间：2024 年 7 月第 1 次印刷
印　　数：1—10000 册
责任编辑：向　阳
责任校对：周凯丽
封面设计：潘正一
责任出版：初　茗

ISBN 978-7-5517-3609-1　　定　价：48. 00 元

编委会

前　言

本书是根据教育部制定的《全国普通高等学校体育课程教学指导纲要》编写的。党的二十大报告指出，到 2035 年建成教育强国、体育强国、健康中国，基本实现社会主义现代化；以中国式现代化全面推进中华民族伟大复兴。

全书以立德树人为根本任务，树立健康第一的教育理念，确保开齐开足体育课，帮助学生在体育锻炼中享受乐趣、增强体质、健全人格、锤炼意志。

充沛的精力源于健康的身体。埋头于知识海洋里孜孜以求的学子，体育运动可以使你才思泉涌、智慧倍增。为了更好地适应社会、改造社会、创造文明，愿你更多地参加体育运动吧！

本书由张瑞瑛、戴东辉、石磊、张建社、王南主持编写。参与本书编写的作者包括辽宁科技学院、沈阳建筑大学、北京航空航天大学的教师。在本书编写过程中曾参考和引用了有关著作和研究成果，在此对作者谨致以衷心的感谢。在编写过程中，得到了辽宁科技学院领导和教务部门领导的大力支持，在此深表谢意。

编　者

2024 年 3 月

目　录

第一章　健康概述

章节导读

微信扫码
精讲视频
配套题库

2013年8月31日，习近平总书记在会见全国体育先进单位和先进个人代表时强调：“全民健身是全体人民增强体魄、健康生活的基础和保障，人民身体健康是全面建成小康社会的重要内涵，是每一个人成长和实现幸福生活的重要基础。”习近平总书记还曾强调：“没有全民健康，就没有全面小康。”党中央将全民健身上升为国家战略，高度重视、积极倡导。健康，反映着不同社会历史发展阶段人类物质文明和精神文明发展的水平和程度。树立正确的生命观和健康观，自觉地预防疾病、维护健康，提高生活质量。

第一节　健康的基本概念

身心健康，对于一名正处在发奋进取、在校求学阶段的大学生来说，是至关重要的。那么，什么是健康？健康的含义究竟包括哪些？健康的影响因素有哪些？怎样促进自身健康？……这些是必须首先弄清楚的重要问题。

健康是一个综合概念，它反映着不同社会历史发展阶段人类物质文明和精神文明发展的水平和程度。不同的历史时期，人们在探索生命现象，认识诸如生命与死亡、健康与疾病等基本生命现象时形成了不同的思维形式和行为方式，集中表现为人类健康观的哲学概括。人类历史上大致经历了5次健康观的转变，每一次转变都是社会的进步、医学科学的发展，以及人们对健康需求的不断提高的必然结果；同时，每一次健康观的转变又给人类的生活质量、饮食起居、医疗服务带来了深远影响。

解析不同历史时期健康观的内容及其转变过程有助于人们深入全面地了解生命本质，树立正确的生命观和健康观，自觉地预防疾病、维护健康，提高生活质量。

一、神灵主义健康观

在远古时代，人们就观察到了生命现象，注意到人的生长发育与衰老死亡、健康与疾病等生命现象。从那时起，人们就在不断地探求生命现象的本质。但是，由于古代生产力发展水平很低，科学技术水平也十分落后，科学思维尚未确立，原始的人类对诸如风雨、雷电、山洪、地震等自然现象不够理解，认为世界上存在超自然的神灵在支配着一切，当然也不例外地支配着人类的健康与疾病。那时的人认为，疾病是身外之物，与人体是分离的，来自神灵的惩罚或妖魔鬼怪的附体，对付疾病只能祈求神灵或者依赖巫术，于是，治病在当时就成了“祛病”，死亡则成为“归天”。由于认为健康与生命乃神灵所赐，所以人们要想健康长寿，也只有祈求神灵保佑，靠巫医巫术驱鬼辟邪。这就是人类最早期的疾病观与健康观。

二、自然哲学的健康观

随着社会生产力的发展和科学技术水平的不断提高，人们开始从自然界本身固有的现象来说明生命现象的变化，逐渐形成了朴素、唯物的整体医学观念。古希腊伟大的医学家、被称为医学之父的希波克拉底早在公元前4世纪就提出了体液学说。他认为作为人体主要成分的体液与形成世界万物的基本成分一样，都是由土、水、火、风4种元素构成的，即心脏制造血液（火）、脑制造黏液（水）、肝制造黄胆汁（风）、脾制造黑胆汁（土），这4种体液构成了人的生命；他还认为这4种体液处于平衡状态即为健康，失衡则为疾病，治疗疾病就是调整体液。

同时代的中国医学对生命本质的解释也颇为相似，这便是阴阳五行学说。这是我国中医早期的理论基础。阴阳五行学说认为，自然界中的一切皆由木、火、土、金、水5种基本物质构成。人体与之相对应的是肝、心、脾、肺、肾，阴阳五行，相生相克，若生克适度则构成生命或健康，反之则导致疾病或死亡。用这种以自然哲学为基础的思维方式来解释健康与疾病即自然哲学的健康观。在自然哲学健康观的理论指导下，人类在同疾病的斗争中，在医疗的实践中取得了重大突破和宝贵的经验，为人类的生存和繁衍作出了重大贡献，其中有些理论，我国中医一直沿用至今。但是，自然哲学的健康观由于受经验哲学和科学技术水平的限制，存在着明显的缺陷和不足，不可避免地会被进步的健康观所取代。

三、机械论的健康观

15世纪，欧洲的文艺复兴运动推动了生产力的发展和科学技术的进步。当时盛行以机械运动来解释生命现象，进而形成了新的健康观，认为人体是由许多零件组成的一部复杂机器，心脏是水泵、上肢运动是杠杆运动、饮食是补充燃料……一句话，人是自己发动自己的机器，而疾病则是机器出现故障或失灵，治疗疾病的过程就是对机器的修补与完善。

机械论的健康观驳斥了唯心主义的生命观，把实验科学引进了医学领域，对促进医学科学的发展起到了积极的作用。但由于受历史条件所限，它没能全面、正确地解释复杂的生命活动和疾病的本质，只片面地注意人体的机械性，而忽略了人的社会性与生物复杂性，给后来的医学研究带来了一定的困难，因此，必然会产生更新的健康观。

四、生物健康观

18世纪以后，由于显微镜的逐步改进，人类对世界的认识范围扩大了数百倍。酵母菌、霍乱菌、结核杆菌、伤寒菌等致病微生物的陆续发现，开拓了人类对传染病病原体探求的道路，同时，随着生理学、解剖学、细菌学、病理学等医学学科体系的逐渐形成，人们对健康与疾病的认识有了重大突破，人们认为病原菌是引发疾病的直接原因，即病因。病原菌存在于人所生存的环境中，并与健康的人建立一种平衡状态，当环境发生变化，病原菌的致病能力加强，或人的抵抗力下降而使平衡被破坏时，人表现为罹患疾病。这种仅从生物学角度来分析、研究健康与疾病现象，而忽视了心理因素和社会因素作用的健康观被称为生物健康观。

在生物健康观的指导下，医学家发现了多种传染病的病原体及其预防方法，并相继发明并使用了抗生素、预防接种和灭菌灭虫三大法宝对付传染病和寄生虫，从根本上控制了曾使亿万人死亡的传染病暴发和流行，使其发病率和死亡率明显下降，取得了人类历史上第一次卫生革命——征服传染病——的胜利。生物健康观的发展，无论是从历史角度，还是从现实角度来看，都是一种巨大的进步，它对现代医学的发展起到了十分重要的促进作用。时至今日，虽然健康观有了新的演变，但是生物健康观在医学发展中仍发挥着不可替代的重要作用。

五、生物-心理-社会健康观

生物健康观的建立和发展，使人类取得了辉煌的成就。但同时，其本身的局限性和消极影响也日益暴露出来。它不仅不能很好地解释现代医学提出的一些问题，而且束缚了医学领域研究的进一步深入、扩展。首先，现代人类的疾病谱和死亡谱已经发生了很大变化。理化、生物致病因素对人类健康造成的威胁已降至次要地位，而心理因素、社会因素，以及自然环境和行为方式对人类健康的影响日益突出，心血管病、脑血管病及癌症等身心疾病的死亡率已位居首位。其次，医学进一步社会化，与社会各领域的联系越来越密切。卫生保健工作已不仅是卫生部门本身的工作，而且是需要人人参与的一项社会系统工程。最后，现代人对健康的认识和需求也大大提高了。人们已不满足于躯体结构与功能的完好，而越来越注重整个生命活动的质量。因此，仍在生物健康观的框架里仅从生物学的角度来考虑健康和疾病是很不全面的。在卫生保健工作中只见病不见人、只注重躯体疾病而忽视心理疾患、只进行药物治疗而忽视社会心理治疗的做法已不适应现代人的要求。生物健康观的三大法宝控制了传染病的产生和流行，但对大量慢性身心疾病无能为力，同时，大量慢性疾病的防治单靠卫生部门已不能解决。在这种背景下，人们对新的健康概念和新的健康观逐渐达成了共识，生物健康观开始向生物-心理-社会健康观转变。

生物-心理-社会健康观是由生物健康观转变而来的，它不是对生物健康观的简单否定，而是在继承生物健康观一切优秀成果的基础上对生物健康观的修正、补充、超越和发展。因此，二者有着不可分割的密切联系，也存在着非常明显的本质区别。它们的主要区别首先表现在对健康的认识上：生物健康观认为，“健康是生物学上的适应”，“健康就是机体处于内稳定”，“健康就是没有病”；而生物-心理-社会健康观则认为，“健康不仅仅是没有疾病或不虚弱，还包括在身体、精神、社会适应三方面均处于完好状态”，“健康应包括身体健康、躯体健康、社会适应良好和道德健康”。同时，二者的区别还表现在医学研究和临床的着眼点上：生物健康观只考虑人的生物性，着眼于躯体结构和功能的改变，认为每种生物学致病因子可以引发一种躯体疾病，呈单因单果的关系，临床实践中只关注躯体疾病的预防和治疗。而生物-心理-社会健康观则从人的两重性出发，既重视人的生物性，也重视人的社会性；既重视人的生理活动，也重视人的心理活动；既重视影响健康的生物因素，也重视影响健康的心理和社会因素：认为生物、心理、社会等多种因素可以引发人的多种疾病，呈多因多果的关系，在临床实践中注重从躯体、心理、社会适应及道德修养方面对疾病进行综合治疗。从以上区别可以看出，生物-心理-社会健康观比生物健康观更深刻、更全面、更适用、更有效，对于医学和卫生保健事业的发展具有极为重要的指导和促进作用。

生物健康观以其三大法宝为武器，完成了第一次卫生革命，征服了曾给人类带来灾难的大多数传染病，在人类保健史上立下了不朽功勋；而生物-心理-社会健康观将以完整的社会系统工程为阵地，担负起第二次卫生革命的历史使命，征服当今危害人类健康的主要敌人——慢性疾病，从而全面提高人类的生活质量，促进社会文明进步。

20世纪中叶，随着科学技术迅猛发展和新兴边缘科学不断出现，人类对自身有了一个全新的认识，也赋予了健康更丰富的内涵。1978年，世界卫生组织（WHO）为健康作出了一个比较完整而准确的定义："健康不仅仅是没有疾病或不虚弱，而且还包括在身体、精神、社会适应三方面均处于完好状态。"并提出了健康的10个参考标准：

（1）有足够充沛的精力，能从容不迫地应付日常生活和工作压力而不感到过分紧张。

（2）处事乐观，态度积极，乐于承担责任。

（3）善于休息，睡眠良好。

（4）应变能力强，能适应环境的各种变化。

（5）能够抵抗一般性感冒和传染病。

（6）体重适中，身材匀称。

（7）眼睛明亮，反应敏锐。

（8）牙齿清洁无龋洞、齿龈颜色正常。

（9）头发有光泽、少头屑。

（10）肌肤润滑，有弹性。

这个健康的概念值得推崇，它把人作为一个社会人来看待，强调身体、精神、社会适应三者的协调统一，顺应了现代生物-心理-社会医学模式的需要。现在，健康已被公认为是社会进步的一个重要标志和潜在动力。促进健康不仅仅是卫生部门的责任，也是社会成员共同的责任和义务。近年来提出的亚健康状态也应该引起我们的重视，它是指机体在内外环境不良刺激下引起心理、生理异常变化，但尚未达到明显病理性反应的程度。亚健康状态基本上是由机体组织结构退化及生理功能减退所致。因此，目前将人体衰老的表现也列入亚健康状态的一种类型。亚健康在临床上常被诊断为疲劳综合征、内分泌失调、神经衰弱、更年期综合征等。其在心理上具体表现为精神不振、情绪低沉、反应迟钝、失眠多梦、白天困倦、注意力不集中、记忆力减退、烦躁、焦虑、易惊等。在生理上则表现为疲劳、乏力、活动时气短、出汗、腰酸腿痛等。此外，还有可能出现心血管系统变化，如心悸、心律不齐等。国内外研究结果表明，现代社会完全符合健康标准的人约占15%，有疾病在身的约占15%，其余近70%的人都处在不同程度的亚健康状态。

第二节　影响健康的因素

在传统医学里，将影响健康、引起疾病的原因称为病因，认为疾病与病因之间存在着必然的因与果的关系，只要找到病因，并对其加以干预、控制、消除、杀灭，那么，相应的疾病便可以得到预防、控制和治疗了。但是，目前已知许多疾病，特别是那些慢性非传染性疾病，如高血压病、恶性肿瘤等严重威胁人类健康和生命的疾病，它们的发病机理非常复杂，它们往往是多种因素长时间共同作用的结果，而且多种因素与疾病又不存在必然的因果关系。如众所周知，吸烟是引发肺癌的重要原因，但并不是所有吸烟者都患有肺癌，同样，也不是所有的肺癌患者都吸烟。那么，吸烟究竟是不是肺癌的病因呢？现代医学认为，吸烟是引发肺癌的重要危险因素。

一、健康危险因素的概念

现代医学认为，凡是能够使发病或死亡的可能性增大的因素，均称为健康危险因素。这里，健康危险因素与疾病的关系不再是传统的因与果的关系，健康危险因素涵盖了所有能够使疾病发生的概率增加的因素。健康危险因素概念的产生、应用和发展，冲破了以往传统病因观（单因素学说）的种种束缚，拓宽了人们探索疾病成因和防治的思维空间，为新的现代生物-心理-社会医学模式的确立打下了基础，也为慢性非传染性疾病的控制、治疗和预防提供了理论依据。

二、健康危险因素的特点

1. 潜伏期长，隐匿性强

许多危险因素长期存在于人们的生活中，有些因素已经成为生活习惯，其危害往往不易被人察觉或常常为人所忽视。只有经过较长的一段时间，危险因素在与人反复接触、作用之后，才能引发疾病。例如，吸烟是肺癌的重要危险因素，而肺癌患者的吸烟史往往有十几年、几十年；又如，饮食结构不合理、食用过多脂肪与食盐等不良饮食习惯也往往需要十几年、几十年，才能导致心血管疾病。

2. 特异性弱

现代医学已经多次证实，一种疾病可能由多种危险因素共同引起，同时，一种危险因素又与多种疾病有关，因而也就增加了治疗疾病、预防疾病的难度。例如，冠心病与高血压病、不良饮食习惯、不良精神刺激、吸烟等有关；又如，吸烟是引发肺癌、冠心病、气管炎、胃溃疡等多种疾病的重要危险因素。

3. 联合作用强

多种危险因素同时存在、共同作用可以增加发病率。例如，在吸烟的同时接触石棉或其他有害金属粉尘，肺癌发病率将明显高于一般吸烟人群。

4. 广泛存在

许多健康危险因素经常地、广泛地存在于人们的日常生活之中，存在于自然界和人类社会的方方面面，而且并没有引起人们的足够重视。有的危险因素甚至成为生活习惯、嗜好，如高盐和高脂饮食、吸烟等，要改变已经十分困难。

三、健康危险因素的分类

1. 环境因素

环境是人类赖以生存和繁衍的各种外部条件的总和，包括社会环境和自然环境。社会环境因素包括政治制度、社会经济状况和文化教育等方面。环境对人类健康影响极大，几乎所有人类健康问题都或多或少与环境有关。目前，人类面临着来自环境的严峻挑战，环境污染、能源危机、人口爆炸、粮食问题、金融危机正日益严重地威胁着人类的生存。努力去营造一个理想的自然环境和社会环境是一个功在千秋的伟大事业，每一个有道德、有文化、有理想的新一代大学生都应该自觉地保护环境。

2. 遗传因素

人的性状80%以上来自父母，此即遗传。现代医学研究已经证实，人的一切性状（高矮、胖瘦、寿命长短等）和疾病，都是遗传因素与后天环境因素共同作用的结果。我国所倡导的科学婚姻、优生、优育，目的就是给下一代优良的遗传基因。已有超过4000种疾病的病因被追踪到与生命的基本遗传印记——基因——有关。每个人大概携带20个异常基因，其危险多数为潜在的，只有当与人的行为环境等因素共同作用时，危险才会暴露出来。

3. 行为、生活方式因素

行为和生活方式指的是人们长期受一定的文化、民族、经济、社会、家庭等因素影响而形成的一系列比较固定的生活习惯、生活制度和生活意识。人类很早以前就认识到生活方式与健康息息相关。例如，我国古代政治家管仲早在两千多年前就指出："起居时，饮食节，寒暑适，则身利而寿命益；起居不时，饮食不节，寒暑不适，则形体累而寿命损。"然而，这种观点并没有得到社会的广泛认同，也没有发扬光大。如今，吸烟、酗酒、吸毒、饮食结构不合理、缺乏体育运动、盲目减肥等不良的行为和生活方式正越来越严重地威胁着人类的健康，成为疾病和死亡的重要原因。

4. 心理因素

医学心理学研究结果证明，人的健康状态和许多疾病的产生与心理因素作用有着密切的关系，现今80%的疾病都可以归属于身心系统疾病范畴，尤其是被称作慢性非传染性疾病的心脑血管疾病、高血压病、消化性溃疡、恶性肿瘤等，以及自杀、意外伤害等都与心理因素有密切关系，而上述疾病已成为当今人类主要的死亡原因。

医学研究结果已经证实，消极的心理因素会引起许多疾病，如焦虑、忧郁、悲伤、恐惧、愤怒等都可以引起人体各组织、器官、系统的机能失调，可导致失眠、食欲减退等，从而引起疾病，如高血压病、消化性溃疡、冠心病、恶性肿瘤等。另外，心理因素在疾病的治疗和康复过程中也起着重要作用。

积极的心理状态是保持和促进身心健康的必要条件，积极、乐观、坚强的情绪经得起风雨和挫折、成功和失败的考验，能保持旺盛的生命力，工作效率高、精力充沛。乐观开朗的人习惯从光明的一面看问题，对生活、对未来充满信心，能够战胜一个又一个艰难险阻。总之，每一个人的机体内，都有一种神奇的能战胜困难、创造奇迹的力量，这就是精神力量。积极、乐观向上的心理状态是维护健康、长寿的重要力量。

5. 卫生服务因素

卫生服务是保证人类健康极为重要的因素，是人类征服疾病、控制疾病的重要措施。新中国成立前，由于贫穷、落后，我国的医疗设备简陋、药品奇缺，那时的死亡率特别是婴儿的死亡率极高，人口平均寿命不足40岁。新中国成立后，随着国民经济的飞速发展，各级医疗机构、保健网络从无到有，不断完善，尤其是改革开放以后，引进了大量的先进技术和设备，开展社区服务，加强了农村医疗的基础建设，从根本上改变了过去落后的医疗卫生状况。近年来，我国人口的发病率、死亡率、人均预期寿命等多项健康指标已经达到或接近发达国家的水平。当然，我国现行的医疗卫生服务体系仍存在着许多亟待解决的问题，如卫生医疗经费不足、分配不合理，重医疗轻预防，等等。

深化医疗配套改革，合理配置有限卫生资源、调整完善医疗服务价格……这些改革措施对优化资源配置、提高医疗服务质量，必将起到积极的推动作用，最终也必将进一步提高广大人民群众的健康水平。

第三节 健康教育的概念和意义

一、健康教育的概念

健康教育是指通过有计划、有组织、有系统的教育活动，促使人们自愿地采取有益于健康的行为和生活方式，降低或消除健康的危险因素，降低疾病的发病率和死亡率，以达到促进和维护健康、提高生活质量的目的。健康教育是一种有明确目标的教育活动，它强调人们行为的改变，鼓励、引导人们逐步摒弃不良的生活习惯，养成并保持健康的生活行为习惯，审慎而明智地利用卫生保健服务设施，自觉参与改进个人、集体卫生状况和环境保护等活动。近十多年来，健康教育取得了很大的进展，健康教育的理论和实践得到了极大的丰富，成为现代医学一门新兴的独立学科。其作为一种行之有效的预防疾病、促进健康的措施被全球广泛接受并采用。如今，健康教育已被列为全球初级卫生保健任务之首。

二、健康教育的内容和分类

在我国，根据不同人群的需要和特点，健康教育主要分为四大类。

1. 学校健康教育

世界各国的健康教育，无不从学校开始。学校是青少年社会化的重要场所，健康教育的重点人群是儿童和青少年，因为现在的青少年将是未来的父母、市民和各级领导，对这一代人进行科学的系统的生活方式的教育，将对整个民族身体素质的提高具有决定性的意义。另外，学生本人还可以起到向社会和家庭传递卫生信息、扩大影响范围的作用。所以，学校健康教育事半功倍，应当引起社会的普遍重视。

2. 社区健康教育

社区健康教育就是社区卫生教育，它根据社区的特点及社区中特殊人群的特点而有针对性地开展教育，帮助居民解决他们关注的健康问题。这种教育的效果一般要好于单纯的科普宣传。社区健康教育是现阶段深入开展全民健康教育的重点之一。

3. 医院健康教育

医院健康教育是指医院针对某种疾病患者及其家属所实施的健康教育活动或以健康为中心，为改善患者及其家属、社区成员和医院职工的健康相关行为所进行的有组织、有计划、有目的的教育活动。

4. 优生优育健康教育

优生优育是计划生育具体内涵的延伸，是新的历史条件下对计划生育的具体化体现。优生是婚姻和家庭最重要的问题，优生是利用遗传学原理，来保证子代有正常生存能力的科学。

三、健康教育的意义

1. 健康教育是实现全球卫生目标的重要措施

当前，全球性卫生问题依然十分严峻：传染病和寄生虫的严重威胁仍然存在，慢性非传染性疾病接踵而来。世界卫生组织一份关于世界健康状况的报告指出：未来死亡率的下降，大部分将取决于非卫生部门所作出的努力。换言之，医疗机构并非医疗资源的全部，并非所有疾病都能依靠打针、吃药、手术等医疗技术治愈。一个人健康的获得、寿命的延长不能过分依靠医生，而是主要靠自己，靠自己在日常生活中加强自我保健来预防疾病。而健康教育的目的和宗旨是通过有计划、有组织的教育活动，帮助和鼓励人们树立增进健康的观念，促使人们采取有益于健康的行为，形成健康的生活方式，掌握自我保健的基本技能，自觉投身预防疾病、促进健康的各项卫生工作。所以，健康教育是实现全球卫生策略和我国卫生奋斗目标的重要措施和手段。

2. 健康教育是生物健康观向生物-心理-社会健康观转变的必然

现代的健康观确立后，在考虑健康与疾病问题时，既考虑了人本身的生物属性和特点，也考虑了人的心理因素和社会因素。

随着疾病谱和死亡谱的改变，卫生医疗服务必须从单纯的生物生理治疗向生理、心理综合治疗转变，从单一的“有病治病”型向“预防、保健、康复”型转变。人们不但要求治疗疾病，更要求预防疾病；不但要求延长寿命，更要求提高生存质量和生活质量。而健康教育课随时给予人们有关生理卫生、心理卫生、生物医学、预防医学等诸多实用的医学知识。所以，健康教育也是促进健康观发生转变的手段。

3. 健康教育是提高全民族素质，促进社会主义精神文明建设的重要内容

健康教育不仅着眼于生物体的人，更看到人是有思想、会思维、受社会道德规范和法律制度约束的自然体。加强健康教育不仅能够提高广大人民群众的健康意识和自我保健能力，还可以通过普及医学科学知识，教育和引导广大人民群众破除封建迷信、摒弃陋习，积极参加全民健身运动，养成良好的卫生习惯和健康的生活方式，讲究精神卫生，培养健康的心理素质。健康教育不是单纯促进某一个人不患病，而是促进一个民族、一个国家全民身体素质的提高，而一个国家国民整体的健康水平往往标志着一个国家的经济发达程度。

第四节　大学生健康教育的目标及其效果评价

一、大学生健康教育的目标

大学生健康教育是以大学生为主要对象，以传授健康知识、建立健康行为为核心内容的教育活动。大学生健康教育的总目标：

（1）丰富大学生的医疗保健知识，使其进一步了解健康的价值和意义，增强促进健康的责任感和自觉性，提高自我保健和预防疾病的能力。

（2）帮助大学生自觉选择健康的行为和生活方式，消除或减少健康危险因素的影响，从而促进身心健康，提高生活质量。

（3）近期目标：重点预防传染病和意外伤害，保证学业顺利完成。

（4）远期目标：重点预防慢性非传染性疾病，延年益寿，提高生命质量。

二、开展大学生健康教育的基本要求

为了实现大学生健康教育的总目标，在开展健康教育过程中应做到以下 5 项基本要求：

（1）帮助大学生树立现代的健康意识，必须使他们强烈意识到现代人的健康不仅是躯体无病、体格健壮，更应有良好的心理素质和社会适应能力。

（2）丰富大学生医疗保健知识，使大学生掌握必要的卫生防病知识和急救知识，养成良好的生活卫生习惯，并督促他们持之以恒，以增加自我保健能力。

（3）使大学生认识到不良的行为和生活方式，如吸烟、酗酒、饮食结构不合理、缺少体育运动、生活作息无规律等是诱发多种疾病，尤其是慢性病，如高血压、冠心病、恶性肿瘤的重要病因，会给自身健康带来严重危害，是影响寿命的重要原因。努力帮助大学生改掉不健康的行为和不良的生活方式。

（4）使大学生强烈意识到健康是当代人成长的重要物质基础，必须深刻认识“有了健康不等于有了一切，但失去健康可能意味着失去一切”，增强促进健康的责任感和自觉性，多做有利于自己、有利于社会、有利于子孙后代、有利于环境保护的事情，这是历史赋予的使命。

（5）针对大学生健康方面存在的问题进行教育，并不断从大学生卫生知识的掌握、良好卫生习惯和生活方式的形成，以及体质健康状况的改善等方面来检验健康教育的效果。

总之，开展健康教育，向学生传授医学保健知识，不是为了使学生成为医生，而是为了使学生日后不成为患者。

三、大学生健康教育效果评价

健康教育是一项有计划、有目标、有效果评价的教育活动。健康教育的目标是从根本上预防疾病，维护和促进身心健康。而健康教育效果评价则是依据客观标准衡量健康教育计划的科学性、有效性和可行性。

1. 健康知识水平及应用能力

测定大学生的健康知识水平，可用问卷对照自测方式，以参加健康教育前的水平为基准，同参加健康教育以后的成绩作比较。

测试的内容除普通基础卫生知识外，还应包括社会、心理、环境等方面的知识。此外，更要考查学生应用卫生知识的能力，如遇到溺水、触电等紧急情况，能否用已学到的急救知识进行现场救生，又如在发生高烧、骨折时，能否及时采取求医行为，及时求得卫生服务，这些都是卫生知识水平高低的具体体现。

2. 健康信念的建立

大学生处于青春发育后期，机体代偿机能旺盛，抗病能力强，不易觉察各种危险因素对健康的危害。比如，学生大都清楚胃肠道传染病经口传染，不应生食不干净的瓜果蔬菜，不应混用餐具等，但他们却认为“偶尔几次无碍”或“自己抵抗力强不会发病”而明知故犯。这并非他们卫生知识不足，而是健康信念不强。可用大学生健康信念和对各种健康问题的认识与肯定程度，来反映健康教育的效果。

3. 健康行为的形成

从根本上说，健康教育主要是通过干预、约束人们的日常行为和生活方式，使人们摒弃不良习惯，不断采用健康行为来预防疾病，维护和促进健康。因此，行为的转变是大学生健康教育效果评价的重点。成功地实施了健康教育，必须随之有学生某些不良行为的改变和健康行为的确立，如吸烟的学生减少、出早操的学生增多。考评学生行为和生活方式是否趋向健康，直接反映了健康教育的效果。

4. 健康状况的变化

学生的健康状况改善与否是衡量学校健康教育效果的重要客观指标。常用的评价指标有患病率、发病率、死亡率、生化指标、体育运动成绩达标率和营养状况评价。

随着大学生健康教育的不断深入，逐步建立起适合大学生自我评价健康教育效果的指标体系和客观评价体系，是高校健康教育研究的重要课题。

第二章　心理健康

章节导读

微信扫码：精讲视频 配套题库

2018 年 9 月 10 日，在全国教育大会上，习近平总书记深刻指出：“要树立健康第一的教育理念，开齐开足体育课，帮助学生在体育锻炼中享受乐趣、增强体质、健全人格、锤炼意志。”这为学校体育工作指明了新方向。健康不仅体现在身体层面，心理健康亦很重要。它要求无论在任何环境下都能保持一种良好的心理效能状态，能随环境的不断变化有效地调整自己的心理结构，面对挫折，能更好地表现出积极的适应倾向，个体的社会行为不但能为自身带来愉快和成就，还能为社会环境所接纳。

第一节　心理健康的基本概念

在现实生活中，几乎人人都在心理和人格上遭受过不良社会环境的影响，如经济、教育、居住、职业、待遇等方面的不良刺激，以及心理过度紧张。上述种种都能造成人们心理上的不稳定、不平衡。大学生作为社会上活跃、富有知识的群体，他们的生理和心理处在迅速的变化之中，处于成熟与不成熟之间。而在现实生活中，大学生又面临着竞争、社会责任等各方面的压力。随着社会的发展，人们所承受的心理负荷会相应增加，人们所感受到的矛盾和冲突也会增加，同时大学生人际关系的复杂化等不良应激性刺激也对大学生个体构成心理压力。如果个体不能作出适应性反应，就可能引起心理失衡，引起一系列负性情绪表现，如迷茫、烦躁、失望、忧虑、悲伤、恐惧、愤怒等。这种状况持续下去，就可能导致心理障碍、行为异常。人的心理活动和生理活动是密切相关、相互依存的，不存在无生理活动的心理活动，也不存在无心理活动的生理活动，人的心理健康状况必然会影响到躯体健康。生理健康是心理健康的基础，而心理健康反过来又能促进生理健康。

心理健康是指个体无论在何种环境下都能保持一种良好的心理效能状态，即能随环境的不断变化有效地调整自己的心理结构，面对挫折，能更好地表现出积极的适应倾向，个体的社会行为不但能为自身带来愉快和成就，还能为社会环境所接纳。

心理健康对大学生有效地抗御心理疾病、提高学习效率、完成学习任务、提高人际交往水平和生活质量，有着重要的作用。同时，只有躯体、心理、社会适应全面协调发展，才是高水平的健康状态。

第二节 大学生心理健康的标准

一、大学生心理健康的基本标准

根据我国大学生的年龄、心理及社会角色等特征，一般认为心理健康的基本标准可以归纳为以下几条。

1. 智力正常

智力是人的洞察力、记忆力、想象力、思维力、注意力、创造力的综合，是人从事学习、生活、工作最基本的心理条件，是适应环境、与环境保持协调一致的基本保证。大学生智力是否正常，关键在于大学生的智力能否正常地、充分地发挥效能，是否有强烈的求知欲望和浓厚的探索兴趣。

2. 和谐的人际关系

要长久地保持心理健康，离开和谐的人际关系是难以想象的。因为青春期的心理挫折是不可避免的，单靠个人的力量和智慧是不可能克服全部挫折的。因此，心理健康的大学生一定会乐于与人交往，既有稳定而广泛的人际关系，又有思想上、学习上或生活上志同道合的挚友，经常能从他们那里获得鼓励、信任、支持或抚慰；在与周围人相处时肯定态度（如尊敬、信赖、友爱等）总是多于否定态度（如冷漠、怀疑、憎恶等）。

3. 情绪活动控制适当

情绪在心理变化中起着核心作用，情绪异常往往是心理疾病的先兆，并进而影响一个人的身体健康。情绪可以通过下丘脑、垂体、自主神经系统引起身体、器官功能上的变化，这正是心理因素能够致病的生理学基础。例如，在焦虑、愤怒、怨恨时，人的胃黏膜充血、胃酸分泌增多，进而导致溃疡的发生。因此，大学生要尽量保持情绪稳定、心情愉快，在不同的场合都要有恰如其分的情绪表达，既能克制约束又能适度宣泄，既符合社会要求又符合自身利益，善于自得其乐，不断激励自己奋进。

4. 正确的自我认识

自我认识是个体对自己的认识和评价。一个大学生，应有自我反省的能力，做到有自知之明。对自己的长处和短处能作出客观、公正的评价，既不自恃清高、目空一切，做那些力所不能及的工作；又不妄自菲薄、放弃很多可以取得成功的机会，根据自己的实际情况确定长、短期目标，不断在实践中确立自我形象，主宰自己的命运。

5. 统一的人格

人格是指个体稳定的心理特点的独特综合。心理健康的大学生一般都有正确的人生观，并以此为核心把自己的需要、愿望、目标、行为统一起来，协调起来。他们的行为有条不紊，心理活动与行为方式经常处于统一和谐之中，这称为人格完整。一个人经常欲望与良心冲突、思想与行动相矛盾、思维混乱、语言支离破碎、处事毫无秩序、心理活动与行为方式不协调，这称为人格分裂。这种人会兼有相互对立的人格特征，随着周围环境变化而交替出现，分别表现出片面的人格，如阳奉阴违、口是心非等。

6. 坚强的意志品质

意志是人意识能动性的集中体现，坚强的意志品质是克服困难、完成各种实际活动的重要条件。心理健康的大学生在具有社会价值的活动中都表现出较高水平的自觉性、果断性、坚韧性和自制力。集中表现在制订和执行计划时具有明确的目的性，善于捕捉时机，当机立断，在执行过程中既有坚韧不拔、一干到底的精神，又能在情况发生变化时根据主、客观条件适时做出调整并坚决执行。同时，为了达到目的能够自觉灵活地控制自己的情绪，约束自己的言行，遇有重大挫折，也能采取成熟、健全的适应方式，决不逃避困难。

7. 心理行为符合年龄特征

人在不同的年龄阶段，都有相应的心理行为表现。处在同一年龄阶段的人都有其特有的心理行为模式。一个心理健康的人，心理特点与所属年龄阶段的共同心理特征大致相符。若一个大学生的心理行为经常严重偏离自己的年龄特征，则可能是心理异常的表现。

二、大学生应自觉为增进心理健康而努力

大学生的心理健康状况，不仅关系到大学生本人的生活、学习、工作、身心健康和全面发展，更重要的是关系到民族的素质和人才的质量。因此，增进大学生心理健康，应成为全社会关注的问题，成为大学生自觉努力的方向。

1. 自觉努力学习心理卫生知识

心理卫生知识是大学生增进自我了解进而达到自我调节的理论武器。系统学习了心理卫生知识的大学生，一般自我心理调节能力较强，并有一定的预防潜在心理问题的能力，所以自我心理保健能力普遍较强。大学生可通过听心理卫生课或讲座，阅读心理卫生书刊等途径接受心理卫生教育，并注意把知识运用于自己的生活、学习、工作中。

2. 积极参加各类实践活动

人的心理是在社会文化交往、社会实践活动中形成和发展的，因而多参加人际交往，多参加社会劳动和各种社会活动，才能锻炼自己，提高心理承受能力，增强意志，丰富经验，发展才智，从而促进心理健康。这里所指的实践活动还包括加强体育锻炼、培养良好的生活习惯、丰富业余文化生活等。

3. 大力增强心理自我调节能力

心理自我调节是心理保健的核心内容。大学生的自我心理调节包括调整认知结构，完善自我意识，塑造健全人格，学会情绪控制，提高适应能力，掌握自我调节的方式、技巧（如宣泄法、自慰法、转移法等）。

4. 及时寻求心理咨询帮助

在维护和促进心理健康的过程中，大学生除了重视自我调节外，还应积极取得家庭、学校和社会的支持，争取亲朋好友的帮助；当心理负荷较重、自己不易调节时，应学会并及时寻求心理咨询机构的帮助。增进大学生心理健康，首先是大学生自身的事情，只有大学生自身积极参与和不断努力，才能实现大学生的健康成长。

第三节　情绪对健康的影响

人们每时每刻都在情绪的海洋中游弋，情绪同人们的生活与健康息息相关。当情绪高涨时，满怀豪情，好似世界上没有攻不下的难关；当情绪低落时，似乎任何东西都在同自己作对，干什么都别扭、无趣。这就是不同情绪所起到的不同作用。情绪就像大学生心理活动的着色剂和催化剂，使大学生活染上斑斓绚丽的色彩，催化着人的活动。

现代医学研究结果表明，情绪上的良性感染与反馈，能够促使体内免疫球蛋白A、血清素及多种酶的生物活性水平提高。良好的情绪可以直接作用于脑垂体，保持内分泌功能的适度平衡，改善机体的生化代谢和神经调节功能，从而促进全身各系统、各器官功能的协调与健全。人们经常会感觉到，在心情愉快时做事情效率较高，表现为思路开阔，思维敏捷，解决问题迅速，容易获得成功；在情绪低落或烦躁不安时做事效率明显降低，表现为思路阻塞，操作迟缓，本来能做好的事情也会显得困难重重，无法做好。因此，心理学家认为，在一般情况下，积极的情绪在调节人的行为和活动时起着积极的作用，而消极的情绪则常常对人的活动起着消极的作用。但并非完全如此，如紧张被认为是一种消极情绪，高度紧张会阻碍一个人正常能力的发挥，使活动效率降低，但是适度的紧张却有利于一个人潜能的发挥。人们常可见到一些运动员在正式比赛中的成绩要优于平时训练成绩，不少学生临考前的复习往往比平时复习的效率高得多。

一般来说，情绪健康有3个基本标准，即情绪的目的明确、表达恰当，情绪反应适时、适度，积极情绪多于消极情绪。根据心理健康学的基本理论和青年所特有的心理特征、情绪特征，以及特定社会角色的要求，把青年情绪健康的标准概括为以下几个方面。

（1）能保持正确的自我意识，接纳自我。所谓自我意识，是指个体对自己与自己周围世界关系的认识和体验，这是人格的核心。一个情绪健康的人，首先要有健康的人格，能体验到自身的存在，能够了解自己，有自知之明，对于自己的性格、能力、优缺点都能作出客观的评价，既不妄自尊大，也不妄自菲薄。总之，保持一种积极的生活态度。

（2）能保持和谐的人际关系，乐于交往。人际关系状况最能体现和反映一个人的情绪健康状况，而情绪健康状况又直接体现和反映了一个人的心理健康状况。情绪健康的人，能够用尊重、信任、友爱、宽容（当然是有原则的）、理解的态度与他人相处；对于友谊和爱（广义的），既能接受和分享，也愿意付出；有合作精神，乐于助人，能为他人和集体所接受。

（3）能及时、准确、适当地表达自己的内心感受。

（4）敢于面对现实、承认现实和接受现实。实际上，就是能具有良好的环境适应能力。只有主动地适应现实环境，才有可能驾驭它、改造它，真正地解决问题。

（5）能协调和控制情绪，保持良好的心境。虽然，情绪和心境在很大程度上都要受制于时间和情境，但最终对其起决定性作用的还是在实践中形成的理想、信念和人生价值观。

（6）情绪反应正常、稳定，能承受喜怒哀惧的生活考验。这意味着，拥有健康情绪的人，有清晰而深刻的认知方式，思维方式适中、合理，待人接物有分寸，不会有偏激的情绪反应及行为反应。

在现实生活中常会发生不如意的事，如果不能处之泰然，就很容易引发各种消极情绪，甚至导致生理、心理疾病的产生。每一个人都曾努力设法摆脱一些不愉快的心情，也曾觉得无能为力。为了保持自身的身心平衡，美国心理卫生学会曾提出 11 条要诀，不妨作为参考。

①不苛求自己。不要求自己十全十美，把目标和要求定在自己的能力范围之内，懂得欣赏自己的成就。

②不过高期望他人。每个人都有自己的想法，都有他的长处和短处，不必要求别人迎合自己的意愿。

③疏导自己的愤怒情绪。如果在怒气刚开始上升时就能意识到“我正在发怒”，就拥有了较大的转变空间，可以选择发泄，也可以选择“笑骂由人去”或“退一步海阔天空”。

④偶尔也要屈服。凡事从大处看，小处有时无须过分坚持，以减少和他人的冲突，这样便可减少自己的烦恼。

⑤暂时逃避。遇到挫折情绪时，不必每次都正面迎接，也可选择暂时回避，去做喜欢做的事，等待心情平复，再重新面对难题。

⑥向他人倾诉烦恼。把烦恼埋在心底会使人郁郁寡欢，可把烦恼告诉知己好友，甚至可以向陌生人倾诉。

⑦为别人做点事。助人为快乐之本，帮助别人不仅可以使人忘却自己的烦恼，更可以确定自己存在的价值，还可以获得珍贵的友谊。

⑧在一段时间内只做一件事。长期面对很多亟须处理的事会感到压力太大而引起心理疾患，甚至导致精神崩溃。要学会避免同时进行多件事情，以免弄得自己心力交瘁。

⑨不要处处与人竞争。处处与人竞争会使自己经常处于紧张状态。只要不把别人看成对手，他人也不会与你为敌。

⑩对人表示善意。对他人关心和表示善意过少，会使他人有戒心，让别人了解你对他的善意，他也会给你相应的回报。

⑪娱乐。娱乐的方式不太重要，重要的是能令你心情舒畅，消除心理压力。

大量研究结果表明，体育锻炼是一种低经济支出、低风险和低副作用的有效改善身心健康的手段。体育锻炼能直接给人带来愉快和喜悦，并能降低紧张和不安，从而调控人的情绪，改善心理健康状况。体育锻炼的情绪效应有短期效应和长期效应两种。温伯格（Weinberg）等人认为，一次 30 min 的跑步可以显著地改善紧张、困惑、焦虑、愤怒和抑郁等不良情绪状态。同时，伯格（Berger）认为，长期有规律的中等强度的体育锻炼有助于改善不良情绪，并使心理承受能力增强。

第四节　大学生常见的心理疾病

心理疾病是一类以精神活动失调或紊乱为主要表现的疾病。它包括神经症、精神病、性变态及精神发育迟滞等。

一、神经症

神经症过去被称为神经官能症，系一组非器质性的大脑功能轻度失调的心理疾病。

神经症的特点：3个月以上的持久性精神冲突，病人觉察到这种冲突，并因此而精神十分痛苦，但没有任何可以证实的器质性病变。主要包括神经衰弱、焦虑症、抑郁症、恐怖症、强迫症、疑病症、癔病等。

1. 神经衰弱

神经衰弱是大学生中最常见的神经症，有三大主要症状：易兴奋和易疲劳、易激惹好烦恼、肌肉紧张睡不好。主要表现为回忆联想增多、注意力涣散、感觉过敏、脑力下降、易急躁发怒、伤感、委屈、入睡困难、易惊醒、紧张性头痛、周身不适等，此外还伴有自主神经症状，如心悸、胸闷、消化不良、食欲不振、尿频、月经失调等。

神经衰弱是某些心理因素，如适应不良、人际敏感、恋爱受挫及学习问题等，使得大脑神经活动长期持续紧张而兴奋与抑制失调所致。以往不少人认为神经衰弱是大学学习紧张造成的，这是一种误解。其实脑子越用越聪明，真正导致本病的不是脑力劳动过度，而是脑力劳动中的不良情绪、消极劳动态度及缺乏劳逸结合等因素。此外，本病与人的个性特点有很大关系，如性格偏于胆怯、自卑、敏感多疑，依赖性强，或偏于主观、任性、好强、急躁、自制力差的人更易患本病。

2. 焦虑症

焦虑症是一种焦虑反应同时伴有自主神经系统功能紊乱症状的神经症。主要表现为有一种难以言明的内心紧张、恐惧，好似灾难降临，同时伴有心跳加速、胸闷、呼吸困难、皮肤潮红或苍白、多汗、恶心、坐卧不宁、来回走动，甚至虚脱昏倒等。

心理动力学派认为，焦虑症是由心理冲突引起的；行为学派认为，焦虑是通过条件反射建立而形成的反应，其作用在于激发某些行为，以避开使之感到困窘的处境。也有人认为，当人们感到对自己的命运失去了主宰能力，同时没有把握从别人那里取得帮助时，就会出现焦虑。焦虑症患者的个性特点是情绪不稳，自卑多疑，夸大困难，躯体微小不适就易引起很大反应，依赖性强。

3. 抑郁症

抑郁症以持久性情感抑郁为特征。主要表现为哀伤、悲观、孤寂和自我贬低等，同时伴有胸闷、乏力、头痛、背痛、失眠、叹息等。

本病发作均与明显、强烈、持续的心理因素有关。在大学生中，多是在遇到生活中的不幸遭遇、学习中的困难、恋爱中的挫折，尤其是自尊心受到伤害时发生。患者的个性特征多为内向闭锁、处事悲观、多愁善感、依赖性强。

4. 恐怖症

恐怖症是指对某一特定的事物或环境产生持久的、强烈的、不合理的、难以自控的恐惧感，同时伴有植物神经系统症状。

大学生常见的主要是社交恐怖症。有社交恐怖症的学生害怕出现在众人面前，尤其对被别人注意极为敏感。因此，有的患者怀疑自己目光不正常，怀疑自己身体有异味，以致不敢与人对视，回避与人谈话，怕见生人，更怕见异性，严重者不敢出门。

本病患者个性特征，一般偏胆小、害羞、敏感、依赖性强等。

5. 强迫症

强迫症的特点是患者意识到的自我强迫与自我反强迫同时并存，两者冲突导致紧张不安，十分痛苦，但又无法摆脱。其主要表现为强迫观念、强迫意向、强迫行为。强迫观念如强迫回忆、强迫性对立思维等。强迫意向表现为经常感到有强烈的内在驱使或者立即行动的冲动，被一种与当时情景不吻合的意向所纠缠，但无实际的行为表现。如端一盆水，有泼向别人的意向，但并没有泼。强迫行为，表现为屈从于强迫观念的反复计数、核对等，或表现为对抗强迫观念而形成的一系列复杂仪式动作。

强迫症是一种典型的心理冲突。在强迫症状出现之前，患者有难以调节的内心冲突、潜在焦虑，而强迫症状正是这种内心冲突、潜在焦虑的一种转移和释放，然而也正是患者意识到这些强迫症状的不必要并竭力去控制它、对抗它，才形成新的心理冲突和新的紧张焦虑，如此循环，症状被巩固加深。

本病患者的性格特征往往是谨小慎微，缺乏自信，墨守成规，主观任性，好强急躁，优柔寡断，常有不安全感、不适感。

6. 疑病症

疑病症以疑病为特征。患者对自己的健康状况过分关注，并确信自己患了某种疾病，四处求医，医生予以排除，仍坚持已见。为此，病人陷入焦虑、恐惧情绪之中，惶惶不可终日。

疑病的发生除人格因素外，一般与不科学的卫生宣传，道听途说，对医学书刊的片面理解，医疗过程中医生的语言不慎、诊断不确切，以及他人的不良暗示有关，常因身体虚弱和心理挫折、危机感而发病。从心理角度分析，疑病症是不安全感的转移或渴求关怀、爱护的病态表现。现实中，常有些人把学习中、事业中的挫折和失败等转移到对健康的担忧上，虽然避免了对自己才智、能力的怀疑和否认，以及名誉、地位的受损，但却换来了对“病”的恐惧，实质上是一种退行到幼稚状态的消极自我防卫。

7. 癔　病

癔病又称歇斯底里，多突然发病，出现与神经系统解剖不相符合的感觉、运动障碍和自主神经功能失调、精神障碍等现象。

躯体症状：一般感觉障碍呈手套样、靴子形式，半侧身体麻木及无解剖病变的耳聋、失明、失音等；运动障碍，如抽搐、痉挛发作、手足乱舞等；瘫痪呈迟缓型且无肌肉萎缩。精神症状常伴情感暴发，如撕衣、捶胸、顿足、哭笑不止，有时伴有轻度意识模糊，发作后有部分遗忘等。本病发作均有明显诱因。首次发作的心理创伤不仅是直接原因，而且影响症状的组成和内容。具有癔病性人格特征者，如感情色彩浓厚、暗示性强、自我中心、幻想丰富生动等易患本病。

二、精神病

精神病是指精神功能受损程度已达到自知力缺失严重，不能满足日常生活要求，与现实不能保持恰当的接触。其特点表现在：①病情严重，影响到病人生活的各个方面；②不能保持正常的人际关系，丧失了对现实的检验能力，对环境产生了歪曲的感知和认识；③情感反应与正常人有质的不同；④常有幻觉、妄想；⑤精神衰退现象明显；⑥自知力丧失，觉察不到自己的病态。这里讨论的是功能性精神病，包括精神分裂症、情感性精神病、偏执性精神病、反应性精神病等。

1. 精神分裂症

精神分裂症是指以思维、情感、行为等多方面的障碍与精神活动的不协调，以及精神活动与环境不协调为特征的一种最常见的重型精神病。其基本特点表现为思维破裂、内容松散、语句之间缺乏内在意义的联系等；情感反应迟钝、淡漠，思维内容和外界刺激不吻合；行为被动、退缩、活动减少，主要以幻觉、妄想症状表现出来。幻觉即在没有相应刺激作用于感官时所出现的虚幻知觉体验，如幻视、幻听、幻嗅等。病人的行为受幻觉支配。妄想是一种错误的信念，其特点为病人坚信不疑并为病人一个人所特有，完全不接受事实和说理的纠正，主要内容是自我中心。常见的妄想是被害妄想、关系妄想和影响妄想。此外还有夸大妄想、钟情妄想、罪恶妄想、变形妄想等。目前，精神分裂症的病因尚未完全阐明。一般认为，环境中的不良精神刺激有重要作用，家庭中的遗传因素对本病发生有一定影响。

2. 情感性精神病

情感性精神病又称躁狂抑郁性精神病，是以情感障碍为主要特征的一种精神病。常表现为情绪低落、抑郁、思维缓慢、行动迟缓的抑郁状态和情绪高涨、思维奔逸、健谈异常、活动增多的躁狂状态。本病发病机理不清，可能与遗传因素和童年经历有关，而直接原因可能同应激性生活遭遇和间脑功能紊乱有关。

3. 偏执性精神病

偏执性精神病包括偏执狂和偏执状态，共同特点是持久的偏执妄想。病人内心脆弱却又固执己见，程度轻重不一，从仅仅是持续的牵连观念、被害感，到影响妄想、夸大妄想和嫉妒妄想，但无幻觉。智能保持良好，在不涉及妄想的情况下，往往没有明显的精神异常。

4. 反应性精神病

反应性精神病是在重大精神刺激下而得的精神病。可能与遗传素质、神经类型、性格、躯体状况等因素有关。本病临床表现不一，可分为急、慢性两种类型。前者在急剧强烈的精神因素作用下迅速发病，表现为反应性意识模糊状态、反应性木僵、反应性兴奋；后者多由长期持续的精神因素所致，病程迁延，精神症状活跃，但少有变化，表现为反应性抑郁、反应性偏执状态，整个活动都集中在创伤体验上。

三、正确对待心理疾病

如何正确对待心理疾病，是个体和社会文明程度的反映。这里包括正确认识心理疾病，正确对待自己的心理疾病，正确对待周围的心理疾病患者。

（1）心理疾病无论是神经症还是精神病，它们所表现出来的异常心态和行为都不是思想有问题，不是装病或偷懒，而是疾病症状的表现。它们都不会传染，二者之间也不会互变。在大多数情况下，精神病人与常人无明显差异，完全可以边治疗，边学习和工作，也不明显影响人际交往。若说有妨碍，多是由周围人的偏见、恐惧及患者本人的敏感、自卑造成的。积极正常地参与社会生活对于病人的身心康复是至关重要的。如果长期待在家里，脱离工作，反而会使病人越来越退缩，疾病迁延不愈。因此，对待心理疾病患者，尤其是精神病患者，全社会应理解、关怀、帮助，多给他们一些工作和成功的机会，而不应歧视、厌恶、排斥、疏远、冷淡，因为这些往往比疾病本身更深地伤害病人，而导致疾病复发或病情加重，甚至使患者失去信心。

（2）心理疾病都会伴随着一些心理生理症状，如失眠、肌肉紧张性疼痛及其他一些自主神经系统症状，神经症患者往往高估自己的不适感觉而心烦意乱，从而陷入恶性循环之中。他们常放弃正常的学习、工作，四处求医，企望找到某种药到病除的“灵丹妙药”。这种追求药物本身就是一种神经症行为。也就是说，他们回避自己的内心现实，不通过改变生活态度和生活实践去解决心理冲突，而以药物依赖心理掩盖心理冲突；为了暂时缓解精神痛苦而不惜拖延心理冲突的根本解决，使根本解决变得更加困难。因此，医生和患者都必须用社会眼光看待神经症医疗问题背后的心理社会问题，揭示并努力纠正患者的这种认知偏差，这对患者的自我调节和接受治疗是非常必要的。

（3）每个人都可能偶尔出现不良的心态，这是正常且不足为怪的。但有些过于敏感、对心理疾病知识一知半解的人，就可能“对号入座”，想当然地以为自己得了神经症，并为此惶惶不可终日，强化了自己的不良心态和神经症性反应，逐渐在观念上和行动上把自己推到了神经症的行列。需要强调指出的是，神经症、精神病的诊断，必须经从事本专业的专家认真检查、观察后才能确立。切不可胡乱为自己或他人贴上“神经症”或“精神病”的标签，否则危害极大。

（4）得了心理疾病应积极治疗。对于精神病，特别是发作期，患者本人及家属千万不要忌讳精神病院，应及时住院治疗，治疗越早效果越好，否则，会贻误病情。

神经症主要是心理障碍，应从心理治疗入手，但不能病急乱投医。因为不同的心理医生有不同的治疗方法，见到效果也要有一个过程。到处看病，辗转求治，各种方法浅尝辄止，极有可能对心理治疗方法产生阻抗或失去信心而致病情迁延。

此外，神经症患者本人及其同事亲友切不可对神经症及其心理生理症状过分关注，如反复询问患者的体验，陪同四处求医，对患者百依百顺，这样反而强化了病人本无器质性病变的患病意识。同时，患者本人也不要把一切活动目标都集中在治疗上，不要整天寻找新的、特效治疗方法，不要指望在短期内就可以治愈，更不要把自己从正常的生活中退出来，而应积极投入学习、工作、娱乐、人际交往中，做到“任不安常在，带着症状去生活”，坚持下去就会治愈。

（5）神经症患者多有人格方面的某些不足和认知方面的某些缺陷。在积极寻求心理治疗帮助过程中，最关键的一点是自觉加强自身的心理调节。而疾病的最终根治在于患者能够自觉地改善个性，调整认知方式，塑造完美的人格，学会避免、驾驭和控制应激；提高挫折承受力和适应力，纠正不良的行为习惯、生活方式，培养良好的情绪，学会在紧张刺激下采取积极可行的心理防御机制来解决心理冲突，增强自信，实事求是地确定合理抱负，等等。除此以外，“顺其自然”对于神经症患者来说，是极有益的警世格言。

第五节　心理咨询与心理治疗

一、心理咨询

心理咨询是运用心理学的方法和原理，帮助来访者发现自己的问题及其根源，从而挖掘来访者自身的潜在能力，即改变原有的认知结构和行为模式，以提高对生活的适应和调节周围环境的能力。心理咨询的范围非常广泛，包括障碍性咨询和发展性咨询。前者偏重心理门诊，是对心理障碍、心理疾病、心身疾病的咨询和治疗；后者偏重心理保健、情绪调节、潜能开发，指导来访者更好地认识自己发展自己，提高社会适应能力和生活质量。如在学习方面，如何克服记忆力下降，提高学习效率；在人际交往中，如何克服害羞、孤僻、自卑等心理障碍，如何了解别人，以及赢得老师、同学的理解、信任和尊重；在生活方面，如何适应新的校园环境；在恋爱方面，如何处理单恋、失恋；在疾病康复方面，如何清除因恐惧疾病而产生的心理压力，如何对待生理功能上的缺陷；在毕业时，如何进行职业和工作单位的选择；等等。

二、心理咨询的原则

咨询原则是指导咨询工作的基本原理，是必须遵循的根本要求，主要包括：

（1）咨访相结合的原则。建立良好的咨询关系是心理咨询工作最关键的条件，这一条件的建立需要咨访双方的共同努力。

（2）个别与一般相结合的原则。心理咨询有一般的规律，但每个来访者又都具有特殊性，即使两个心理问题一致的人，也应认真研究各自的个性特点、生活环境。因此，在分析诊断与指导时，必须注意个别与一般相结合的原则，才能取得事半功倍的效果。

（3）情感上处于中性，避免武断。心理咨询要取得较好的效果，最基本的条件就是对事物的客观分析与判断。因此，咨询人员在情感上处于中性状态，避免因情感偏移影响自己的判断力是非常重要的。

（4）开发潜力原则。立足开发潜力，咨询人员就会更多地启发、调动来访者自我探索的积极性，更关注人的发展，更能理解人和对人充满信心。

（5）综合性原则。在咨询过程中，应综合分析生理、心理、社会诸因素在心理健康中的作用，注意各种咨询方法的综合运用。

（6）社会性原则。在咨询过程中，咨询人员应随时注意把握好社会性原则，使自己的谈话与社会规范相一致，建设性意见与来访者社会文化背景相一致。

（7）严肃审慎的原则。咨询人员在谈话时态度要严肃认真，语言要审慎准确。不清楚的地方不要牵强附会，切忌发表模棱两可和前后矛盾的意见，使来访者产生犹豫、怀疑的心理压力，损害来访者对心理咨询的信心。

（8）保密原则。尊重来访者的权利和隐私是心理咨询的一大特点，也是咨询人员最基本的职业道德之一。

三、心理咨询的方法

现就国内大学生心理咨询过程中常用的几种方法介绍如下：

1. 心理分析法

心理分析法创始人是西格蒙得·弗洛伊德，属心理动力学范畴。这种方法通过与来访者的深度讨论分析，破除其心理阻抗，使来访者清楚自己潜在的动机、致病症结，进而帮助来访者寻求成熟有效的方法去适应环境。其原理是把压抑在潜意识中的心理矛盾和冲突诱发出来，使来访者明了症状的实质，从而使症状失去存在的意义而消失。

目前，常用以下几种结合现实生活改进的简便易行的方法。

（1）疏泄疗法。本法就是要让来访者痛快淋漓地倾诉，把压抑在心头的重负释放出来，从而恢复心理平衡，防止心理和躯体疾病发生。

（2）领悟疗法。本法是指在进行心理分析时，可以不强调过去或只进行简单的回忆，而把重点放在对临床症状的分析和直接推理上，使病人认识到自己的病态情绪和行为是幼稚的、不成熟的，从而领悟而减轻或清除症状。

（3）暗示疗法。暗示疗法是通过语言或非语言的手段（如表情、手势）等，以含蓄的方式引导患者顺从，被动地接受咨询人员的意见，即能消除疑虑，增强康复的信念，改善不良的心境，从而达到咨询治疗的目的。

2. 行为疗法

行为疗法来自实验心理学和有关学习的理论。其基础认识是人的异常行为和正常行为一样，都是通过学习获得的，既然可以通过学习获得，同样也可通过学习纠正。

（1）系统脱敏法。本疗法应用经典条件反射原理，通过逐步递增引起恐惧、焦虑的情景强度，增强耐受力，直至消除恐惧、焦虑反应。

（2）厌恶疗法。厌恶疗法将欲戒除的异常行为与某种不愉快的或惩戒性的刺激结合起来，通过厌恶条件反射的建立，达到戒除或减轻异常行为的目的。多用于药物瘾癖、吸毒、酗酒、赌博、强迫症、性变态等。

3. 人本主义疗法

人本主义疗法的创始人是美国心理学家卡尔·罗杰斯。本疗法强调为来访者创造理想的治疗环境，营造温暖、真诚、理解和无条件关怀的气氛。帮助来访者进行深入的自我探索，认识自身价值的潜能，对自己的成长负责，争取自我实现。

（1）患者中心疗法。罗杰斯认为，人在自身内部有理解自己、改变自我的概念和基本态度，并有指导自己行为的广阔潜能，只要营造适宜的气氛，这种潜能就能充分开发出来。这种气氛就是友爱和无条件的积极关怀，当来访者感到十分安全自由时，就会不加防御地将郁积在内心的问题畅快淋漓地吐露出来。原有的紧张、焦虑，以及由此而产生的身心症状就会减轻甚至消除。

（2）认知疗法。认知心理学认为，人的心理和行为受人的认知所支配。某些个人的情绪障碍和非适应性行为主要是不良的认知、不合理的消极信念和思想对现实曲解的结果。咨询治疗的关键在于指导来访者改变原有的认知结构，解除歪曲的非理性观念，代之以更现实的逻辑思维方式，从而改变行为。

4. 支持性心理疗法

支持性心理疗法指不伴随其他心理疗法，而是以提供支持为主要内容的心理疗法。主要方式有：

（1）通过倾听引导来访者谈出内心的积怨、痛苦和不满，使之有机会宣泄积压在心底的郁闷。

（2）通过支持与鼓励，使面临困惑、孤立无援而又无所适从的焦虑或抑郁者得到依靠和信赖，使之看到光明，恢复自信。

（3）通过分析提示调整行为，使因缺乏知识和经验或受错误观念影响而产生的烦恼、困扰者调整原有的认知结构及错误观念，培养合理的适应行为。

5. 其他心理疗法

（1）森田疗法。森田疗法是日本森田正马教授于 20 世纪 20 年代创造的，日本一直沿用，并已受到世界各国的高度重视，主要用于神经症治疗，其机制是“听其自然”。

本疗法就是把当前固定于自己心身的精神改变方向，使之朝向外界，摆脱精神内部冲突，即对自己的症状及情绪改变完全服从，不企图对抗，以正常人的生活目的去行动。所谓“忍受痛苦，为所当为”，“任不安常在，带着症状去生活”，就是“顺其自然”的态度，坚持下去就会治愈。

（2）催眠暗示疗法。本疗法不是简单催人入睡的技术，而是应用某种方法（如语言或药物）使人进入一种特殊的意境，即通常所说的催眠状态，然后，催眠师借助语言或动作暗示，消除患者的病态心理或躯体障碍。

此外，还有娱乐疗法、松弛疗法、生物反馈疗法等，在此不一一介绍了。

第三章　《国家学生体质健康标准》

章节导读

2014 年 2 月 7 日，习近平总书记在看望索契冬奥会中国体育代表团时指出：“体育是提高人民健康水平的重要手段，也是实现中国梦的重要内容，是能够为中华民族伟大复兴凝心聚气的强大力量。”“体育承载着国家强盛、民族振兴的梦想，体育强则中国强，国运兴则体育兴。”《国家学生体质健康标准》是促进学生体质健康发展、激励学生积极进行身体锻炼的教育手段。标准的实施将使学生和社会能够对影响身体健康的主要因素有一个更加明确的认识和理解；标准的实施有助于提高人民健康水平；标准的实施有助于中国梦的实现，为中华民族伟大复兴提供凝心聚气的强大精神力量。

第一节　《国家学生体质健康标准》概述

《国家学生体质健康标准》是为了贯彻落实健康第一的指导思想，切实加强学校体育工作，促进学生积极参加体育锻炼，养成良好的锻炼习惯，提高体质健康水平而制定的。它是《国家体育锻炼标准》的有机组成部分，是《国家体育锻炼标准》在学校的具体实施，是国家对学生体质健康方面的基本要求，适用于全日制小学、初中、普通高中、中等职业学校和普通高等学校的在校学生。

一、《国家学生体质健康标准》的内涵

《国家学生体质健康标准》是测量学生体质健康状况和锻炼效果的评价标准，是国家对不同年龄段学生体质健康方面的基本要求，是学生体质健康的个体评价标准。健康的概念包括身体健康、心理健康和社会适应。《国家学生体质健康标准》涵盖的是与学校体育密切相关的学生身体健康范畴。为了界定它的内涵，又避免其与三维的健康概念混淆，将“体质”作为“健康”的定语以示其内涵。

二、《国家学生体质健康标准》的说明

为建立健全国家学生体质健康监测评价机制，激励学生积极参加身体锻炼，教育部印发了《国家学生体质健康标准》（2014 年修订）（以下简称《标准》），要求各学校每学年开展覆盖本校各年级学生的《标准》测试工作，并根据学生学年总分评定等级。只有达到良好及以上的学生，方可参加评优与评奖。新修订的《标准》适用于全日制普通小学、初中、普通高中、中等职业学校、普通高等学校的学生，将学生按照年级划分为不同组别，身体形态类中的身高、体重，身体机能类中的肺活量，以及身体素质类

中的50 m跑、坐位体前屈为各年级学生共性指标。

三、实施新的《国家学生体质健康标准》的意义

1. 贯彻落实“健康第一”的指导思想

健康的体魄是青少年为祖国和人民服务的基本前提，是中华民族旺盛生命力的体现。学校教育要树立健康第一的指导思想，特别是学校体育直接肩负着增强全体学生体质和促进全体学生健康的使命。但是，用“健康第一”的指导思想和素质理念来审视目前所采用的体育锻炼标准的手段和方法，还存在一些不完善的地方或者在实际操作上的缺陷，如用身体运动素质的测试指标来反映学生的健康水平是否合理？如何解决体育教学中测什么就教什么、考什么就练什么的应试教育倾向？如何解决测试项目过于繁杂、重复的问题？如何将测试内容的科学性、合理性和可操作性相结合？为了解决上述问题，使学生体质健康评价在学校体育工作中起到正确积极的导向作用，教育部和国家体育总局研制了符合“健康第一”指导思想的《国家学生体质健康标准》。《标准》作为促进学生体质健康发展、激励学生积极进行身体锻炼的教育手段，是学生体质健康的个体评价标准，也是学生毕业的基本条件之一。因此，它的实施必然会促进学生积极锻炼，不断纠正和改变目前学生体质健康状况出现的问题，从而使学生拥有健康的体魄和健全的人格，将“健康第一”的指导思想落到实处，充分发挥学校体育在素质教育中的作用。

2. 满足社会发展对人体健康的需要

现代文明在给人们带来充分的物质享受的同时，也给人类的健康带来了一些新的问题。人们对于健康的要求越来越高，健康的新概念不再是没有疾病或不虚弱，而是生理-心理-社会三维健康观，体育对于促进健康有着不可替代的作用。同时，人们对于如何通过体育锻炼提高体质健康水平在理念和认识上也有了进一步的提高，在手段和方法上也有所改进和创新，在测量与评价方面也发生了一些新的变化。《标准》中选择的测试内容突出了对发展和改善学生健康有直接影响且关系密切的身体成分、心肺循环系统的功能、肌肉的力量和柔韧性，体现了现代社会对健康的具体要求，从而满足了社会发展对于体质健康评价的要求。

3. 发展并完善学生体质健康评价体系

《标准》是在继承以往经验的基础上，借鉴国外的先进经验，针对全国学生体质调研出现的问题，建立的以健康素质为主要指标的新的评价体系。《标准》的颁布将实现一标多用。第一，取代《国家体育锻炼标准》学生部分，《标准》是《国家体育锻炼标准》的组成部分；第二，取代大中小学学生体育合格标准，凡已实施《标准》的学校，《体育合格标准》停止执行；第三，可以作为体育课成绩评定中体能部分的参考评价依据；第四，可作为初中学生毕业升学体育考试的重要参考依据；第五，与全国学生体质调研的部分指标测试数据能够相互兼容。《标准》是激励学生积极进行身体锻炼的教育手段，不是为了测试而测试。采用个体评价标准，学生能清晰地看出个体差异与自身某些方面的不足。这十分有利于通过测试促进学生积极参加体育锻炼，促进身体健康，使其成为具有正确的体育意识和健康的生活方式的高素质人才。

四、《国家学生体质健康标准》的功能

1. 教育激励

《国家学生体质健康标准》是促进学生体质健康发展、激励学生积极进行身体锻炼的教育手段。所选用的指标可以反映与身体健康关系密切的身体成分、心血管系统功能、肌肉的力量和耐力，以及关节和肌肉的柔韧性等要素的基本状况。《标准》的实施将使学生和社会能够对影响身体健康的主要因素有一个更加明确的认识和理解，引导人们去积极追求身体的健康状态，实现学校体育教育的目标。《标准》实施办法还规定，对达到合格以上等级的学生颁发证章，以激励学生对体育锻炼的内在积极性。

2. 反馈调整

《国家学生体质健康标准》是学生体质健康的个体评价标准，并规定了各校应将每年测试的数据按时上报至国家学生体质健康标准数据管理系统。该系统具有按各种要求进行统计、分析、检索的功能，并定期向社会公告。该系统为学生及家长提供了在线查询和在线评估服务，向学生提供了个性化的身体健康诊断，使学生能够在准确地了解自己体质健康状况的基础上进行锻炼；该系统还为各级政府机关、教育行政部门、学校提供了翔实的统计和分析数据，使之了解学生的体质健康状况，及时采取科学的干预措施。

3. 引导锻炼

新的《国家学生体质健康标准》增加了一些简便易行、锻炼效果较好的项目，并提高了部分锻炼项目指标的权重，对引导学生进行体育锻炼具有较强的实效性；同时，通过国家学生体质健康标准数据管理系统，学生还可以查询针对性较强的运动处方，因人而异地进行科学的体育锻炼，提高身体健康水平。

第二节　我国学生体质健康评价制度的演变和发展

自新中国成立以来，党和国家一直非常关心和重视广大学生的身体健康，原国家教委、原国家体委等有关部门以鼓励和推动学生积极参加体育锻炼、增强学生体质为出发点，在不同时期先后制定了“劳卫制”《国家体育锻炼标准》《大学生体育合格标准》《中学生体育合格标准》《小学生体育合格标准》《初中毕业生升学体育考试工作实施方案》等，并于2002年开始在全国试行《学生体质健康标准》。这些制度的制定和实施，对于增强学生体质、促进我国学校体育工作具有积极作用，其突出地表现为以下3点。

（1）对于贯彻落实《中华人民共和国体育法》《全民健身计划》《学校体育工作条例》，促进和保证体育课教学，以及早操、课间操和课外活动的开展起到了重要的促进作用。

（2）有利于学生按照要求参加体育锻炼，促进学生身体素质的发展和自觉参加体育活动行为习惯的养成。

（3）通过这些标准的测试和评价，有效地促进了学校体育工作的展开，对学校体育评价发挥了重要的作用，是学校体育总体评价的重要内容。

我国学生体质健康测量与评价制度的演变和发展，是与我国不同时期社会、经济、

科技、文化和教育的发展水平相适应的，是与全国提高青少年的身体健康素质、满足国家对受教育者的全面发展和培养人才战略的基本要求相一致的。新的《国家学生体质健康标准》是在新的历史条件下，根据社会发展的变化要求，面对新的情况、新的问题所采取的积极措施。新中国成立以来，“劳卫制”《国家体育锻炼标准》《学生体质健康标准（试行方案）》的制定、颁布和实施，促进了学生体质健康测量与评价制度的发展和完善，为新的《标准》积累了丰富的经验。了解这些标准的演变和发展，以及当时的社会背景，有利于正确认识并实施新的《国家学生体质健康标准》。

2014 年，依据全国学生体质情况，制定了最新的《国家学生体质健康标准》，旨在培养学生体育锻炼的积极性。

一、“劳卫制”

新中国的成立揭开了中国学校体育的新篇章。1950 年 8 月，中国体育访问团赴苏联，全面考察和学习了苏联体育（包括学校体育）的经验，引进了“劳卫制”，从 1951 年开始在部分地区试行。1954 年，在借鉴苏联经验的基础上，根据在部分地区试行的情况，政务院批准并发布了“劳卫制”暂行条例。经过试行和反复修改，国务院于 1958 年正式公布实施《劳动卫国体育制度条例》及相关项目标准和测验规则。其第一条明确指出：“劳卫制”是国家根据社会主义建设事业需要，对人民在体育锻炼上的基本要求而制定的，其目的在于鼓励人民积极参加体育锻炼，促进体育运动的广泛开展，提高运动技术水平，使人民身强力壮，意志坚强，更好地为社会主义建设和保卫祖国服务。“劳卫制”由预备级（少年级）、第一级和第二级共 3 个级别组成，在第一级和第二级中还按照性别差异根据某一年龄段中体能的发展设置了男女若干个年龄组。在项目设置上，除提高身体素质和机能的锻炼项目以外，“劳卫制”还设置了诸如射击、手榴弹掷远、行军、国防知识等内容，反映了当时巩固国家政权和建设祖国的社会需要。当时，学生的体质健康状况受到国家经济比较落后、学校卫生条件比较差及营养不足等因素的影响，亟待提高。因此，为改善学生的体质健康状况，在锻炼身体、建设和保卫祖国的热潮推动下，我国的“劳卫制”产生和发展起来了，并对学校体育教学工作产生了深刻的影响，促进了包括学生在内的群众体育运动的开展，对广大学生和成年人的体质健康起到了积极的作用。

但“劳卫制”在实施过程中也受到了多种不利因素的影响，例如，部分学校和地区受浮夸风的影响，在实施过程中急于求成，搞反复测试，突击达标，违反了体育锻炼的客观规律，并冲击了正常的体育课教学。这些使得“劳卫制”的推行受到影响，被迫中断。此后，1964 年，“劳卫制”改为《青少年体育锻炼标准》。

虽然“劳卫制”的实施过程轰轰烈烈，也充满坎坷与挫折，但它在特定的历史条件下，为改善和提高少年儿童的体质健康状况作出了不可磨灭的巨大贡献，开创了中华人民共和国成立以来国民体质健康促进事业的新纪元，也开创了学生体质健康评价工作的先河。

二、标准制

进入 20 世纪 70 年代，我国重新确立了体育在学校教育中的地位和作用。1975 年 5 月，经国务院批准，国家体委公布了《国家体育锻炼标准》，要求在学校广泛实施；此后，在 1982 年、1990 年又进行了修改，一直沿用至今。1995 年开始施行的《中华人民共和国体育法》规定，学校必须实施国家体育锻炼标准，对学生在校期间每天用于体育活动的时间给予保证。

在这一时期，我国国民经济和各项事业都进入了良性发展的轨道，特别是 1978 年党的十一届三中全会作出了把工作中心转移到社会主义现代化建设上来和实行改革开放的战略决策，带来了国民经济的快速增长，同时特别重视受教育者应掌握充足的知识和技能，强调全面发展。在科学技术转化为生产力，提高劳动效率，人民群众的生活水平得到稳步改善与提高的同时，人们从事体力劳动的机会不断减少，电视机、视盘机（VCD 机和 DVD 机）、计算机等的普及也导致学生身体活动时间不断减少，生活水平提高与体质健康水平下降的矛盾逐渐显现。国家对于学生的体质健康更加重视，从 1985 年开始，国家教委、国家体委、卫生部、国家民委、科学技术部等五部委共同组织展开了全国性的学生体质健康调研，到 2005 年进行了 5 次，以全面了解我国学生的体质与健康状况及其变化趋势。

实施《国家体育锻炼标准》的目的：鼓励和推动人民群众，特别是青少年、儿童积极参加体育锻炼，以增强体质，提高运动技术水平，培养共产主义道德品质，更好地为社会主义现代化建设和保卫祖国服务。《国家体育锻炼标准》面对全体人群，分四个组进行测验，分别是：儿童组，9—12 岁，相当于小学 3—6 年级；少年乙组，13—15 岁，相当于初中；少年甲组，16—18 岁，相当于高中；成年组，19 岁及以上，相当于大学。主要是对身体素质项目进行测验，共分五大类，与“劳卫制”相比，删除了射击、手榴弹掷远、行军、一般国防知识等内容。所选项目强调增强体质效果好，少而精，既能促进身体全面发展，又简便易行，便于测试记录成绩，并适当兼顾为提高运动技术水平打基础。主要由体育行政部门主管，具体实施时会同教育等有关部门进行，同时强调学校应当把《国家体育锻炼标准》的施行工作同体育课、课外体育活动紧密结合，并纳入学校工作计划。它的推行对促进全社会关注学校体育，督促学生积极地参加体育锻炼，保证身体正常发育，增强体质都起到了重要的作用。

三、《学生体质健康标准（试行方案）》

21 世纪以来，我国的综合国力有了极大的提高，人民的生活水平发生了翻天覆地的变化，越来越多的人开始享受科学技术和现代文明所带来的便捷、舒适的现代生活。现代文明在带给人们充分的物质享受的同时，也给人类的健康带来了新的威胁。由精神紧张、营养过剩、运动不足、环境污染等引发的非传染性疾病在全球不断蔓延，处于亚健康状态的人群不断扩大。对于学生来说，升学压力大、睡眠不足正成为影响他们身心健康的重要因素；随着生活水平的普遍改善，热量、脂肪等摄入过多及食物结构的不尽合理，加之营养科学知识的宣传普及滞后，特别是沉重的课业压力使得学生余暇锻炼时间减少，肥胖发生率不断增加。2002 年学生体质健康监测结果显示，学生形态发育水平继续提高、营养状况继续改善、握力水平有所提高、几种常见疾病（低血红蛋白、龋齿等）的患病率继续下降；反映肺脏功能的肺活量测试继续呈现下降趋势；超重及肥胖学生明显增多，已成为城市学生重要的健康问题。为了解决这些问题，适应社会发展，满足人们对健康的迫切需要和对生活质量的不断追求，必须从青少年儿童的健康抓起。因此，2002 年 7 月，教育部、国家体育总局联合下发了《学生体质健康标准（试行方案）》作为《国家体育锻炼标准》在学校的具体实施，并在第一条指出了它的目的和意义：贯彻《中共中央、国务院关于深化教育改革全面推进素质教育的决定》提出的“学校教育要树立健康第一的指导思想，切实加强体育工作”的精神，促进学生积极参加体育锻炼，养成经常锻炼身体的习惯，提高自我保健能力和体质健康水平。“健康体魄是青少年为祖国和人民服务的基本前提，是中华民族旺盛生命力的体现。”这是中共中央、国务院在当前的历史条件下，从我国人才培养和可持续发展战略的高度出发对青少年学生提出的基本希望和要求，也为研制《学生体质健康标准》明确了方向。同时，青少年学生的全面发展和增进健康的问题已成为全世界关注的热门话题。

《学生体质健康标准（试行方案）》根据学生的生长发育规律，将测试对象按照年级分组，小学一、二年级为一组，小学三、四年级为一组，小学五、六年级为一组，初中和高中每年级为一组，大学为一组。该标准从身体形态、身体机能、身体素质等方面综合评定学生的体质健康状况，在测试内容方面，选择了与学生身体发展及身体健康素质关系最为密切的一些要素作为测试的内容。例如，新增加了“身高标准体重”这一指标对学生身体的匀称度进行评价，间接反映学生的营养状况，以引导学生及家长和全社会来关注少年儿童的身体形态和肥胖（或营养不良）状况。在标准试行过程中，对于引导学生正确认识和了解自己的健康状况，有针对地进行身体锻炼起到了非常积极的作用。但是，随着时代的发展，人们对自身健康的要求越来越高，标准也需要不断发展完善；同时，这些标准在实施过程中也难免出现一些这样或那样的问题。例如，原本是想激发学生锻炼的兴趣和积极性，但由于部分项目的评分标准较低，有的学生不需要过多努力就能及格，其锻炼的积极性反而下降；此外，为了较准确地对学生进行测试并减轻教师负担，《学生体质健康标准（试行方案）》没有过多选用可用于锻炼的项目和内容，而是提出通过体育课中丰富多彩的教学内容来促进学生积极锻炼，从而提高测试成绩，但同时部分学校对体育课教学内容缺乏明确的要求，这在一定程度上影响了学生的体质健康水平。2005 年全国学生体质与健康调研结果表明：学生形态发育继续提高，营养状况继续改善，低血红蛋白等常见病检出率继续下降，握力水平有所提高；但同时也存在一些不可忽视的问题，包括肺活量水平继续呈下降趋势，速度、爆发力、力量、耐力素质水平进一步下降，肥胖检出率继续上升，视力不良检出率仍然居高不下。为扭转这种不利局面，切实加强学校体育工作，改善学生体质健康水平，教育部和国家体育总局组织专家在广泛深入调查研究的基础上，对《学生体质健康标准（试行方案）》进行了完善和修改。

第三节 《国家学生体质健康标准》测试的目的和操作方法

一、身　高

1. 测试目的

测试学生身高，与体重测试相配合，评定学生的身体匀称度，评价学生生长发育的水平及营养状况。

2. 测试方法

受试者轻装，赤足，立正姿势站在身高、体重测试仪的底板上（两臂自然下垂，足跟并拢，足尖分开成60°角）。足跟、骶骨部及两肩胛区与立柱相接触，躯干自然挺直，头部正直，耳屏上缘与眼眶下缘呈水平位。

3. 测试要求

（1）受试者必须轻上秤台，以免损坏仪器。

（2）掌握“三点靠立柱”“两点呈水平”的测试姿势要求。

（3）测试时身体勿晃动。

（4）测量身高体重前受试者不得进行剧烈体育活动或体力劳动。

二、体　重

1. 测试目的

测试学生的体重，与身高测试相配合，评定学生的身体匀称度，评价学生生长发育的水平及营养状况。

2. 测试方法

受试者轻装，赤足，立正姿势站在身高、体重测试仪的底板上（两臂自然下垂，足跟并拢，足尖分开成60°角）。足跟、骶骨部及两肩胛区与立柱相接触，躯干自然挺直，头部正直，耳屏上缘与眼眶下缘呈水平位。

3. 测试要求

（1）受试者必须轻上秤台，以免损坏仪器。

（2）掌握“三点靠立柱”“两点呈水平”的测试姿势要求。

（3）测试时身体勿晃动。

（4）测量身高体重前受试者不得进行剧烈体育活动或体力劳动。

三、肺活量

1. 测试目的

评定学生的肺通气功能。肺活量可以反映肺的容积和肺的扩张能力，是评价人体呼吸系统机能的一个重要指标。

2. 测试方法

房间通风良好，使用干燥的一次性吹嘴（若非一次性吹嘴，则每换测试对象需消毒一次，每测一人后将吹嘴向下倒出唾液，并注意消毒后必须使其干燥）。肺活量测试仪主机放置于平稳桌面上，检查电源线及接口是否牢固，按工作键，液晶屏显示“0”即表示机器进入工作状态，预热5 min后测试为佳。

首先告知受试者不必紧张，并且要尽全力，以中等速度和力度吹气效果最好。令被测试者面对仪器站立，手持吹嘴，试吹1~2次。看仪表有无反应，还要试吹嘴或鼻处是否漏气，调整吹嘴和用鼻夹（或自己捏鼻孔）；学会深吸气（避免耸肩提气，应该像闻花似的慢吸气）。受试者进行一两次较平日深一些的呼吸动作后，更深地吸一口气，屏住气向吹嘴处慢慢呼出至不能再呼为止，防止此时从吹嘴处吸气，测试中不得中途二次吸气。吹气完毕后，液晶屏上最终显示的数字即肺活量毫升值。每名受试者测3次，每次间隔15 s，记录3次数值，选取最大值作为测试结果。以毫升为单位，不保留小数。

3. 测试要求

（1）受试者嘴与吹嘴须紧密接触，防止漏气，呼气时不能用力过猛，保持匀速，中途不得停顿换气。

（2）受试者手握吹气管时不可堵住吹气管出口。

（3）肺活量计外设必须轻拿轻放。

四、50 m跑

1. 测试目的

测试学生速度、灵敏素质及神经系统灵活性的发展水平。

2. 测试方法

受试者至少两人一组测试。站立起跑，受试者听到“跑”的口令后开始起跑。发令员在发出口令的同时要摆动发令旗。计时员视旗动开表计时，受试者躯干部到达终点线的垂直面时停表。以秒为单位记录测试成绩，精确到小数点后一位，小数点后第二位数按非零进1原则进位，如10.11 s读成10.2 s并记录。

3. 测试要求

（1）受试者测试时最好穿运动鞋或平底布鞋，赤足也可以，但不得穿钉鞋、皮鞋、塑料凉鞋。

（2）发现有抢跑者，要当即召回重跑。

五、800 m跑或1000 m跑

1. 测试目的

测试学生耐力素质的发展水平，特别是心血管呼吸系统的机能及肌肉耐力。

2. 测试方法

受试者至少两人一组进行测试，站立式起跑。当听到“跑”的口令后开始起跑。计时员看到旗动开表计时，当受试者的躯干部到达终点线垂直面时停表。以分、秒为单位记录测试成绩，不计小数。

3. 测试要求

（1）受试者测试时最好穿运动鞋或平底布鞋，赤足也可以，但不得穿钉鞋、皮鞋、塑料凉鞋。

（2）发现有抢跑者，要当即召回重跑。

六、立定跳远

1. 测试目的

测试学生下肢爆发力及身体协调能力的发展水平。

2. 测试方法

受试者身着运动装，脚穿平底鞋，站立在测试垫的起跳线前，做好起跳准备。受试者两脚自然分开站立，站在起跳线后，脚尖不得踩线。两脚原地同时起跳，不得有垫步或连跳动作。丈量起跳线后缘至最近着地点的垂直距离。每人试跳 3 次，记录其中成绩最好的一次。以厘米为单位，不计小数。

3. 测试要求

（1）受试者落地后，应从正前方迈出测试垫，如后退、臀部着地在测试区内，测试仪按后着地点测量，不得踏踩测试垫两侧的测试杆。

（2）受试者应将衣服口袋内的物品取出，以防跳远时跌落地面造成物品损坏。

七、引体向上

1. 测试目的

测试学生上肢肌肉力量的发展水平。

2. 测试方法

受试者面向单杠，自然站立，然后向后摆动双臂，跳起，双手分开与肩同宽，正握杠，身体呈直臂悬垂姿势。待身体停止晃动后，两臂同时用力，向上引体（身体不能有任何附加动作），当下颌超过横杠上缘时，还原，呈直臂悬垂姿势，为完成 1 次。记录引体次数。

3. 测试要求

测试时，受试者要保持身体挺直，不得屈膝、挺腹等；若借助身体摆动或其他附加动作完成引体，则该次不计数。

八、仰卧起坐

1. 测试目的

测试学生的腹肌耐力。

2. 测试方法

受试者仰卧于垫上，两腿稍分开，屈膝成 90° 角左右，两手手指交叉贴于脑后。另一同伴压住其踝关节，以固定下肢。受试者坐起时两肘触及或超过双膝为完成 1 次。仰卧时两肩胛必须触垫。测试人员在发出“开始”口令的同时开表计时，记录 1 min 内完成次数。1 min 到时，受试者虽已坐起但肘关节未达到双膝者不计该次数，精确到个位。

3. 测试要求

受试者不得借用肘部撑垫或臀部起落的力量完成起坐，否则视为犯规。

九、坐位体前屈

1. 测试目的

测量学生在静止状态下躯干、腰、髋等关节可能达到的活动幅度，主要反映这些部位的关节、韧带和肌肉的伸展性和弹性，以及学生身体柔韧素质的发展水平。

2. 测试方法

受试者脱鞋，上体垂直坐于坐垫上，两脚伸直，脚跟并拢，脚尖分开10~15 cm，脚跟蹬在支座部位上，用绑带绑住膝盖，上体前屈，两手并拢，手臂伸直，用两手中指指尖逐渐向前推动手推板，直至不能再向前移动。记录以厘米为单位，保留一位小数。测试两次，取最好成绩。

3. 测试要求

（1）身体前屈，两臂向前推游标时两腿不能弯曲。

（2）受试者应匀速向前推动游标，不得突然发力。

十、视　力

1. 测试器材

标准对数视力表。

2. 测试条件

视力表悬挂高度使5.0行视标与多数受检者的双眼呈水平位置。视力表光照度为300~500勒克斯。

3. 测试方法

（1）受检者在距视力表5 m处站立，用遮眼板将左眼轻轻遮上，先查右眼，后查左眼，均为裸眼视力。

（2）可先从5.0一行视标认起。如果看不清再逐行上查，如辨认无误则逐行下查。要求对每个视标的识别时间不超过5 s。规定4.0~4.5各行视标中每行不能认错1个，4.6~5.0各行视标中每行不能认错2个，5.1~5.3各行视标中每行不能认错3个。超过这一规定就不再往下检查，而以本行的上一行记为该受检者的视力。

（3）如5 m处不能辨认视力表最上一行视标时，令受检者站立于距视力表2.5 m处或1 m处进行检查。所得视力值分别减去校正数值0.3或0.7后，记为该受检者的视力。

例如，某受检者在5 m处不能辨认最上一行视标，令其在2.5 m处检查，所得视力为4.2，则4.2−0.3=3.9，该受检者视力即为3.9；某受检者在5 m和2.5 m处都不能辨认最上一行的视标，令其在1 m处检查，所得视力为4.2，则4.2−0.7=3.5，该受检者视力为3.5。

（4）视力记录方式。将受检者的左、右眼裸眼视力分别记入相应方格内。

例如，某受检者的左、右眼裸眼视力分别为5.0和4.6。应在与“左”对应的方格内填入“5.0”，在与“右”对应的方格内填入“4.6”。

4. 注意事项

（1）检查视力前，应向受检者讲解检查视力的目的、意义和方法，取得他们的配合。戴眼镜者应摘去眼镜（包括隐形眼镜），检查裸眼视力。

（2）检查如采用自然光线，应选择晴天，在固定时间和地点进行，以便前后对比。

（3）检查前不要揉眼，检查时不要眯眼或斜着看。检测人员应随时注意监督。

（4）用遮眼板时，检测人员要提醒受检者不要压迫眼球，以免影响视力。

（5）不宜在长时间用眼、剧烈运动或体力劳动后即刻检查视力。至少休息 10 min 以后再做检查。检查若在室内进行，受检者从室外进入后也应有 15 min 以上的适应时间。

《国家学生体质健康标准》（2014 年修订）（部分）如下。

《国家学生体质健康标准》（2014 年修订）（部分）

一、说　明

1.《国家学生体质健康标准》（以下简称《标准》）是国家学校教育工作的基础性指导文件和教育质量基本标准，是评价学生综合素质、评估学校工作和衡量各地教育发展的重要依据，是《国家体育锻炼标准》在学校的具体实施，适用于全日制普通小学、初中、普通高中、中等职业学校、普通高等学校的学生。

2. 本标准的修订坚持健康第一，落实《国家中长期教育改革和发展规划纲要（2010—2020 年）》、《国务院办公厅转发教育部等部门关于进一步加强学校体育工作若干意见的通知》（国办发〔2012〕53 号）和《教育部关于印发〈学生体质健康监测评价办法〉等三个文件的通知》（教体艺〔2014〕3 号）有关要求，着重提高《标准》应用的信度、效度和区分度，着重强化其教育激励、反馈调整和引导锻炼的功能，着重提高其教育监测和绩效评价的支撑能力。

3. 本标准从身体形态、身体机能和身体素质等方面综合评定学生的体质健康水平，是促进学生体质健康发展、激励学生积极进行身体锻炼的教育手段，是国家学生发展核心素养体系和学业质量标准的重要组成部分，是学生体质健康的个体评价标准。

4. 本标准将适用对象划分为以下组别：小学、初中、高中按每个年级为一组，其中小学为 6 组、初中为 3 组、高中为 3 组。大学一、二年级为一组，三、四年级为一组。

5. 小学、初中、高中、大学各组别的测试指标均为必测指标。其中，身体形态类中的身高、体重，身体机能类中的肺活量，以及身体素质类中的 50 m 跑、坐位体前屈为各年级学生共性指标。

6. 本标准的学年总分由标准分与附加分之和构成，满分为 120 分。标准分由各单项指标得分与权重乘积之和组成，满分为 100 分。附加分根据实测成绩确定，即对成绩超过 100 分的加分指标进行加分，满分为 20 分；小学的加分指标为 1 min 跳绳，加分幅度为 20 分；初中、高中和大学的加分指标为男生引体向上和 1000 m 跑，女生 1 min 仰卧起坐和 800 m 跑，各指标加分幅度均为 10 分。

7. 根据学生学年总分评定等级：90.0 分及以上为优秀，80.0~89.9 分为良好，60.0~79.9 分为及格，59.9 分及以下为不及格。

8. 每个学生每学年评定一次，记入《〈国家学生体质健康标准〉登记卡》（附表 6）。特殊学制的学校，在填写登记卡时可以按规定和需求相应地增减栏目。学生毕业时的成绩和等级，按毕业当年学年总分的50%与其他学年总分平均得分的50%之和进行评定。

9. 学生测试成绩评定达到良好及以上者，方可参加评优与评奖；成绩达到优秀者，方可获体育奖学分。测试成绩评定不及格者，在本学年度准予补测一次，补测仍不及格，则学年成绩评定为不及格。普通高中、中等职业学校和普通高等学校学生毕业时，《标准》测试的成绩达不到50分者按结业或肄业处理。

10. 学生因病或残疾可向学校提交暂缓或免予执行《标准》的申请，经医疗单位证明，体育教学部门核准，可暂缓或免予执行《标准》，并填写《免予执行〈国家学生体质健康标准〉申请表》（附表7），存入学生档案。确实丧失运动能力、被免予执行《标准》的残疾学生，仍可参加评优与评奖，毕业时《标准》成绩需注明免测。

11. 各学校每学年开展覆盖本校各年级学生的《标准》测试工作，《标准》测试数据经当地教育行政部门按要求审核后，通过"中国学生体质健康网"上传至"国家学生体质健康标准数据管理系统"。测试和数据上传时间由教育行政部门确定。

12. 本标准由教育部负责解释。

二、单项指标与权重

测试对象	单项指标	权重/%
小学一年级至大学四年级	体重指数（BMI）	15
	肺活量	15
初中、高中、大学各年级	50 m跑	20
	坐位体前屈	10
	立定跳远	10
	引体向上（男）/1 min仰卧起坐（女）	10
	1000 m跑（男）/800 m跑（女）	20

注：体重指数（BMI）= 体重（kg）/身高^2（m^2）。

三、评分表

（一）单项指标评分表

表1-1　大学男生体重指数（BMI）单项评分表（单位：kg/m^2）

等级	单项得分	BMI
正常	100	17.9~23.9
低体重	80	≤17.8
超重		24.0~27.9
肥胖	60	≥28.0

表1-2　大学女生体重指数（BMI）单项评分表（单位：kg/m^2）

等级	单项得分	BMI
正常	100	17.2~23.9
低体重	80	≤17.1
超重		24.0~27.9
肥胖	60	≥28.0

表 1-3 男生肺活量单项评分表（单位：mL）

等级	单项得分	大一大二	大三大四
优秀	100	5040	5140
	95	4920	5020
	90	4800	4900
良好	85	4550	4650
	80	4300	4400
及格	78	4180	4280
	76	4060	4160
	74	3940	4040
	72	3820	3920
	70	3700	3800
	68	3580	3680
	66	3460	3560
	64	3340	3440
	62	3220	3320
	60	3100	3200
不及格	50	2940	3030
	40	2780	2860
	30	2620	2690
	20	2460	2520
	10	2300	2350

表 1-4 女生肺活量单项评分表（单位：mL）

等级	单项得分	大一大二	大三大四
优秀	100	3400	3450
	95	3350	3400
	90	3300	3350
良好	85	3150	3200
	80	3000	3050
及格	78	2900	2950
	76	2800	2850
	74	2700	2750
	72	2600	2650
	70	2500	2550
	68	2400	2450
	66	2300	2350
	64	2200	2250
	62	2100	2150
	60	2000	2050
不及格	50	1960	2010
	40	1920	1970
	30	1880	1930
	20	1840	1890
	10	1800	1850

表 1-5 男生 50 m 跑单项评分表（单位：s）

等级	单项得分	大一大二	大三大四
优秀	100	6.7	6.6
	95	6.8	6.7
	90	6.9	6.8
良好	85	7.0	6.9
	80	7.1	7.0
及格	78	7.3	7.2
	76	7.5	7.4
	74	7.7	7.6
	72	7.9	7.8
	70	8.1	8.0
	68	8.3	8.2
	66	8.5	8.4
	64	8.7	8.6
	62	8.9	8.8
	60	9.1	9.0
不及格	50	9.3	9.2
	40	9.5	9.4
	30	9.7	9.6
	20	9.9	9.8
	10	10.1	10.0

表 1-6 女生 50 m 跑单项评分表（单位：s）

等级	单项得分	大一大二	大三大四
优秀	100	7.5	7.4
	95	7.6	7.5
	90	7.7	7.6
良好	85	8.0	7.9
	80	8.3	8.2
及格	78	8.5	8.4
	76	8.7	8.6
	74	8.9	8.8
	72	9.1	9.0
	70	9.3	9.2
	68	9.5	9.4
	66	9.7	9.6
	64	9.9	9.8
	62	10.1	10.0
	60	10.3	10.2
不及格	50	10.5	10.4
	40	10.7	10.6
	30	10.9	10.8
	20	11.1	11.0
	10	11.3	11.2

表1-7　男生坐位体前屈单项评分表（单位：cm）

等级	单项得分	大一大二	大三大四
优秀	100	24.9	25.1
	95	23.1	23.3
	90	21.3	21.5
良好	85	19.5	19.9
	80	17.7	18.2
及格	78	16.3	16.8
	76	14.9	15.4
	74	13.5	14.0
	72	12.1	12.6
	70	10.7	11.2
	68	9.3	9.8
	66	7.9	8.4
	64	6.5	7.0
	62	5.1	5.6
	60	3.7	4.2
不及格	50	2.7	3.2
	40	1.7	2.2
	30	0.7	1.2
	20	−0.3	0.2
	10	−1.3	−0.8

表1-8　女生坐位体前屈单项评分表（单位：cm）

等级	单项得分	大一大二	大三大四
优秀	100	25.8	26.3
	95	24.0	24.4
	90	22.2	22.4
良好	85	20.6	21.0
	80	19.0	19.5
及格	78	17.7	18.2
	76	16.4	16.9
	74	15.1	15.6
	72	13.8	14.3
	70	12.5	13.0
	68	11.2	11.7
	66	9.9	10.4
	64	8.6	9.1
	62	7.3	7.8
	60	6.0	6.5
不及格	50	5.2	5.7
	40	4.4	4.9
	30	3.6	4.1
	20	2.8	3.3
	10	2.0	2.5

表1-11　男生立定跳远单项评分表（单位：cm）

等级	单项得分	大一大二	大三大四
优秀	100	273	275
	95	268	270
	90	263	265
良好	85	256	258
	80	248	250
及格	78	244	246
	76	240	242
	74	236	238
	72	232	234
	70	228	230
	68	224	226
	66	220	222
	64	216	218
	62	212	214
	60	208	210
不及格	50	203	205
	40	198	200
	30	193	195
	20	188	190
	10	183	185

表1-12　女生立定跳远单项评分表（单位：cm）

等级	单项得分	大一大二	大三大四
优秀	100	207	208
	95	201	202
	90	195	196
良好	85	188	189
	80	181	182
及格	78	178	179
	76	175	176
	74	172	173
	72	169	170
	70	166	167
	68	163	164
	66	160	161
	64	157	158
	62	154	155
	60	151	152
不及格	50	146	147
	40	141	142
	30	136	137
	20	131	132
	10	126	127

表 1-13 男生引体向上单项评分表（单位：次）

等级	单项得分	大一大二	大三大四
优秀	100	19	20
	95	18	19
	90	17	18
良好	85	16	17
	80	15	16
及格	78		
	76	14	15
	74		
	72	13	14
	70		
	68	12	13
	66		
	64	11	12
	62		
	60	10	11
不及格	50	9	10
	40	8	9
	30	7	8
	20	6	7
	10	5	6

表 1-14 女生 1 min 仰卧起坐单项评分表（单位：次）

等级	单项得分	大一大二	大三大四
优秀	100	56	57
	95	54	55
	90	52	53
良好	85	49	50
	80	46	47
及格	78	44	45
	76	42	43
	74	40	41
	72	38	39
	70	36	37
	68	34	35
	66	32	33
	64	30	31
	62	28	29
	60	26	27
不及格	50	24	25
	40	22	23
	30	20	21
	20	18	19
	10	16	17

表 1-15 男生 1000 m 耐力跑单项评分表

等级	单项得分	大一大二	大三大四
优秀	100	3′17″	3′15″
	95	3′22″	3′20″
	90	3′27″	3′25″
良好	85	3′34″	3′32″
	80	3′42″	3′40″
及格	78	3′47″	3′45″
	76	3′52″	3′50″
	74	3′57″	3′55″
	72	4′02″	4′00″
	70	4′07″	4′05″
	68	4′12″	4′10″
	66	4′17″	4′15″
	64	4′22″	4′20″
	62	4′27″	4′25″
	60	4′32″	4′30″
不及格	50	4′52″	4′50″
	40	5′12″	5′10″
	30	5′32″	5′30″
	20	5′52″	5′50″
	10	6′12″	6′10″

表 1-16 女生 800 m 耐力跑单项评分表

等级	单项得分	大一大二	大三大四
优秀	100	3′18″	3′16″
	95	3′24″	3′22″
	90	3′30″	3′28″
良好	85	3′37″	3′35″
	80	3′44″	3′42″
及格	78	3′49″	3′47″
	76	3′54″	3′52″
	74	3′59″	3′57″
	72	4′04″	4′02″
	70	4′09″	4′07″
	68	4′14″	4′12″
	66	4′19″	4′17″
	64	4′24″	4′22″
	62	4′29″	4′27″
	60	4′34″	4′32″
不及格	50	4′44″	4′42″
	40	4′54″	4′52″
	30	5′04″	5′02″
	20	5′14″	5′12″
	10	5′24″	5′22″

（二）加分指标评分表

表2-3 男生引体向上评分表（单位：次）

加分	大一大二	大三大四
10	10	10
9	9	9
8	8	8
7	7	7
6	6	6
5	5	5
4	4	4
3	3	3
2	2	2
1	1	1

表2-4 女生1 min仰卧起坐评分表（单位：次）

加分	大一大二	大三大四
10	13	13
9	12	12
8	11	11
7	10	10
6	9	9
5	8	8
4	7	7
3	6	6
2	4	4
1	2	2

注：引体向上、1 min仰卧起坐均为高优指标，学生成绩超过单项评分100分后，以超过的次数所对应的分数进行加分。

表2-5 男生1000 m跑评分表

加分	大一大二	大三大四
10	−35″	−35″
9	−32″	−32″
8	−29″	−29″
7	−26″	−26″
6	−23″	−23″
5	−20″	−20″
4	−16″	−16″
3	−12″	−12″
2	−8″	−8″
1	−4″	−4″

表2-6 女生800 m跑评分表

加分	大一大二	大三大四
10	−50″	−50″
9	−45″	−45″
8	−40″	−40″
7	−35″	−35″
6	−30″	−30″
5	−25″	−25″
4	−20″	−20″
3	−15″	−15″
2	−10″	−10″
1	−5″	−5″

注：1000 m跑、800 m跑均为低优指标，学生成绩低于单项评分100分后，以减少的秒数所对应的分数进行加分。

附表 6

《国家学生体质健康标准》登记卡（大学样表）

学　校：

姓　名		性　别		学　号	
院（系）		民　族		出生日期	

单项指标	大一			大二			大三			大四			毕业成绩	
	成绩	得分	等级	成绩	得分	等级	成绩	得分	等级	成绩	得分	等级	得分	等级
体重指数（BMI）（$kg \cdot m^{-2}$）														
肺活量/mL														
50 米跑/s														
坐位体前屈/cm														
立定跳远/cm														
引体向上（男）/1 min 仰卧起坐（女）/次														
1000 m 跑（男）/800 m 跑（女）														
标准分														
加分指标	成绩	附加分		成绩	附加分		成绩	附加分		成绩	附加分			
引体向上（男）/1 min 仰卧起坐（女）/次														
1000 m 跑（男）/800 m 跑（女）														
学年总分														
等级评定														
体育教师签字														
辅导员签字														

注：高等职业学校、高等专科学校参照本样表执行。

学校签章：　　　　年　　月　　日

附表7　　免予执行《国家学生体质健康标准》申请表（样表）

<table>
<tr><td>姓　名</td><td></td><td>性 别</td><td></td><td>学　号</td><td></td></tr>
<tr><td>班级/
院（系）</td><td></td><td>民　族</td><td></td><td>出生日期</td><td></td></tr>
<tr><td>原　因</td><td colspan="5">

申请人：
年　月　日</td></tr>
<tr><td colspan="2">体育教师签字</td><td></td><td>家长签字</td><td colspan="2"></td></tr>
<tr><td>学校体育部门意见</td><td colspan="5">

学校签章：
年　月　日</td></tr>
</table>

注：中等职业学校及普通高等学校的学生，“家长签字”由学生本人签字。

第四章　学习卫生及起居卫生

章节导读

微信扫码　精讲视频　配套题库

学习卫生与起居卫生不仅仅是日常生活中的琐碎事务，更是体现一个人乃至一个社会的文明程度和健康理念的重要标志。大学生学习卫生与起居卫生教育也是大学教育不可或缺的一部分，大学生个人卫生习惯的好坏，直接影响到个人的健康水平和社会公共卫生状况。通过学习卫生与起居卫生的学习，引导大学生养成良好的睡眠习惯，按时睡、按时起，保证充足的睡眠时间，保持正确的坐、立、行走姿势，预防脊柱疾病等，倡导适当的运动锻炼，增强身体素质和免疫力，养成良好的自律意识和健康生活方式。

第一节　用脑卫生

大脑是世界上最发达的物质之一，是人体最重要的器官之一，是精神活动的物质基础，是智慧的源泉。如何合理地使用大脑，保护大脑，以便只消耗最小的脑力，而发挥最大的作用，就是用脑卫生。会用脑的人，能掌握用脑的规律，精神振奋、精力充沛、注意力集中、思维敏捷、记忆牢固、学习效率高，而收到事半功倍之效。不会用脑的人，常耗费不少精神、体力，弄得精疲力尽，头昏脑涨，也达不到预期的目的，甚至还会患神经衰弱。因此，对广大的脑力劳动者来说，掌握用脑卫生是非常必要的。

一、大脑皮层机能活动的规律

大脑是一个思维的器官，覆盖在大脑表面的神经细胞体组成的灰质叫大脑皮层。皮层又划分许多区域，机体的一切活动都由固定的区域去支配。其活动规律大致有以下 5 种。

1. 优势兴奋法则

学习效率的高低取决于有关皮层区域的兴奋状态。若这一区域的兴奋状态占优势就形成优势兴奋灶，能将皮层其他兴奋点的兴奋性吸引过来，加强自己的兴奋程度。因此，写作业时不能想踢足球，上语文课时不能思考数学题，要使踢足球、算数学题的兴奋灶处于抑制状态。

2. 动力定型

当外部和内部的条件刺激依一定的顺序不变地重复多次后，大脑皮层的兴奋和抑制过程在空间和时间上的关系固定下来，因而条件反射的出现愈来愈恒定和精确，这就是大脑皮层形成了动力定型。习惯的培养就是动力定型的形成过程。养成有规律的生活习惯，按时起床、学习、进餐、休息，才能做到学习时精力充沛、注意力集中，睡眠时能按时入睡，到时就醒，使神经细胞做最经济的活动而收到最大的效果。若生活不规律，考试前夕开夜车，课间、午间不休息，破坏了原来的生活规律，要重建动力定型会给皮层细胞带来巨大负担，容易产生疲劳，以致学习效率下降。

3. 始动调节（启动性）

工作开始时工作能力较低，然后逐渐提高，这是因为神经细胞也和机体的其他组织一样，具有惰性。因此，在每天早晨、每周星期一、每学期开始时，不要学习难度大的课程，要逐渐增加学习的难度和强度。

4. 镶嵌式活动

大脑皮层在进行一种工作时，只有相应的部分细胞群处于兴奋状态，而其余部分处于抑制和休息状态，形成兴奋区与抑制区、工作区与休息区互相镶嵌的活动方式。随着工作性质的改变，兴奋区与抑制区、工作区与休息区不断轮换，新的镶嵌式不断形成，这样可使皮层的各个区域轮换休息，使大脑皮层较长时间地保持工作能力，是预防疲劳的有效措施。因此，学校安排课表时不能连上两节科目相同的课，课间十分钟要采用积极的休息，进行一些体育活动，而午间和夜晚，则可采用安静的不活动的消极性休息。

5. 保护性抑制

任何活动都伴随着皮层细胞物质的损耗，活动开始时，由损耗过程开始而引起恢复过程加强，工作能力逐渐上升，若继续下去，则消耗过程超越恢复过程，于是工作能力下降，疲劳出现。疲劳是一定紧张程度和一定持续时间工作的自然后果，具有生理性的保护作用。经过休息能使降低了的工作能力恢复到原来水平或有所超越。因此，休息好才能学习好。若经常开夜车，睡眠不足，课间不休息，吃饭也眼不离书，必然造成上课时注意力不集中，思维迟缓、精神倦怠，进一步发展为过度疲劳，成为病理状况，影响身心的发育。

总之，只有了解大脑机能特性，才能科学用脑，提高学习效率。

二、怎样使脑处于最佳状态

人之所以成为万物之灵，如前所述，得益于高度发达的大脑。如何增进脑的健康，使大脑在学习、记忆、思维的过程中保持最佳状态，对每一个人来说，特别是对从事脑力劳动较多的人来说，都是必需的知识。根据现代神经科学和医学科学的成果，下面 8 个方面是应该尽力做到的。其中有些是需要长期注意的，有的是需要随时注意的。

1. 足够的营养供应

爱护大脑就需要有足够的营养。脑需要的基本营养物质有蛋白质、脂类、糖类、维生素、矿物质及微量元素。人脑有着最复杂的机能和最活跃的能量代谢，在所利用的能源物质上，它完全依赖葡萄糖供给能量，而且脑中糖原贮存极少，仅能维持几分钟正常活动所需的葡萄糖及糖原。人脑对血糖含量的变化极为敏感，当血糖降低时，脑的能量供应减少，这时轻者会感到疲倦，重者会昏迷。因此，保证充足的葡萄糖供应，对于脑的良好工作状态是必不可少的。同时，脑的机能活动也是与蛋白质密切相关的，其代谢活动需要大量蛋白质来更新组织。增加食物中蛋白质的含量就能增强大脑皮层的兴奋与抑制功能，使学习效率提高。若缺乏蛋白质，则往往精神涣散不易集中，容易疲劳，理解能力差。因此，经常补充蛋白质是促进大脑和智力发育、维持智力活动的必需条件。

研究结果还表明，为保护脑力，还应多食用富含卵磷脂的食物，卵磷脂是乙酰胆碱的重要原料，乙酰胆碱有传递生物信息的作用，可改善认识和记忆力。此外，充足的维生素也是脑力保养所必需的，它能增强身体抵抗力，减少疲劳，提高大脑的耐缺氧能力。如维生素 B 族是脑智力活动的助手，其在脑内的共同作用是帮助蛋白质的代谢。其中，维生素 B_3（烟酸）是糖代谢过程中的辅酶，如果缺乏，会影响大脑中能量的供应。维生素 C 是神经传递介质的重要组成部分，承担传递信息的任务。维生素 E，有人称为美容素、抗衰老素，对大脑来说也有防止脑细胞衰老的功效。

2. 常用脑、勤用脑

“用进废退”是一条普遍的规律。大脑和身体的任何器官一样，如果经常闲置不用，功能会逐渐衰退。有人怕用多了脑子会坏，以为饱食终日，无所用心才能“保养”脑。其实，这不但不能保持和发展脑的功能，反而会加速脑的衰退。只要讲究用脑卫生，就不必担心把脑累坏。大脑的潜力大得很。脑细胞的数量虽然在人的一生中不会再增加，但是它的数量极其庞大。一般人一生中只是利用了其中的三分之一左右。利用的脑细胞越多，挖掘出的潜力越大。

人脑是人类聪明才智的物质基础，但聪明的人并不一定脑子就重，而是取决于脑细胞的素质，这种素质和大脑的使用与训练有极密切的关系。多用脑，学习和记忆的东西多，理解力增强，更易于形成和巩固新的联系，思维活动也愈加敏锐、灵活，因为记忆是思维的基础。对脑来说，是“有者愈有”，知识广博本身又成为提高学习、记忆和思维效率的重要基础，从而变得更加广博精深。

当然，多用脑、勤用脑，是从整体上说的。从每天、每次脑力活动来说，又必须注意保护脑，不可使脑陷于过度疲劳。

3. 不可使脑陷于过劳

从整体上来说，脑越用越灵，因此要多用脑。但从具体安排来说，则应注意劳逸结合。大脑是人体内最精细微妙的组织，也是最容易出现疲劳的组织。在进行紧张的脑力劳动时，神经细胞进行旺盛的新陈代谢，保持兴奋状态，但这种兴奋过程是有一定限度的。这是由于在新陈代谢进行过程中，消耗的营养物质和堆积的代谢废物越来越多，达到一定程度，兴奋过程就要减弱，产生疲劳感，表现出注意力不集中、头昏脑涨、对外界反应迟钝、记忆减退，分析解决问题时概念形成困难、推理混乱、判断失误，等等大脑工作能力降低的现象。这时必须使大脑休息，加强抑制过程，以补充神经细胞消耗掉的能量，恢复功能，消除疲劳。所以，疲劳是人体的一种保护性反应，抑制是大脑的一种保护性机能，可以防止过度兴奋引起神经细胞功能的衰竭。“头悬梁，锥刺股”的刻苦学习精神可嘉，但做法未必可取。大脑疲劳后，如果不断用刺激来迫使它工作，不仅会使工作效率大减，而且有可能造成脑功能紊乱。

4. 交替使用左右脑

有研究结果证明，人左右脑的功能相互联系，却又分工不同，理工、师范、哲学、外语等学院的学生多数只用了大脑左半球，而右半球则不常使用。这就会使不常使用的右半球功能减弱。相反，如对不常用的半球加强运用，给予不断的刺激，常用的与不常用的两半球互相配合，互相启发，互传信息，会使两侧大脑半球的潜力得到开发，学习的效率大大提高，达到事半功倍的效果。为了开发智力，提高效率，建议上述学院的学生兴趣要广泛一些，不要怕耽误时间，常找不同专业的学生聊聊、看看报纸、听听音乐等，有意识地活动左手，既有益于身心健康，又有利于大脑右半球的开发，使两侧大脑都动用起来，协同作战，把人的智力潜能最大限度地发挥出来。

5．生活规律

规律的生活，有利于大脑皮层把在生活中建立起来的条件反应形成固定的动力定型，从而与人体内生物钟合拍协调。也就是说，如果每天的各项活动经常以相同的顺序与固定的时间间隔出现，就会通过大脑皮层的综合活动把一系列活动联系起来，形成一个内部神经过程的系统，形成一个皮层动力定型，这样使动作一个接一个地自动出现，毫不费力。人类的许多动作、活动与生活习惯都是由皮层动力定型的形成而产生的。因此，严格遵守有规律的生活作息制度，就是遵循人体内生物钟的运动规律和建立稳固的动力定型。如果不能按照人的生物钟节律按时作息，生活不规律，打乱了固有的动力定型，就会使大脑和各器官的功能紊乱，导致神经衰弱和其他疾病发生。

6．睡眠充足

不会休息的人就不会工作，脑的作用也是这样，睡眠是脑最好的休息方式。充足而良好的睡眠既能提高脑力使用率，又能保护脑细胞的健康，使脑这个信息中心经久耐用。睡眠可有效保护大脑皮层神经纤维。在睡眠时，脑的血液供应相对增多，可给脑细胞提供足够的能量，从而促进脑功能恢复。神经细胞的重要功能是兴奋和抑制两个过程。神经细胞兴奋时会消耗大量能量，神经细胞抑制时，会运用血液中的养料、氧气进行自我补偿，即合成代谢大于分解代谢，从而有利于精神和体力的恢复及能量的储备，为第二天的活动创造条件。如果一个人总是学习、工作而不睡眠，兴奋的神经细胞得不到很好的抑制——休息，也就得不到自我补偿，能源被耗竭，神经细胞就会发生衰竭而死亡。

7．经常参加体育锻炼

大脑活动的基本过程是兴奋和抑制的交替，人在运动时脑细胞经常处于迅速的兴奋和抑制的交替过程中，如经常进行这种锻炼，大脑的调节功能、活动的强度、反应的灵活性和精确性等都能有很快的发展。在体育锻炼时，与肌肉运动有关的脑细胞处在兴奋状态，使大脑皮层管理思维的部分得到休息，有利于缓解脑力疲劳。运动还能锻炼神经系统对于疲劳的耐受能力和对外界环境的适应能力，这是因为运动训练加强了大脑中供应能量的高磷酸化合物的再合成过程，从而保证了大脑的正常机能，并使疲劳期延缓出现。由于运动促进血液循环和呼吸，脑细胞可得到更多的氧气和营养物质，代谢加速，脑的活动也灵活起来，工作学习效率也会提高。运动时心情愉快，而愉快的情绪又对消除大脑和身体的疲劳、提高大脑的工作效率起着良好的作用。

经常参加体育锻炼，可提高大脑的分析、判断和反应能力。同时，经常参加运动可使肌肉收缩而不断地产生一种良性有节奏的刺激，使大脑皮层经常接受这种良性有节奏的信号，所以能大大提高大脑皮层细胞的活动能力，使人更加富有活力。另外，每天进行适量的运动，还能促进良好的睡眠，增强心脏的收缩力，加快血液流速，从而大大改善大脑、心脏和全身的血液循环，促进消化器官的功能，加快新陈代谢，使体质健壮，精力充沛，以保证学习的顺利进行。

8．良好的精神寓于良好的健康

人体是一个统一的整体，大脑是人体不可分割的一部分，脑的最佳状态自然要依赖健康的身体。体质健壮、精力充沛，不仅身体耐劳，而且大脑的工作效率和对疲劳的耐受能力也强。为了保持强健的身体，除坚持一定量的体育锻炼外，尚需预防各种疾病。这两方面对维护全身的健康，以及保持脑的健康起着相辅相成的作用。由于脑力劳动者的工作特点是持续紧张的脑力活动和静坐少动的状态，因此其常易患神经衰弱、动脉硬化、高血压病、胃病、消化不良、便秘、痔疮及近视眼等疾病，患病后人心情压抑、不愉快、烦恼和焦虑，从而削弱大脑皮质的功能，减弱神经系统的应变能力，再加上心、肺或血液、代谢系统等躯体疾病，影响了大脑的供血供氧，以及水与电解质平衡失调，进而影响大脑功能，因此，正常的脑功能与健康的身体是密切相关的。

希望人人关心用脑卫生，保护这个取之不尽、用之不竭的智慧源泉，保护脑力劳动者的身心健康。

三、如何提高记忆力

在日常生活中，凡是人们看过、听过、尝过、接触过的事物和思考过的问题、体验过的情绪、练习过的动作等，都可以作为经验在头脑中保持下来，并且在一定的条件下又重新反映出来。将过去的事物和经验在脑中再现的能力叫作记忆力。

（一）提高记忆效率的方法

1. 集中注意力

注意力是记忆过程的必要条件，任何心理过程的效率和效果，只有注意参加才能实现。心理实验结果表明，集中注意阅读 2 遍材料，比不注意去阅读 10 次的效果要好得多。学习时注意力集中，大脑皮层的兴奋区强烈兴奋，留下的痕迹深，容易记住不忘。注意力不集中，往往对所要识记的材料记忆不深，没有深刻印象，会很快遗忘。神经衰弱者往往抱怨自己记忆力下降，其原因是在大多数情况下注意力不集中。

2. 明确记忆任务、目的和意义

思想要有压力，学习要有兴趣。如果没有明确的记忆目标，即使一篇文章读了很多遍，结果却是记住的内容很少。记忆任务和目标愈明确、愈具体，记忆效果就愈好。其原因是，目的任务对识记效果有很大影响，遗忘速度受识记者主观因素的影响很大。目标明确有利于调动识记者学习的主动性和大脑皮质的积极思维活动。

3. 把握有利于记忆的最佳时间

一般早晨起床后记忆效果好。这是因为前一天的记忆内容已经过大脑的整理，新的记忆还没有开始。有的人习惯临睡前把一天学过的内容在脑子里过一遍，这有利于记忆的巩固。

4. 努力做到学以致用，积极实践

当识记对象成为活动对象时，识记效果最好。只看、只听，记忆效果不佳。“眼看千遍，不如手做一遍”，要想学习游泳，必须亲自下水；要想掌握物理学原理，必须动手做实验。因此，积极地运用，积极地参加实践，有助于记忆力的提高。

5. 积累丰富的知识和经验

具有丰富的知识经验就是在大脑中建立广泛的暂时的神经联系，这对记忆有重要影响。因此，博览群书，广闻博见，勇于参加实践，对积累丰富的知识经验尤为重要。过去的知识经验越丰富，就越容易与新学的知识联系起来。

（二）增强记忆力的方法

1. 联系记忆法

世界上的事物是相互联系的，把握事物之间的联系，用推导的方法，可以记住一连串知识。如十月革命、五四运动、中国共产党成立，分别发生在 1917 年、1919 年和 1921 年，中间都是相隔 2 年，而且后一事件与前一事件的发生存在着因果关系。学习英语单词时，记住一个词根，可以记住一连串词，以一当十，如 vis 的词根（看），可以导出 visit（参观）、visible（看得见的）、invisible（看不见的）、television（电视）、supervise（监视）。要记住长串的数字，最好能把它变成有意义的内容或者与某些有趣的东西联系在一起记。例如，圆周率 π 为 3.14159……，可以记成“山顶一寺一壶酒……”，这样就容易记了。

2. 提纲记忆法

提纲记忆法，即编写提纲帮助记忆。任何一门学科的知识都有其系统性，都是按照知识的内在联系归类和整理而成的。编提纲要在理解的基础上才能进行。因为不理解课程的内容就抓不住重点。而抓不住重点，就无法编出提纲。通常的记忆手段是做读书笔记，摘录卡片，或写简要的读书心得、评语、备忘录等，以帮助记忆。

3. 间隔记忆法

长时间单纯地记忆一门学科的材料是一种单调的刺激，大脑相应的区域会由兴奋逐渐转为保护性抑制，复习效果自然下降。间隔记忆法是一种克服这样缺陷的记忆方法，指的是把不同性质的识记材料分配在不同的时间，交替进行识记和复习。这样做可使大脑兴奋点定期在不同的区域内转移，利于有效地消除保护性抑制，取得良好的记忆效果。切不可用一门学科单科独进，中间又不休息的方法，这样做的结果是“欲速则不达”。

4. 尝试回忆法

尝试回忆法，即在记忆过程中不断地自己考自己，采用自己复述、自己默写等方式。背诵课文时可以不断地尝试自己背或请别人帮助核对，背得不对时，再看、再记，直到记住为止。有实验结果表明，已经记住的东西经过 9 h 后，大部分都会忘记，只能记住 30%。因此，尝试回忆应在记忆材料后 9 h 内进行，否则尝试回忆法不能取得预期效果。

5. 及时复习法

及时复习是增强记忆、克服遗忘的有效方法。记忆有两个条件：一要在脑子里建立联系；二要使这种联系得到加强。确立事物的联系主要靠理解，理解了的东西才能更好地记忆。加强知识间的联系要靠复习，及时复习和经常复习才能记得牢。科学实验证明，人的遗忘规律是：先快后慢，即在学习内容刚刚记住的时候，经过 1 h 后检查，发现只能记住内容的 44%左右，一天后再检查只记住了 33%的内容，6 天后再检查只记住了 25%左右。

6. 理解记忆法

理解记忆法，即在理解的基础上记忆。这是提高记忆的有效方法。姓名、数字、生字等都是机械记忆，想办法使之变成有意义的词句就容易记忆了，如 5161 这个数，理解为“劳动节”（51）加“儿童节”（61）就容易记了。一种中药配方由 18 种中药加在一起而成，很难记，聪明的中医把它编成汤头歌，既有组成的中药，又有主治什么病症、如何辨证加减等，并且押韵成诗，可供朗读，确实是优良的记忆方法。

7. 过度学习法

过度学习法，即识记某一材料时，为了保持记忆效率，在识记达到熟记的程度时，继续学习或复习，多记几遍。如默写几个外语单词，经过 4 遍练习可以掌握，如果再练习两遍就记得更牢。已经能熟练背诵，如能多背诵几遍，就可达到滚瓜烂熟的程度。但是，过度学习必须遵守适度原则，否则既浪费时间和精力，又不一定能提高学习效果。

8. 多感官同时作用法

多感官同时作用法，即用眼看、耳听、口读、手写等方法同时作用于大脑，使其发生广泛的神经联系，便不易遗忘。有人做过两种试验：一种是有写得很详细的书本，老师照本宣读，学生不用做笔记，结果教学效果很一般；另一种是发下提纲，内容简单，学生必须记笔记来补充，于是又看又听又写，效果就比较好。因此，在书本上、笔记本上做记号、写评语心得等都是加强记忆的好方法。

9. 趣味记忆法

趣味记忆法，即把枯燥的知识编成有趣的故事，或者改变成相同或相近的读音。形象的语言能引起大脑的联想。但用汉字去注相近的外语单词音节不会有好的效果。有些材料可以编成歌诀。如过去有人记朝代顺序：“三皇五帝夏商周，转秦入汉三国鼎，两晋南北隋唐继，五代宋元明大清。”如果在实际运用中自己亲自编成口诀，保持时间会更长，比识记别人编成的歌诀记忆效果更好。

10. 规律记忆法

要记一件事，如果能找出那件事情具有的某些规律性的东西，就可以被人为地赋予深刻的印象或艺术情节，或具有可推理性，这样就会记得多并且难以忘记。如学习英语单词时，死记硬背不如先进行分析，找出规律，再进行记忆，抓住英语单词构词的合成法、派生法、转换法等规律，即可举一反三，记住更多的单词。规律往往是要记住的精华。特别是物理、化学、数学，许多公式和定理是由一两个最基本的公式推导出来的。在理解的基础上记住精华，其他的就不难记住。

第二节　睡眠卫生

一、睡眠卫生意义及方法

觉醒和睡眠是生命活动所必需的两个相互转化的生理过程。任何一种动物都不能没有睡眠，对于人类来说，睡眠更不可缺少。有位著名的生理学家曾说：“没有睡眠，就不会有人类的今天。”人 1/3 的时间是在睡梦中度过的。有人设想，要是不睡觉，把这 1/3 的时间也用来工作和学习，那该多好啊！可是这种设想是永远也不会实现的。因为睡眠是一个正常的生理现象和生理需要，它具有保护大脑皮层神经细胞的重要作用。当神经细胞兴奋时会消耗能量，而当其抑制时，就会运用血液中的养料、氧气进行自我补偿，即合成代谢大于分解代谢，从而有利于精神和体力的恢复及能量的储备，为第二天的活动创造条件。如果让一个人总是学习、工作而不睡眠，兴奋的神经细胞得不到很好的抑制——休息，也就是得不到自我补偿，能源被耗竭，神经细胞就会发生衰竭而死亡。加之神经细胞再生能力极差，死亡一个就少一个，最终就会导致脑死亡。

睡眠决不是单纯地休息，它还有积极的一面。莎士比亚曾说："睡眠是一切精力的源泉，是病患者的良药。"有人做过这样的实验：两条同样健壮的狗，一只能忍受饥饿达30余天，另一只因缺少睡眠，忍受饥饿仅10天就死亡了。人如果不睡觉，至多也只能活10多天。由此可见，睡眠对人类对动物是何等的重要啊！人活着就应该有劳有逸、有张有弛，神经细胞也该有兴奋、有抑制，反复循环，这样生命才能延续下去。

睡眠是最基本最重要的休息和松弛方式，只有睡眠，才能使大脑皮层的神经细胞得到很好的抑制，使脑的工作能力得以恢复，这是其他任何休息方式所不能代替的。而且在睡眠中受到抑制的不仅是神经细胞，人体的其他部分都能得到不同程度的抑制，例如睡眠时呼吸减弱、心率减慢、血压体温下降、肌肉紧张度降低、感觉器官功能下降、代谢率降低等，所有器官都处于低能状态。这样，人的疲劳就会消除，并得到重新蓄积能量的机会，因而清晨一觉醒来，会感到耳聪目明、头脑清醒、朝气蓬勃、精神抖擞，能轻松愉快地投入新一天的活动中。如果睡眠不足，就会头昏脑涨、思维迟钝、注意力涣散、工作效率下降。因此，睡眠就像吃饭、喝水一样，是人类的一项重要的生理过程，是万万不可缺少的。尤其是学生在考试前复习时更需要有充足的睡眠。应该特别指出的是，人体的脑下垂体前叶仅在夜间睡眠中分泌生长激素，以促进人体的生长发育。所以，睡得好，才能发育好，长得高；相反就会影响人体的生长和智力发育。

睡眠时间多长才算合适呢？睡眠所需时间因年龄而异，成年人一般每天需要睡眠7~8 h；年龄越小，需要的睡眠时间越长；老年人比较短，一般睡5~7 h就够了。不同习惯的人需要睡眠的时间也不同，如有人只需午睡片刻，晚间就可少睡1~2 h；也有人昨天多睡，今天就可少睡。睡眠的好坏并不在于量而在于质，即睡眠的深度，深沉的质量高的睡眠，消除疲劳快，睡眠也就少。因此，不能一律规定每人每天睡多少小时，而应该根据睡眠醒后的自我感觉来判断。还应该知道，过多的睡眠不但没有必要，反而有害，使头脑昏昏沉沉，不能保持脑的正常工作所必需的兴奋水平。

要保证良好的睡眠，提高睡眠质量，应注意以下几点：

（1）要有良好的生活规律。定时休息，养成习惯，到时就易于入睡。情绪需安静、稳定，切忌过分兴奋激动，更要注意节怒去愁。睡前不要谈论恐怖或紧张的事情，不要想悲哀愤怒的事情，尽可能乐观安定，情绪轻松。如睡前正紧张思考，大脑神经细胞比较兴奋，或曾有过失眠者，可在睡前散散步，也可听些轻松的音乐，用温热水洗脚，均有助于入睡。

（2）创造良好的睡眠环境。尽可能安静些，衣被薄厚适中，房间要保持一定程度的通风，睡下后感到舒适。对枕头应有所选择，枕头不能太高也不能太低。最适宜的枕头高度是使颈椎基本保持水平位，或使颈部略呈头端向上的倾斜度。

（3）睡眠的姿势与睡眠质量直接相关。俗话说，"卧如弓"，就是指侧卧位的姿势。侧卧时，身体的脊柱略向前弯曲，好像一张弓。在这个位置上，四肢可以放在比较舒适的位置，全身的肌肉能达到比较满意的放松目的。一般说来，向右侧卧比向左侧卧更好。因为心脏是在偏左的位置，胃肠道的开口都在右侧，肝脏也处于右侧的低位上，右侧卧的姿势使心脏所受压力小，有利于血液的搏出，胃肠道内的食物通行无阻，肝脏可以得到比较丰富的血液。所以，向右侧卧对体内食物的消化、吸收，血液的顺利循环和解毒抗病等各方面都有利。

（4）养成良好的卫生习惯。睡前要漱口刷牙，不要在睡前吸烟、饮酒、喝咖啡或浓茶，避免造成大脑兴奋而失眠。如睡得较晚，可略吃些易消化的食物，但不要吃得过饱；不要吃油腻的食物，以免增加胃肠负担影响睡眠质量。

二、梦与失眠

可以说，人人都做过梦。只不过有人做梦少，有人做梦多；有人做美梦，有人做噩梦；有人能清楚地回忆，有人不能回忆罢了。做梦究竟是怎么回事呢？著名的精神分析学派鼻祖弗洛伊德，用精神分析的方法和理论，对梦进行了分析和理解。他认为，梦是一种心理现象，是潜意识活动，它给予人现实中未满足的愿望以满足。美国科学家通过睡眠过程中脑电图变化的研究，进一步揭开了梦的奥秘。如果仔细观察一下人的睡眠过程，可以发现，人刚入睡时都不安静，表现为伸手、动腿、翻身、打呵欠、磨牙、喃喃自语，过一会儿便安静下来，大约 90 min 后又变得不大安静了，持续 5~10 min 后又安静下来，整个睡眠过程就是这样由安静到不安静反复交替地进行着。生理学家把安静睡眠期称为慢波睡眠或正相睡眠，把不安静睡眠期称为快波睡眠或异相睡眠。有趣的是，梦几乎都发生在异相睡眠时。有人做过这样的实验：分别将处于正相睡眠和异相睡眠的人唤醒，让其回忆被唤醒前的情况，结果异相睡眠期被唤醒的人中 85%的人诉说他们正在做梦，而处于正相睡眠期者则诉说方才是在熟睡中，没有做梦。

近来生理学家大多认为，梦是正常睡眠必有的生理现象，也是大脑生理活动的一种重要形式，甚至也是大脑的一种工作方法。如同看电影一样，把白天发生的种种事情复映一遍，去掉那些琐碎的、不重要的、重复无用的东西，提高了大脑的工作效率。还有人认为，梦与记忆的巩固过程有关，在做梦的时候，大脑把白天输入的各种信息，从短时记忆的地方转移到长时记忆的贮存库去。观察结果表明，剥夺异相睡眠，会降低记忆效率，而在学习、记忆的任务比较繁重时，可见到异相睡眠增加，并且增加越明显，记忆的效果越好。这些都说明，做梦可能与脑对日间接收的信息的处理和贮存有关。所以，应该改变因为梦的神秘而不安和恐惧的那种感觉。为了迎接考试，为了牢固地记住所学的内容，一定要保证充足的睡眠，其中也包括异相睡眠，即有梦睡眠。

失眠，顾名思义就是睡不好觉。而睡不好觉有多种情况，如入睡困难或梦境连绵等，或睡得很浅，易惊醒或醒得早，且醒后再也无法入睡，即使睡了也是多梦。如果经常失眠，不仅会带来烦恼和痛苦，而且更重要的是会影响身心健康。因为失眠必然会导致睡眠时间的减少和睡眠质量的下降，从而妨碍休息，使疲劳难以消除，长此以往，身体则难以承受，必将进一步导致体力和脑力下降，使注意力涣散，思维迟钝，且易导致神经衰弱或其他疾病的发生。一般认为，失眠的原因不外乎以下几种：

（1）精神情绪异常。精神紧张、恐惧、情绪忧虑、焦虑、思前顾后、心事重重或特别高兴、极度兴奋等。

（2）睡眠时间的变更。睡前发生了意外事情，受到了较强烈的精神刺激，或看了令人异常恐惧、害怕或兴奋的小说、电影、电视录像等。

（3）外界环境的变化和刺激。如刚到一个新的环境适应不良，对声音、光线、冷热、异常气味等外界刺激敏感等。

（4）身体本身的干扰。如疾病引起的疼痛、咳嗽、呃逆、抽搐或过饱、饥饿、腹胀、腹泻、便秘、尿潴留等。

（5）睡前大量饮酒，吸烟，饮咖啡、浓茶或服用令人兴奋的药物。

其实，偶尔有一两次失眠根本没有关系，即使经常失眠，也要树立信心，要心平气和，泰然处之，不担心，不紧张，没有思想包袱，感到有倦意就能不知不觉地进入梦乡了。当然，也可以事先为睡眠创造一些条件，例如，创造良好的睡眠环境，卧室要安静舒适、幽暗、避光、通风良好、温度适宜及整洁卫生，并且有绝对的安全感。注意调节情绪和培养良好的生活习惯，要按时睡觉、工作和学习，逐渐形成一种条件反射，养成有规律的休息习惯，晚饭后不饮茶和咖啡，睡前半小时放下紧张的学习和繁重的工作，不做剧烈运动，可以听听轻音乐或散散步，避免接触一切带刺激性的事物，不看色情或惊险的小说、电影、电视录像等。上床前用热水洗脚，上床后排除杂念，思想放松，不焦虑、不害怕、不担忧，并自我暗示："我的手感到沉重无力了，脚也无力了，要睡了。"这样就会逐渐感到肢体沉重而进入梦乡。一般只需要找出失眠的原因，采取相应措施即可解决。少数用上述方法仍不见效者，可适当吃点安眠药，使用安眠药的目的是重建睡眠的正常规律，既不要害怕成瘾，也不应完全依赖。应在医生的指导下，拟订治疗计划，逐渐减药或用其他药物代替，最后不依赖任何药物。

第三节　疲劳与休息

一、疲劳的产生与恢复

经过一天的学习和工作，人总会有些疲倦的感觉，这就是疲劳。那么人为什么会产生疲劳呢？以往的观点认为，疲劳的产生是因为肌肉内乳酸的积累与体内酸性物质的增加。但是，现在科学家认为，疲劳的形成有许多因素，如学习材料难度太大，学习时间过长，节奏太紧张或学习内容单调，兴趣不高，都可以引起疲劳；身体健康状况欠佳，情绪低落，生活懒散，人际关系紧张也容易产生疲劳；学习环境不良，如通风、照明、温度、湿度不良，噪声干扰，课桌椅高度不合适也易导致疲劳。

产生疲劳常有一个过程：开始学习时，效率不太高，这是学习的始动阶段，即第一阶段；随着大脑皮质优势兴奋灶的形成，注意力逐渐集中，效率逐渐提高，以至达到最大工作能力，这是第二阶段；最大工作能力持续一段时间后，大脑皮质兴奋性减弱，开始出现保护性抑制，效率便逐步下降，出现疲劳症状，这是第三阶段；这时若不中断学习、适当休息调整，继续"熬"下去，效率就会急剧下降，疲劳加剧，进入过度疲劳状态，这是第四阶段。无论学习或工作，出现适度的疲劳是难以避免的，这种轻度疲劳经适当休息或调整即可消除，恢复原来的工作能力。但要尽量避免陷入过度疲劳状态。因为一旦造成过度疲劳，常常需要较长时间的休息才能消除疲劳，而且过度疲劳会引起人体生理功能紊乱，降低人体免疫力，诱发疾病。

睡眠，是消除疲劳的重要方法，因为在睡眠时，全身物质代谢降低而神经细胞借机吸收各种营养物质，准备充足的能量，使人醒来后精力充沛地投入工作。因此，保持足够的睡眠对每个人来说是不可缺少的。但是睡眠也不是唯一的休息方法。过长时间的睡眠会使人更加疲劳，这是因为睡眠中肢体和某些肌肉的血液灌流不足，欠下“氧债”。

幽默，是一种高级的解除疲劳的方法。在爽朗的笑声中，疲劳会烟消云散。相声受人欢迎的原因可能就在于此。此外，琴、棋、书、画、旅游、跳舞，可转移精神，调节兴奋点，对消除心理疲劳有益。

经常进食一些有助于消除疲劳的食物也会使疲劳状态有所改善，使人感到轻松、愉快。有助于消除疲劳的食品应含丰富的维生素 C、维生素 B_1 和维生素 B_2。因为这些营养素能把体内积存的代谢产物尽快处理掉。人之所以会感觉疲劳，是由于人体内环境偏酸。多食碱性食物就可以使人体在运动（劳动）过程中所产生的酸得到中和，从而改变人体内环境中的酸碱度，达到消除疲劳的效果。水果、蔬菜含有大量的柠檬酸钠，劳动强度大时进食这些食品可防止体液酸化，增强机体的耐受力，抵抗疲劳。

造成人体疲劳的一个因素是体力和热量的消耗，因此，高热能的蛋白质和脂肪也是抵御疲劳最有效的营养成分。豆腐、牛奶、猪肉、牛肉及鱼类食品，都是含有高蛋白和维生素 B 族的食物。在进行长时间体力和脑力劳动前摄取这些食物，可以防止因热量和体力消耗而出现疲劳。脑力劳动造成的疲劳还可补给一些甜食，如砂糖、麦芽糖等。精神极度紧张时摄取适度的糖质，可抑制肾上腺素的分泌，给人带来美好的睡眠。

有烟酒嗜好的人总认为烟酒能提神解疲劳，其实却相反。烟虽然有一定的兴奋作用，但这却是刺激中枢神经的结果，反而会增加心血管的负担，阻止维生素 C 的吸收，因此，会更加疲劳。酒中的乙醇是神经系统的麻醉剂，常饮酒会使大脑皮层活动失调，降低工作能力。因此，烟酒是不能防止疲劳的。

过度疲劳能使人体的生理机能发生紊乱，神经系统的调节就会失调，身体的抵抗力下降，容易产生各种疾病，或者由神经系统的紊乱而引起神经衰弱症。大学生应重视疲劳的预防，以充沛的精力工作和学习。

休息的方法有两种：一种是安静的休息，即睡觉和闭目养神。这种休息可以防止神经细胞因过度兴奋而衰竭，并可补充所消耗的物质和能量。另一种是积极的休息，即文体活动，如拉琴、散步、做操等。这些活动不仅使处于紧张状态的大脑得以松弛，使原来兴奋的部位转入抑制，而且因血液循环的加速而改善了大脑的供氧，促进了大脑的代谢，有利于恢复大脑的功能。

一般说来，大脑连续进行紧张的智力活动的时间不宜太长。学龄前儿童在约 15 min，中学生在 0.5~1.0 h，成年人在约 1.5 h 的脑力活动之后，便应有一小段休息时间。不要等“脑子不行了”再停下来。

休息时间也要适当，并不是休息时间越长越好。一般说来，两节课之间休息 5~10 min，或连续学习 1~2 h 短暂的休息是必要的；如果学习时间延长，则休息时间也要相应延长。休息时间过短，前后两次学习的内容可能产生干扰；休息时间太长，则可能如发动机熄火以后再发动一样，不利于保持有效率的学习。

二、消除疲劳的方法

疲劳是活动使工作能力及身体机能暂时降低的现象。根据疲劳产生的机制和疲劳的分类，消除疲劳的途径和方法如下。

（一）消除疲劳的途径

（1）用各种方法使肌肉放松，改善肌肉血液循环，加速代谢产物的排出及营养物质的补充，如整理活动等。

（2）通过调节神经系统机能状态来消除疲劳，如睡觉、心理恢复等。

（3）通过补充机体在运动中大量失去的物质，促进疲劳的消除。

（二）消除疲劳的方法

1. 整理活动

整理活动是消除疲劳、促进体力恢复的一种良好方法。教练员、运动员应给予足够的重视。剧烈运动后进行整理活动，可使心血管系统、呼吸系统仍保持在较高水平，有利于偿还运动时所欠的“氧债”。整理活动使肌肉放松，可避免由于局部循环障碍而影响代谢过程。

整理活动包括慢跑、呼吸体操及各肌群的伸展练习。运动后做伸展练习可消除肌肉痉挛，改善肌肉血液循环，减轻肌肉酸痛和僵硬程度，消除局部疲劳，对预防运动损伤发生也有良好作用。

2. 睡　觉

睡觉是消除疲劳、恢复体力的好方式。睡觉时大脑皮层的兴奋过程降低，体内分解代谢处于最低水平，而合成代谢水平则相对较高，有利于体内能量的蓄积。

成年运动员在平时训练期间，每天应有 8~9 h 的睡眠。在大运动量和比赛期间，睡眠时间应适当延长。青少年运动员的睡眠时间应比成年运动员长，必须保证每天有 10 h 的睡眠。如果上、下午都安排训练，中午应有适当时间午睡（1.5~2.0 h）。

3. 温水浴

训练后进行温水淋浴是最简单易行的消除疲劳的方法。温水浴可促进全身的血液循环，调节血流，加强新陈代谢，有利于机体内营养物质的运输和疲劳物质的排除。水温以 42±2 ℃为宜。时间为 10~15 min，勿超过 20 min。训练结束半小时后，还可进行冷热水浴。冷水温为 15 ℃，热水温为 40 ℃。冷水淋浴 1 min，热水淋浴 2 min，交替 3 次。

4. 桑拿浴

桑拿浴，又名热空气浴或芬兰式蒸气浴。桑拿浴是指在特制的小木屋内用电炉加热空气，形成一个高温干燥的环境。其除有镇静、使肌肉关节组织充血作用外，还可促使大量排汗。常用于摔跤、举重等运动员赛前减重。

进行桑拿浴的方法如下：

（1）在 54~71 ℃环境中，停留 10~20 min。

（2）在 100~120 ℃环境中，停留 5~7 min。反复 4~5 次。每次间隔用冷水淋浴 10~15 s，或用温水淋浴 2.5~3.0 min。结束后在更衣室内休息 5~7 min。

5. 蒸气浴

蒸气浴是将蒸气通入特制小屋或关闭的房间内，造成一个高温、高湿的环境。其作用与桑拿浴类似，但较桑拿浴易造成身体疲劳。

进行方法：在 40.5~46.0 ℃环境中，停留 20~30 min。

6. 按　摩

按摩是消除疲劳的重要手段。其中，人工按摩是最受运动员欢迎的消除疲劳手段，但因人力所限，不能满足需要，现已发展各种代替人力按摩的方法，如：

（1）机械按摩。有按摩椅、带式按摩机、按摩床、滚轮放松器及小型按摩器械等。

（2）水力按摩。如脉冲水力按摩机。

（3）气压按摩。如气压按摩衣、气压按摩裤、足部气压按摩器、高低压舱、负压舱等。

7. 理　疗

利用光疗、蜡疗、电疗等作用于局部或整体，可促进血液循环，加速疲劳的消除及机能恢复，同时具有治疗损伤的作用。

8. 吸　氧

利用高压氧舱，在2.0~2.5个标准大气压下，吸入高压氧的效果已得到初步证实。高压氧可使血氧含量增加，血液中二氧化碳浓度下降，pH值上升，提高组织氧的储备量，对训练引起的极度疲劳、肌肉酸痛、僵硬、酸碱平衡失调等有明显疗效。特别是对于拳击、摔跤、柔道等头部常受到撞击的运动员，有减轻头疼、头晕，改善睡眠的效果。

负氧离子也被用来消除疲劳。负氧离子加播放音乐有提高背肌肌力、改善心肺功能、提高血红蛋白浓度等作用。

9. 营　养

运动中各种营养物质消耗增加，运动后及时补充，有助于消除疲劳，恢复体力。糖、维生素C、维生素B_1、水等均应得到足够的补充。

10. 药　物

为了尽快消除疲劳，可适当使用一些药物。如中药黄芪、刺五加、参三七等，都有调整中枢神经系统功能，扩张冠状动脉，补气壮筋的作用，对消除疲劳有一定效果。蜂王浆、人参、鹿茸等对养血补气效果较好。

11. 心理恢复

通过调节大脑皮层的机能达到消除疲劳的目的。

心理恢复放松练习法

此法可在室内运动场上练习，也可在宿舍中练习，可由教练员给予诱导词，也可制成录音带备用。

姿势：仰卧在硬的、平坦的床或地板上，在头下及膝关节下面垫一个小枕头，勿垫肩部。两腿稍分开，两臂放在体侧。

室内环境：室内应当温暖、舒适，但不热，没有直射的阳光，尽量保持安静。

练习方法：随诱导词练习。先使身体某一部位紧张起来，然后放松。做完整套练习需20~30 min，不要仓促进行。

诱导词如下：

放松，练习现在开始。

请你躺在地板上，两腿自然分开，两臂放在体侧。

排除一切杂念，只想放松，放松，放松。

用腹部进行几次深呼吸，胸部不要有起伏。

现在开始注意你的双腿。

使你右腿肌肉全部紧张起来……放松……

再紧张起来……放松……（重复3~5遍）

使你左腿肌肉紧张起来……放松……

再紧张起来……放松……（重复3~5遍）

现在你的双腿变得很沉重，软弱无力，完全靠地板来支持。

注意你的右臂。

手部所有肌肉紧张起来……

前臂肌肉紧张起来……

肩部肌肉紧张起来……

所有肌肉同时放松。（重复3~5遍）

现在轮到你的左臂。

手部所有肌肉紧张起来……

前臂肌肉紧张起来……

肩部肌肉紧张起来……

全部肌肉同时放松。（重复3~5遍）

让你的两臂静静地放在体侧。

用力收紧臀部肌肉……放松……（重复3~5遍）

用力收紧两肩……放松……（重复3~5遍）

两肩压向地板……放松……（重复3~5遍）

用力收紧腹肌……放松……（重复3~5遍）

现在轮到头部。

紧皱你的双眉……放松……（重复3~5遍）

紧闭你的双眼……放松……（重复3~5遍）

咬紧你的牙关……放松……（重复3~5遍）

头用力压向地面……放松……（重复3~5遍）

现在你的上肢、下肢、头部、躯干肌肉已经完全放松了。你感到昏昏欲睡……一切都很宁静……似乎失去了体重……

请你慢慢坐起来用双手擦面部，睁开眼睛，伸个懒腰，就好像刚刚从睡梦中清醒一样。

放松练习到此结束。

第四节　口腔护理与保健

口腔是消化道和呼吸道的通道和门户，又是各种细菌的大本营，在正常健康人的口腔里就有大量细菌群，如链球菌、乳酸杆菌、葡萄球菌等有几十种，它们有致病的，也有不致病的。有人做过实验，在1 g牙垢里就有100多亿个细菌。这是因为口腔这个地方“四季如春”，温度在37 ℃左右，非常适合细菌的生长繁殖。此外，口腔内有充分的水分（唾液）、足够的养料（食物残渣）和充裕的空气等，因此成为大量细菌繁殖的大本营。

牙齿是身体的一个重要器官，人人都希望自己有一口洁白健康的牙齿。人类在长期的演变过程中，形成了四组牙齿，即切牙、尖牙、双尖牙、磨牙，对食物具有切、撕、捣、磨等功能。牙齿除主要担负咀嚼的功能外，与发音的准确清晰也有很大关系。此外，它还起着保持容颜美观的作用。一口整齐洁白的牙齿，可以使你的微笑更加动人。牙齿及牙槽的支持，使唇颊部呈现健美丰满。如果牙齿缺损，可使唇颊部因失去支持而凹陷，使面部显得苍老。

有了牙病，不仅影响消化，而且十分痛苦。常言道："牙疼不算病，疼起来真要命。"牙疼不仅造成痛苦，而且耽误学习，还可能引起多种严重的疾病，对健康造成危害。另外，不注意口腔卫生，还能引起口臭，不利于人际交往（包括与异性之间的感情交往），甚至可能在心理上造成不良影响。正因为如此，人们愈来愈重视自己的牙齿，认识到大自然赐给人类的恒齿只有一副，掉一枚便不能再生，而且功能不可能由假牙来完全替代；认识到牙病是治不胜治的，唯一的出路是立足于防。

一、龋齿的形成

牙病中最常见的是龋齿，俗称虫牙。据调查，我国在校大学生的龋齿患病率在50%左右。龋齿开始时只是局部变黑变软，没有任何感觉，随着龋蚀的发展，牙本质受到破坏，就会形成龋洞，此时若遇冷、热或其他刺激，就可出现牙痛。若不及时治疗，龋洞会越来越大，严重的还会破坏牙髓里的牙神经，这时即使没有受到酸、甜、冷、热等刺激，也会出现牙痛。最后，整个牙齿都可能烂掉，只剩下牙根留在牙床上。龋齿是怎样发生的呢？龋齿产生的原因是复杂的，口腔不卫生是一个重要的原因。

每餐饭后，在牙齿和牙缝里常会留下一些食物残渣，而躲藏在口腔里的细菌，如乳酸杆菌、链球菌等，就趁机活动起来，与食物中的碳水化合物作用，发酵分解，产生各种酸性代谢产物。酸有腐蚀性，能腐蚀牙齿，使牙齿的无机部分脱钙，釉质破坏，形成龋洞。

龋齿常发生在牙齿的小窝、裂沟或牙缝之处，多见于咬合面及邻面，这些表面粗糙之处细菌及食物残渣易于积聚。人们常说吃糖太多牙齿不好是有道理的。糖是一种碳水化合物，是细菌繁殖活动产酸的培养基。食物中的蔗糖有显著的致龋作用。因为，蔗糖能加速口腔内变形链球菌的繁殖，而其他糖的这种作用相对较小。动物实验证实，通过胃管给动物喂致龋食物，并不患龋，而改为喂饲，就能致龋。这说明，食物必须在口腔中经过细菌作用，发酵、产酸，并与牙齿直接接触，才能致龋。如蔬菜等纤维性食物，不易发酵且对牙面有机械性摩擦和清洗作用，故能在一定程度上抑制龋齿的发生；富有黏性的含糖糕点、饼干等食物不仅易发酵，而且易附着或滞留在牙面上，因此极易致龋。由此可见，平时应少吃甜食，并养成饭后漱口、睡前刷牙的良好习惯，这样患龋齿的情况就会大大减少。

此外，发育与钙化不良的牙齿容易得龋齿，而食物中维生素D与矿物质钙、磷等是牙齿正常发育不可缺少的，如果身体里缺少了这些物质，造成牙齿的发育和钙化不好，牙齿不坚固，也容易得龋齿。龋齿对人体是有害的，如不及时治疗，任其发展可引起牙髓炎，进而发展为根尖周围炎、根周脓肿，严重时还可并发颌骨骨髓炎、颜面部蜂窝组织炎等危害健康的疾病。当身体抵抗力降低时，龋齿中的细菌及毒素可以通过血液循环和淋巴系统向全身其他部位扩散，从而诱发全身性疾病，对人体产生危害。

二、牙齿的保护及口腔卫生

评价口腔卫生状态的标准是看口腔内污物的多少，也许有人认为："我的嘴里怎么会有污物？我吃的东西不都是挺干净的吗？"其实，医学观点的污物与人们的一般概念有所不同，它主要指致病的细菌和对人体有害的其他物质。在我们周围，细菌几乎是无所不在的。前面讲过，人的口腔内也有很多细菌。口腔卫生越差，细菌越多。食物残渣、唾液为细菌提供了良好的营养；口腔的湿度、温度为细菌提供了有利的繁殖条件。细菌及细菌的分泌物、被细菌腐化的食物混合成黄白色的软性污物附着在牙齿上。细菌还可以在牙齿表面形成一层很薄、肉眼看不见但附着力很强的斑膜。这种细菌斑膜与龋齿的发生关系很大。唾液中的无机盐在一定条件下会慢慢沉积在牙齿表面，并与其他污物混合成为比较硬的东西，称为牙垢或牙结石。

保护牙齿及口腔卫生就是要清除口腔内及牙齿上的这些污物，防止龋齿的产生。具体做法有如下几方面：

1. 预防口腔疾病，一定要搞好口腔卫生

怎样才能搞好口腔卫生呢？做到早晚刷牙，饭后漱口是保持口腔卫生、保持牙齿健康的重要措施。刷牙不仅是为了清除牙面上、牙缝中的食物残渣，而且能按摩牙龈，改善牙龈组织的血液循环，增强抵抗力。如果遇到某些情况不能刷牙，可通过漱口来清洁口腔，虽比刷牙效果差，但常常漱口也能很好地改善口腔环境。漱口一般用白开水或盐水，漱口时，每次含进嘴里的水量必须适中，过多或过少都不利于水的流动和冲力。含漱时，唇舌和颊部的肌肉都要运动，使水来回地通过各个牙缝，速度和力度都要大一些。

2. 掌握正确的刷牙方法

随着人们文明程度的提高，刷牙已成为每个人日常生活中必不可少的一种生活习惯。通过刷牙，能机械地去除牙面上堆积的食物残渣和牙菌斑，并对牙龈起按摩作用，从而增强组织的抗病能力，预防牙周病和龋齿的发生。但若刷牙方法不正确，不仅无防病作用，而且会对牙周及牙体组织造成不同程度的损害，产生诸如楔状缺损、牙周萎缩等并发症。因此，使用正确的刷牙方法是非常重要的。

正确的刷牙方法是竖刷法：先将牙刷毛与齿缝平行放置，刷毛头轻压牙龈缘，转动刷柄使刷毛从牙龈缘扫向牙齿的咬合面或切面。这样，牙龈得到按摩，牙面和牙缝得到了刷洗。刷上牙时要从上往下刷，刷下牙时则从下往上刷，咬合面要来回刷，做到里里外外都刷干净。刷牙时还要注意不要用力过猛，以免损伤牙齿和牙釉质。

3. 正确使用牙签及牙线

牙签是一种简便的牙间清洁工具。使用牙签时应将牙签的头朝咬合面方向，抵在牙齿的唇颊面上，以45°角滑行到牙间隙内，顺着牙缝由下而上进行剔拨，动作要轻柔，切忌垂直刺入牙缝内，以免造成对牙龈的损伤。如长期使用不当，可导致牙龈乳头萎缩，牙间间隙增大，而进一步加重食物的嵌塞。

清除塞牙的食物纤维，最好使用牙线。实际上，有人已把它作为每晚清洁牙齿的必

要步骤。这是因为，龋牙和牙龈炎最初发生在牙齿的邻接面，主要是牙缝小而牙刷无法刷到，致使该处污垢积聚而发病。牙线的使用方法：用两手的中指辅助将线拉紧，压挤牙缝，反复向两侧拉动，将嵌挤残物拉出。此法对牙龈组织没有损伤，又能较彻底地消除嵌物。

4. 改掉一些不良习惯

有的同学喜欢一边看书一边吃糖；有的同学习惯咬铅笔、嚼纸头，或用牙咬碎杏核和榛子等坚硬的外壳；还有的同学在工作中总是用牙齿咬工具，或用牙齿去开启瓶盖。这些习惯对牙齿是十分不利的，一方面会损害牙齿的珐琅，因为口腔中总有食物残渣，尤其是甜食，更易使细菌滋长；另一方面，也会加重牙齿的负担，造成牙齿崩裂松动或引起牙槽畸形，或牙齿排列不正、面部畸形。另外，由于许多物体或工具很不卫生，可能将许多细菌带入口腔，致使患上一些疾病，所以应该改掉这些不良习惯。

要养成正确的咀嚼习惯。提倡细嚼慢咽。因为，细嚼慢咽作为一种功能刺激，能刺激面部颌骨的生长发育，增加颌骨的宽度。生长发育好的颌骨，使牙齿萌出时有足够的生长空间，从而减少牙齿排列不齐或畸形的发生。细嚼慢咽不仅可以对牙齿表面产生摩擦作用，而且咀嚼运动可以刺激唾液腺的活动，使唾液分泌增加，对牙齿表面起良好的冲洗和自洁作用，从而减少龋齿发生的可能。细嚼慢咽还能促进牙周组织的健康，减少牙周疾病的发生。因为，在咀嚼食物时，食物不断刺激口腔软组织和牙龈，这样的生理性刺激可以增加牙龈表面的角质变化，也促进血流的畅通，这样就增加了牙龈的抗病能力。

5. 饮食必须合理，要注意食物的多样化和营养

不偏食不挑食，要多吃些富有钙、磷、维生素的食物，如豆腐、豆芽、青菜、萝卜、海带、动物内脏等食品，以预防牙齿发育的缺陷。要多吃含钙、蛋白质的食物，少食含碳水化合物的食物，因为碳水化合物（即糖类）饮食过多，易粘于牙齿表面，使细菌获得良好的生长繁殖条件，形成牙菌斑。因此，有人把钙和蛋白质缺乏而碳水化合物相对过剩的食物，称为致龋性食物。由此可见，补充足够的蛋白质，以及限制进食精制的碳水化合物食物，对防龋有很大作用。

6. 定期进行口腔检查

我国规定，每年的 9 月 20 日为全国爱牙日。通过每年一次的常规口腔牙齿检查，对牙病可以做到早期发现、早期治疗，是防止龋齿继续发展的有效措施。如有龋齿要尽快到医院进行填补，加以修复，防止扩大加重。牙齿一旦损坏是没有自行恢复能力的。牙冠破坏较大，无法充填修复或患严重牙周病，已丧失咀嚼功能的牙齿应及时拔除。拔除后，应适时地装镶假牙，如果缺牙长久，不仅影响咀嚼功能，而且邻牙的牙冠会向缺牙部的空隙倾斜，给以后镶牙带来困难。

第五节　合理的作息时间

为什么生活应当有规律呢？一个很重要的原因就是要使生物钟正常运行。像钟表可以告诉人们时间一样，人体内也有许多“钟表”，显现出人体生理活动中的种种节律性（或周期性）现象，这被形象地称为生物钟。脉搏周而复始地跳动着，在安静状态下每分钟大约跳75次，一个周期大约0.8 s。每分钟大约呼吸16次，一个周期大约4 s。以一天为周期的生理变化，如体温凌晨低、下午高；人体的血压、脉搏、呼吸、代谢消耗、血细胞数目，甚至许多激素的分泌量等，都在一昼夜之中有一定的波动。以1个月为周期的生理活动最明显的是妇女的月经，大约每28天一次。

为什么要按人的生物钟节律安排作息？道理很简单，就是要使人体内的生物钟正常运行。人们的一切活动，与生物钟同步合拍，才能协调。如按时入睡，有利于睡眠；按时进餐，有利于消化；按时大便，可防止便秘；按时工作学习，有利于提高工作和学习效率；按时参加文体活动，有利于提高锻炼和休息效果。规律的生活制度，有利于大脑皮层把在生活中建立起来的条件反射形成固定的动力定型，与人体生物钟合拍协调，有利于神经系统能量代谢，有利于神经递质的贮备，从而使神经系统功能协调。条件反射动力定型的建立，使工作、学习、休息、睡眠、饮食及运动的各个过程相互延续。这样可使大脑和体内各器官系统保持良好的功能和工作状态。如果不能按照人的生物钟节律按时作息，生活不规律，打乱了固有的动力定型，就会使大脑和各器官的功能紊乱，导致神经衰弱和其他疾病的发生。

“日出而作，日入而息”，这是人类古老的作息制度，这种作息制度是同人类的生产活动密切联系的，而且也符合人体的生理昼夜节律。合理的作息制度就是根据人体的生理活动规律，科学地安排各项活动，减轻疲劳，维护健康，提高学习和工作效率。

大学生合理的作息归纳起来有以下几方面：

（1）足够的睡眠是大脑休息和养精蓄锐的生理需要。大学生每天最好保证8 h左右的睡眠，若由学习时间过长而造成睡眠不足，既影响第二天的学习，也对身体造成不良影响。

（2）每天学习时间不要超过10 h，连续学习时间不宜太长。如果时间过长，就会使脑细胞疲劳，自然转入抑制状态，使人的注意力无法高度集中，思维和记忆力下降，学习效率受到影响。

（3）在学习中间要有适当休息（课间休息），每天至少要有1 h的户外活动。适当参加丰富多彩的课余活动。

10 min的课间休息时间虽然短暂，但是宝贵而不可少。上课时学生们大脑的学习中枢保持高度的兴奋状态，但往往在上午10时左右，学习中枢的兴奋逐渐转为抑制，即疲劳。如何消除这种现象呢？巴甫洛夫认为：采用积极性休息比消极性休息更有助于疲劳的解除，对于中枢神经系统的功能性疲劳更为明显。课间休息就是积极休息的最好方法之一，并且教室里空气比较混浊，在冬季教室门窗紧闭的情况下更是如此。由于二氧化碳浓度上升，加上静坐时血液循环缓慢，胸部不能充分扩展呼吸，得不到充分的氧气，从而进一步减弱了大脑的工作能力，还易出现头昏脑涨的症状。此外，关节和肌肉长时间处于静止状态，易发生腰酸、肢体麻木等，眼睛也会产生视力疲劳。课间休息可使脑子从紧张转为轻松，以利于恢复原有的高效率学习能力，呼吸和循环系统则转入适度的兴奋状态，加上到室外呼吸新鲜空气，可以有效地消除体内代谢废物，向大脑和全身提供充足的氧气；肌肉和关节从静止转为活动，可以迅速恢复静止性疲劳；眼睛从近看转为远眺，使睫状肌松弛、凸出的晶状体转扁平，从而防止视力疲劳。

第五章 大学生性心理与性卫生

章节导读

随着大学生生理和心理的成熟，他们对性问题的关注逐渐增加，大学生性心理与性卫生问题成为大学生健康教育不可忽视的重要内容。大学生通过性心理和性卫生的学习，了解性传播疾病的预防知识，避免不洁性行为，减少疾病传播的风险，了解生殖器官的结构和功能，掌握正确的避孕方法，保护自己的生殖健康，避免性心理问题的产生，促进心理健康发展，建立正确的性观念，促进身心健康发展。

第一节 青春期的生理特征及卫生

青春期是指由儿童发育到成人的过渡时期，年龄在10—20岁，女孩的起止年龄平均比男孩约早两年。青春期可分早、中、晚三期，每期持续2~4年。早期为生长突增阶段；中期以第二性征迅速出现为主要特点，月经或遗精多在这个时期开始出现；青春晚期性腺基本发育成熟，第二性征如成人，骨骺趋向完全愈合，体格发育逐渐停止。

青春期是生长发育的关键时期，这个时期无论是在生理上还是在心理上，都是从儿童向成人过渡，都是充满着独立性和依赖性、自觉性和幼稚性错综复杂的矛盾时期，尤其性发育的到来，促使性意识全面觉醒，性意识有力地动荡和改组着青少年的心理内容和结构，而社会生活条件及环境又制约和影响青少年的心理水平和行为方式。加强青春期的健康教育，尤其是性心理和性卫生教育，对于帮助青年健康顺利地度过这一时期从而健康成长，具有重要意义。

一、青春期的性发育

性发育包括性器官、性功能发育和第二性征出现。青春期性发育男女各有特点和规律。

（一）男 性

1. 性器官和性功能发育

男性性器官的发育主要指睾丸和阴茎的发育。在青春期以前，睾丸发育非常缓慢，但进入青春期后加速。青春期前睾丸的容积一般小于3 mL，而青春期开始后迅速增容，发育成熟时可增至15~25 mL。阴茎长度在青春期可增长一倍多，一般可在12 cm以上。睾丸增大是男性青春发育的第一个信号，睾丸作为男性的性器官，主要功能是产生精子和雄性激素。精子是由睾丸的精原细胞分裂增殖形成的。由原始细胞到发育成为精子经历多个阶段，需要60多天。精子携带着该男性的所有遗传信息，通过两性的性交活动，与卵子充分结合（受精）后，形成新的个体。睾丸除产生精子以外，还具有分泌雄性激素的功能，这些雄性激素的主要作用是：刺激性器官发育，并维持其处在成熟状态；刺激男性第二性征出现，并维持其正常状态；保持性欲。

阴茎是男性进行性交和射精的主要性器官，因尿道在其中间贯通，因此兼有排尿的功能。阴茎通常处于疲软状态，悬垂于耻骨联合下方，当受到性刺激或性交时，可勃起增长增粗，以便于性生活和射精。

2. 第二性征出现

男性第二性征主要表现为出现阴毛、腋毛、胡须、变声和喉结突出等。阴毛发育一般在 11 岁左右出现，1~2 年后出现腋毛。腋毛出现后约 1 年，胡须萌出，额部发际后移，并逐渐形成男性成人面貌。喉结从 12 岁开始突出，声音逐渐变粗；18 岁时，喉结发育、变声几乎全部完成。

（二）女　性

1. 性器官和性功能发育

女性性器官发育主要指卵巢、子宫和外阴部的发育。青春期前，性器官处于幼稚状态。进入青春期后，在内分泌激素的作用下，脂肪开始在原比较扁平的阴阜上堆积隆起，小阴唇变大着色，大阴唇变厚，阴道变长，黏膜开始产生大量分泌物，并由碱性变成酸性。卵巢在 8—10 岁发育增快，外形从纺锤形变为扁圆形。随着卵巢的逐渐发育，其功能也逐步完善。卵巢的主要功能为周期性排卵和分泌雌激素。

子宫主要在青春期迅速增长。月经就是在子宫内形成的。第一次月经称为初潮。初潮只是表明卵巢的卵泡具有发育的可能性，但此阶段生殖器官还未发育成熟。

2. 第二性征出现

女性第二性征主要表现为乳房发育，阴毛、腋毛出现及体形的改变。乳房发育通常视为女性进入青春期的开始，但发育年龄的经历时间有很大个体差异。乳房发育明显主要开始在 8—13 岁，乳房发育后半年到 1 年出现阴毛，再经过半年到 1 年出现腋毛。此时，体形也开始变化。身高开始突增是青春期最早的现象，其后皮下脂肪丰富，并集中于肩、乳房、臀部。皮肤纤细无胡须，手足及身体各部位毛发稀少，但头发增多是女性的重要特征。

第二性征的出现，使男性、女性在体征上产生了很大的差异。这些变化将发育成熟和未发育成熟区别开来，也把成熟的男女性别区分开来。

二、青春期性生理发育成熟的重要标志

（一）遗精和梦遗

遗精和梦遗是男性性成熟的重要标志。所谓遗精，是指精液在无性活动或无性交时射出的现象。梦遗是指在睡眠中正在绮梦时的遗精。

遗精和梦遗是性成熟男性，特别是未婚男性青年中一种正常的生理现象。因为成熟的男性，睾丸不断产生精子，平均每克睾丸组织每天可产生 1000 万个精子。精子在睾丸生成后，输送到附睾，在那里停留 21 天，获取营养，进一步成熟，然后就贮存在附睾和输精管等处。如果贮存过多，就会从尿道中不定期溢出，从而出现遗精现象。首次遗精多发生在 12—18 岁。既然遗精或梦遗是正常生理现象和性成熟的标志，就不值得

大惊小怪，更不是耻辱或可怕的事情。实际上，从医学角度讲，一个成熟的男性，如果不出现遗精或梦遗，反而应该注意是否发育上有障碍或有其他疾病。

遗精出现频率因人而异，差别较大。健康青年，在没有正常性生活时，1~2 周出现一次遗精是普遍的、正常的。自然的遗精或梦遗对身体无不良影响，且自我感觉良好。遗精或梦遗也受环境影响。遗精次数过于频繁，多与色情意念强烈、经常胡思乱想有关，或手淫过度使管理性活动的中枢神经系统功能紊乱，而出现性冲动，导致频繁的遗精。此时应采取积极态度和措施，了解原因，调整好自己的心态，振奋精神，消除忧虑，一般均“不医自愈”，必要时可请教医生做心理咨询。

（二）月　经

月经是女性青春期发育成熟的重要标志。所谓月经，是指子宫内膜发生规律性、周期性脱落而产生的流血现象。一般 28~30 天为一周期，称为月经周期。正常的月经持续 2~7 天，称为月经期。第一次月经称为初潮，通常被用来作为女性性发育的评定指标。

月经周期的形成是一个神经与内分泌复杂调节的过程。在这一时期，卵巢和子宫内膜都有周期性的变化。首先是卵巢中的卵泡发育，分泌雌激素，雌激素刺激子宫内膜增生、变厚；发育至 14 天，卵泡排出卵子，残余卵泡即成为黄体，不但继续分泌雌激素，且分泌孕激素；两种激素使子宫内膜进一步增生、变厚，富于营养，为受精卵的植入做好准备，如卵子未受精，则黄体于周期第 28 天萎缩，不再分泌雌、孕激素，子宫内膜也随之剥落、出血，即来潮。下一个卵泡又开始发育、排卵，如此月而复始，按时月经来潮。月经初潮年龄在各国各地区均有所不同，一般在 10—16 岁。初潮年龄可能与经济水平、营养状况、地理环境等有关。如果超过了青春期的年龄（18 岁）而仍无月经来潮，可能是身体有某种疾病，或有生殖器发育不良等问题，应到医院就医。

体内各种激素的分泌，可能使月经前出现乳房胀痛、精神紧张、失眠多梦或情绪易怒焦虑等改变，称为经前期紧张症，这些均属正常的生理现象，一般在月经期 2~3 天后即可自动消失。

三、影响青春期性发育的因素及青春期卫生

（一）影响青春期性发育的因素

青春期性发育包括性生理发育和性心理发育。影响性生理发育的主要因素是内分泌激素。而性心理发育受到种族、文化、社会环境等多种因素的影响。

影响性生理发育的主要内分泌激素为性激素，即睾酮、雌激素和孕酮。

睾酮：男性体内的睾酮主要由睾丸间质细胞合成，女性则可来自肾上腺皮质激素。睾酮的生理作用是促进体内蛋白质合成及骨骼肌肉的发育，使副性器官及阴毛、腋毛、胡须、变声等第二性征出现，促进肌肉和力量增长。

雌激素：青春发育后，雌激素主要由卵巢合成。其生理功能主要是促进女性内外生殖器官及乳房的发育，促进月经初潮及月经周期形成，并使皮下脂肪增加，改变体内脂肪的分布。

孕酮：主要作用是维持月经周期，刺激乳腺发育及对受孕女性维持妊娠。

此外，分泌生长激素、催乳素的脑垂体及甲状腺、肾上腺等内分泌器官的正常发育

也对正常性发育有着重要作用。

性生理发育异常常见的有性早熟、性发育延迟及两性畸形。

性早熟是指性发育年龄提前，一般以女孩早于8岁、男孩早于10岁时性器官、性功能均开始发育及第二性征开始出现为早熟标志。性早熟又分为真性性早熟和假性性早熟。有些原因尚不清楚，有些则与某些疾病有关。

性发育延迟一般指女孩14岁、男孩15岁时仍无性发育的征象或比平均时间落后2年以上，发生率约占儿童的2%。原因多为营养不良、慢性消耗性疾病，也可由下丘脑、垂体性腺疾病所致，个别可为家族性青春发育延迟。性发育延迟若由营养缺乏或慢性疾病引起，当营养得到改善或疾病治愈后，仍可有正常的春春期发育，仍可达到正常人的水平。

两性畸形是指性腺或副性器官兼有男女两性结构，或副性器官的性别与性腺的性别不一致，又可分为真两性畸形和假两性畸形，这类性发育异常多由性染色体异常所致，需到医院进行确切诊断和治疗。

（二）青春期卫生

需注意的问题：对男青年主要是处理好遗精；对女青年主要是处理好月经。

1. 遗精卫生处理

男性首次遗精和女性月经初潮时所承受的心理压力不同，这与我国文化传统观念及性教育有关。女性对月经的认识比男性对遗精的认识要深，这多与母亲对女儿有关月经来潮的启迪和教育有关，而男孩很少得到父母的指教。许多调查结果证明，男孩对首次遗精感到迷惑，加之自古以来对精液的神秘描写，使许多男性承受巨大的心理压力。如前所述，一定要正确认识遗精，这是正常的生理现象，是男性成熟的标志，是男性性发育过程的一个里程碑，因此完全没有必要惊慌失措，担心害怕。

那么，是否凡是遗精都属正常呢？并非如此。若遗精过于频繁，2~3天一次，或一夜几次，以及在白天清醒状态下遗精，则属异常。这种情况发生主要有以下几种原因：

（1）因学习、生活过度紧张所致的神经衰弱引起遗精。这种原因引起的频繁遗精在青少年中占绝大多数，而以体质较弱者居多，平时常有失眠、头晕、疲倦、潮热等症状，性格多偏向多虑及内向。遗精作为一种性反射活动，受到大脑皮层高级神经中枢的制约，但在性发育早期，这类神经控制和抑制功能较弱，加上性意识尚在朦胧和幼稚阶段，所以很容易在各种刺激下产生性冲动，导致遗精频频发生。这就是中医常指的“精关不固”。应当指出的是，不能把这类青少年的频繁遗精简单地看成一种病态。青春早期的性好奇、性紧张是正常现象，只要采取正确方法，就能逐步解除这种好奇，疏导这类紧张。

（2）手淫习惯所致的遗精。手淫是性意识的一种表现。由于手淫可以达到自我发泄和自我满足的快感，有些青少年因种种原因养成了手淫的习惯，久而久之，可造成频繁遗精。当这种习惯消除后，频繁遗精便可自愈。

（3）某些疾病所致的频繁遗精。如前列腺炎、前列腺增生、尿道压迫狭窄、包茎炎症等异常刺激也可以促使阴茎勃起，造成睡梦中遗精。

此外，大脑皮层或脊髓功能紊乱，尤其是脊髓勃起中枢和射精中枢紊乱所致遗精较为多见，此时应就医诊治。

对青春期遗精要正确处理，尤其频繁遗精一定要查找原因。处于紧张学习中的青少年，首先一定要合理安排生活作息，要休息好，早睡早起，不睡懒觉。其次，临睡前，不要大量喝水，不要过度兴奋，尤其不看过度紧张刺激的影视片或有强烈性刺激言论的小说。睡眠时，内裤要宽松、柔软，并应经常换洗，床不要铺得太厚太软，被子不要盖得太厚太重。睡觉以侧卧或仰卧最好，因俯卧最容易刺激外生殖器。有包茎或包皮过长者，最好尽早做包皮手术，应经常清洗包皮垢，减少不良刺激。

2. 月经卫生处理

月经是青年女性青春期开始及身体发育正常和健康的重要标志。月经呈规律性和周期性变化。月经周期的调节过程是很复杂的，主要是通过内分泌激素的改变，这个时期应注意预防月经失调和可能发生的疾病。由于月经期抵抗力减退，容易发生疾病，因此要注意避免精神和身体的过度劳累、剧烈活动和寒冷刺激等。在月经来临前，大约有50%的人感到不适，约10%的人有痛经，多为原发性，即没有器质性疾病。大量研究结果已证明，这类痛经是由子宫内膜分泌的前列腺素增多所致。此外，尚有一部分痛经源于子宫发育不良、宫颈较紧或子宫位置过度倾曲使经血流出不畅。强烈的子宫收缩可导致腹痛，口服普通止痛药物及保温、按摩下腹部都可以缓解。

月经失调是青春期少女的一种常见病、多发病，常由环境改变或精神因素导致。比如新入学的大学生发生月经失调的就比较多见，学习工作紧张时或考试前后，曾有过月经失调的可复发。月经失调主要表现为月经周期不规则、月经期延长、出血量增多或月经间期发生不规则流血现象等。

白带是正常的生理现象，它是由子宫宫颈及阴道黏膜等分泌的黏液、脱落的上皮细胞组成。正常的白带为少量白色透明无味的黏稠状液体。如果白带量增加，颜色改变，有异味或伴外阴部奇痒，则可能由某些疾病所引起，应当及时就医。

经期卫生除注意避免精神身体过度劳累及剧烈运动等以外，主要是注意外阴部卫生。由于女性的生理和解剖学特点，保持阴部卫生十分重要。阴部应每天晚上用清洁温水冲洗，不要浸泡在水中，以免污水倒流。经血的污染可促使细菌繁殖生长，容易引起感染，因此要勤换卫生巾，勤洗卫生裤。经期要注意保暖，避免淋雨、涉水和用冷水洗头洗脚等。同时，在经期应加强营养，多食含蛋白质和维生素的食品。

第二节　青春期性心理

一、性意识与性意识的发展

1. 性意识

在青春发育期，性器官逐步成熟，第二性征出现，女性出现了月经初潮，男性有了首次遗精。这些生理发育是自然本能，是内分泌激素和神经作用强有力的结合，也使性的心理发育和性意识开始出现，性爱的种子开始萌发，一系列性心理活动开始加强。处于青春发育期的青少年，在注意到自己性心理发育变化的同时，也开始关注异性的发育和变化，并伴有强烈的好奇心。从性生理发育成熟开始，青少年意识到自己正在向成熟过渡，朦胧地意识到两性关系等问题，对性知识产生兴趣，开始是对同性，然后转向异性，并产生爱慕感。性意识的出现和形成都属正常的性心理变化。但是，在这个时期，一些青少年由于缺乏正确的引导，心中的疑惑得不到解答，又难以启齿询问，往往从不正当的途径探索两性知识，特别是受黄色淫秽书刊、影像的不良影响，个别人甚至走入歧途。这时应根据他们生长发育的年龄特点和所处文化背景进行适宜的性教育，包括性生理、性心理和性道德教育。让青少年懂得，性发育是每个人必然经历的正常现象，性爱是人类繁衍生息的基础，性道德又是人类文明的标志，使青少年在性意识形成开始时，沿着正确的方向发展。

2. 性意识的发展

性意识的形成实际上在性生理成熟前就已经开始，但处于非常幼稚的阶段。一般在10岁以前，孩子们的心目中男女界限并不明确，在一起玩耍时毫无顾忌，甚至也会好奇地偷窥异性伙伴的性器官。到了青春发育早期，随着身体生长突增、性器官加快发育及男女两性在生理上出现显著差异，加上对两性关系一知半解、似懂非懂，男女青少年都出现紧张心理。外在表现为对异性的畏惧感和似曾相识感，引起双方暂时疏远，男女同学间变得泾渭分明，保持一定距离。这种现象很正常，也较短暂，心理学称为“疏远异性期”。这个时期青少年性意识正处于比较紧张的状态。男孩可出现遗尿、口吃、梦魇、挤眉弄眼等精神紧张状，女孩可出现睡眠不安、情绪大起大落或郁郁寡欢，处理不当会对身心健康造成不利影响。因此，这一阶段又常称为“青春期性紧张期”。

当第二性征基本出现后，性意识也相应得到进一步发展。异性之间的畏惧感、陌生感消失，相互间出现了强烈的吸引和接近倾向。但这个阶段异性间的接近方式并不那么直接，往往以外在的表现吸引异性。例如：男孩可变得高谈阔论、吹牛、逞能，甚至做些冒险动作，显示男子气概；女孩则以倾慕的心情注意异性动作和表情，同时下意识地打扮自己，以温柔体贴和关心来吸引对方。这个时期的性意识表现为突出个性，泛泛地吸引异性的注意和爱慕而无长性。在这一阶段，青少年由于不懂得怎样和异性相处，以及如何表现自己，所以难免有些不得体的做法，如起哄、开玩笑、恶作剧，甚至以粗暴方式吸引对方注意。个别青少年可出现单相思、钟情、妄想等精神状态。

在青春期生理发育基本完成时，伴随的性意识也趋于成熟。这时无论是男性还是女性，都会从对异性泛泛的爱慕过渡到钟情于个人，这就是恋爱期。从这时开始，向往异性的方式变得直接而热烈，男女青年互相爱慕、互相追求的技巧也逐渐成熟。

青春期性意识的觉醒、发展和成熟与性生理的发育、成熟一样，是完全正常的，是不以人的意志为转移的。此时，青少年对异性的渴望了解、倾慕、追求和爱恋是纯洁而美好的。但与此同时，这个时期又是青少年长身体、长知识的重要阶段，引导、帮助他们顺利度过性意识的觉醒阶段，沿着健康的方向发展，对于他们的全面发展至关重要。

二、性意识的表现

1. 渴望了解性知识

青少年时期是人生过程中重要的增长知识的时期，就像对所有知识急于探索一样，对性知识尤其渴望了解。但是，由于长期的传统观念把性搞得很神秘，同时由于青少年在性生理和心理上逐渐成熟，对于自己及异性在青春期发生的剧烈变化（如遗精、月经、第二性征的出现）都感到莫名其妙，渴望了解性知识的心情非常强烈。例如，“性器官到底是怎么回事?”“男性和女性性器官有何不同?”“男女之间为什么相爱?”“女性为什么怀孕，小孩是怎样出生的?”都是性启蒙时期青少年渴望了解的事。这个时期，尤其在青春发育年龄段，进行适宜的性生理知识学习和教育是很必要的。同时，父母亲也应对孩子进行必要的性知识教育，使青少年像学习和掌握其他科学知识一样，了解性知识。

2. 异性爱慕

孩童时期男女界限不明确，因此，也谈不上异性爱慕。在青春发育早期，男女性生理上已出现显著差异，但此时，他们对两性关系尚不十分了解，男女少年彼此间都出现了紧张心理，甚至对异性产生畏惧感。因此，不但表现不出对异性的爱慕，反而常可引起双方的暂时疏远，会出现同桌而坐的男女同学泾渭分明，互相保持一定距离。班里举行聚会或活动，会出现男一堆、女一堆，甚至靠老师做中介的现象，这段时期即“疏远异性期”。异性爱慕多出现在15岁后，这时生长突增的高峰期已过，第二性征也基本出现，男女之间的畏惧和陌生感消失，相互之间出现了强烈的吸引和接近倾向。在这一基础上，表现出对异性的爱慕、关心，并用自己喜爱的方式吸引对方。但此时的异性爱慕尚缺乏专一性。随着青春期性发育的基本完成，无论男性还是女性，都会从泛泛的爱慕过渡到专一某一个人。这种异性爱慕过程是正常性生理和心理发展过程。

3. 性幻想与性梦

性幻想是指自编的带有性色彩的故事。这是一种较普遍的性心理现象，是对性行为的一种替代或作为一种暂时的满足，是对期望的具体的幸福或对不能实现目标的一种补偿。在某种程度上还可缓解在性生活上的挫折。但是，当这种幻想过了头，终日沉溺其中，甚至把幻想当成现实，久之就成为病态。据调查，性幻想在男性中多于女性，这可能与女性在性方面比较保守有关。性幻想较多出现在入睡前或睡醒后的那段时间及较闲暇的时间。一部分人在性幻想时伴有性兴奋，并可发生手淫。男性可有射精，女性可有性器官充血。事实上，性幻想源于性饥渴，幻想的出现是满足性饥渴的自慰行为和形式。在结婚以后，性幻想频率将逐步减少。对性幻想的出现，用不着过于忧虑，要安排好作息时间，集中精力学习和工作，可避免幻想过频。

性梦是与性有关的真正梦境。做梦往往和意识有一定关系，同样，性梦也和性意识有联系，是一种正常现象。在性梦中可出现亲吻、抚摸等爱慕情节甚至性交，而且在性梦中的性交也可伴有射精（梦遗）。有资料表明，女大学生梦见性抚摸的比率高于男大学生，而梦见性交的比率则是男大学生较高。无论男女，性梦中都可以产生性高潮。

4. 性欲望与性冲动

性欲望（性欲）是一种主观上产生性行为要求的心理状态。而性冲动则是性兴奋逐渐加强并在性欲引导下出现的一系列生理性变化。

性欲和性冲动都受到人们内部神经和内分泌的调节。神经负责接收外面的性刺激，把它们传到高级神经中枢，经过分析后产生性的欲念，性的欲念又通过大脑皮层向全身各部分发出冲动的命令，这就是性冲动。男性的雄激素、女性的雌激素都会诱导产生性欲，促进性冲动的发出。性欲和性冲动的产生与人们生活的外环境有联系。通过视觉、听觉、触觉、嗅觉等感受到的各种外部刺激，都有可能成为性刺激而诱导性欲或性冲动。如：男性看到女性的外貌、举动会引起性欲望；同样，女性在感受到男性的声调、举止行为，与其身体触碰，也会引发性冲动。此外，凡是描写两性生活的小说、图像、影视镜头等，都可引起性欲和性冲动。由此可见，性欲和性冲动是性意识的一种表现，是非常自然和本能的一种行为，毫无神秘感可言。

5. 手　淫

手淫也称自慰，是指在没有异性参与下，用手或外物刺激身体上的动情敏感区域而获得性快感的一种自我安慰行为，也是一种性补偿和性宣泄行为。遗精是一种现象，而手淫则是一种行为习惯。青春期的男女青年血气方刚，又常常处于性冲动之中，冲动时控制不住自己，手淫则成为发泄性欲的一种途径。正常的男女两性都可能发生手淫，但男性中发生的频率较高。据美国性心理学家调查，在美国有手淫史的男性占92%~97%，女性占55%~68%。我国一项在大学生中的调查表明，男性手淫的占59%，女性占16.5%。

手淫，这个“恶魔”一样的词，曾经折磨过多少代青少年纯洁的心灵。传统观念认为手淫“可耻”，“损害健康”。那么，手淫是否有害呢？

首先要了解手淫是怎样发生的。大量的调查表明，绝大多数青年的手淫不是学来的，而是在生活中自然产生的。最初可能由在骑车、行走、爬杆、睡卧时，无意中摩擦到性器官的敏感区引发，当他们发现这样做会引起快感时，就主动加以重复，直到形成习惯。由此可见，尽管手淫不是正常性行为，但它却伴随性发育而产生，是青少年满足性好奇和性欲而采取的一种自慰手段。现代医学认为，手淫完全是个人的事，不存在对不对、道德不道德的问题。医学界尚未有足够的科学根据证明手淫对个人生理及心理健康会有何种影响。即便是那些经常手淫的人，也未发生对身体直接损害的现象。现代科学大量的实验和调查证明，只要不是特别频繁的手淫，就不会导致机体的疾病发生，也不会使婚后出现性功能障碍。事实上，一个人从青春发育期到开始正常的性生活，要经过十几年时间，有些性医学专家认为，在没有正常夫妻间的性生活时，手淫可能是有利的，因为它是正常人性生理和性心理平衡的一种不可缺少的补偿手段。

但是，和任何事物一样，手淫也必须有一个度，过频手淫和过频性交一样，会引起失眠、头晕、劳累、潮热、疲乏、精神不振和记忆力下降等各种症状，在这种情况下，尤其对处于紧张学习或工作中的青年人来说，就是有害的。这种过频的手淫只要避免或纠正，就会完全恢复正常的状态。

在青少年中，手淫的真正恶果常是由不良的心理引起的，造成这种恶果的罪魁祸首正是传统的道德观念产生的心理负罪感，而一些片面渲染“手淫可耻”“对健康贻祸无穷”的错误宣教则起到了推波助澜的作用，使得对性知识了解不多，又受这些传统观念影响较深的青少年往往因自己出现手淫而产生负罪感、恐惧心、自我谴责、悔恨甚至悲观厌世心理，并常可发生心理疾病。要教育广大青少年对手淫有正确的认识，使他们懂得只要不是过频的手淫就是无害的；而对于频繁发生手淫的人，则要教育他们正确认识手淫行为，解除思想顾虑，克制自己的性欲和性冲动，养成良好的性适应和抑制能力，培养高尚情趣，有远大理想，把主要精力放在学习和工作上，并有规律地安排好自己的作息时间，不良的手淫习惯一定能够被戒除掉！

三、大学生的性心理

1. 恋　爱

我国大学生的年龄一般在18—23岁。这个阶段正值人体发育的青春后期，躯体形态的生长发育已经稳定，体能素质和适应能力已达到较高水平。根据大学生的年龄及心理成熟程度，他们往往很自恋地进入两性初恋期或所谓依恋期及爱情共存的阶段。依恋关系的典型是初恋，典型的行为是密切交往和个别接触，情感特点是互相倾慕和纯洁天真。爱情期的典型行为是相敬相爱、互励互助，情感特点表现为海誓山盟和忠贞不渝。应该说，在这个阶段，男女性生理和机能发育已全部成熟，但性心理的发展还不够完善，加之尚处于学习时期，意识、物质和社会角色等各方面还没有具备充分的恋爱条件。在我国，尽管没有禁止大学生谈恋爱，但并不提倡在校期间恋爱。

目前，在大学生中，特别是高年级，恋爱现象是存在的，应当教育他们正确处理好恋爱关系。恋爱应该只是精神方面的交往，情感的交融，男女青年一旦建立了恋爱关系，随着感情发展，双方总有一种亲近感。当恋爱发展到一定阶段，彼此之间互相抚摸、依偎，乃至热恋中的拥抱、亲吻，都是可以理解的，但这种亲昵行为应当含蓄、适度。一切亲昵行为都应该出自对对方的热爱和尊重，不能勉强和粗鲁。应当用高尚的道德情操来提高自己的性抑制能力。在情感交流中，注意行为端庄，绝不能在恋爱阶段作出婚后的事，使恋爱沿着健康轨道发展。应该处理好恋爱和学习的关系，相恋应促进学习，而不应沉溺于卿卿我我，白白浪费大好的学习时光。

2. 性行为

性行为是指对性的实践。从对性有兴趣、向往、渴求发展到实际行动。性行为主要指性交。在大学生的性行为中，思想上的开放和行为上的谨慎与隐秘常交织在一起。据调查，无论是在西方还是在我国，都存在少女怀孕带来的一系列严重的社会问题。大学生的知识层次高，对于性交产生的后果的严重性认识较深，一般在与异性性交过程中都较为谨慎或采取预防措施。尽管人们对大学生中存在的这种性行为看法不一，但总的来说，大学生时代发生两性行为是十分轻率的。大学生是青年人中的高知识人群，高知识应包括性知识在内。大学生的性行为是否正常，取决于性生理和性心理的健康发展程度。而在性心理方面则包括理想、道德、情操、作风，也包括对性知识的了解和掌握。

3. 性道德

性道德是指在处理异性交往、恋爱及性行为过程中应遵循的道德观念。人总是要讲道德的，一个没有良好性观念和正确性道德的人，在处理与异性交往、恋爱、婚姻和家庭问题时都不能有真正的好的结果以及美满和幸福。人类的性只能属于爱，也就是说，性是爱的一部分，没有爱则无性，性是爱的升华。不强调这一点，就会把爱扭曲，就会把青年的性观念引向庸俗和堕落。当掌握了正确的性观念，在和异性交往时就会有准则，并能理智地执行这一准则。在社会生活中，就像其他人际关系准则一样，男女间性关系的准则同样应纳入社会的道德规范之内。性道德不是禁止个人的性欲望和性行为，而是依据道德准则，在处理男女之间的性关系时，应建立在相互选择、爱慕、敬仰和彼此负责的基础之上。在相处过程中，青年既要正视自己身心两方面的成长发育，又要理智地控制自己的性欲，规范自己的道德准则。

4. 婚前性行为的危害

在两性生活中，无论是男性还是女性，都存在严守贞操的问题。贞操感，是对两性关系严肃负责的一个重要标志。男女任何一方有失贞操或不忠时，对未来两性之间的发展都会带来潜在的危害，即使是婚后，夫妻之间也是如此。这种潜意识会给家庭幸福蒙上一层阴影。贞操感分为生理的和心理的。生理贞操感是对未有两性关系的肉体的珍视。无论男性还是女性，只要同异性发生过两性关系，都是生理的失贞。心理贞操感是对自己性爱情感的珍视，而实际生活中，心理贞操的意义更为重要。心理上的失贞对一个人的影响是长久的，造成的后果更为严重。已有相当多的事例说明，由一次非正常的生理失贞造成心理上的失贞而产生巨大的痛苦，甚至使人最终走上堕落的道路。值得提出的是，20世纪80年代以来，西方文化中一些有益的东西传入我国的同时，“性自由”或“性解放”的思潮也对国内产生了相当大的影响。其突出表现就是在性观念和性行为中，把爱情、婚姻与性三者割裂开来，如：认为婚前性关系没有什么大不了的，可以有性伴侣，甚至鼓吹随心所欲放纵性行为。这是我们必须彻底否定的。我们对性道德的要求是提倡两性关系的严肃、忠贞和专一。贞节具有很高的价值，是最高尚的性标准的重要部分，也属于性道德的范畴领域。由此可见，婚前性行为是不适当的，是违反道德规范的。

婚前性行为不仅在道德观念上是不适当的，而且常带来严重的后果。未婚先孕是双方最为忧虑的后果。尽管现在有许多避孕方法，但男女青年在发生婚前性行为时，常常不知道采取有效的避孕措施或根本不知道避孕。同时，婚前怀孕有强迫当事人结婚的可能性，而这种勉强的婚姻，失败率很高。双方在婚前发生性关系后产生罪恶感，或女性另嫁时担心丈夫发现其“不贞”，或婚前性关系被人发现而受耻笑，都会造成精神上的伤害。此外，婚前性关系也有发生传染病的危险。而且未婚男女得了性病常讳疾忌医，拖延日久可造成十分严重的后果。因此，在恋爱过程中，应当避免婚前发生性关系。

5. 正确处理恋爱问题

两性结合必然要经过相识、约会、恋爱和结婚几个阶段，而恋爱则是彼此在结婚前增进了解、加深情感交流和奠定婚姻基础的重要过程。处理好恋爱问题，对于工作学习、精神情感和为未来家庭建立坚实基础都十分重要。

应当了解，恋爱应该只是精神方面的交往、情感的交融，在这一过程中，最重要的是了解各自的理想抱负、对未来的打算、对家庭的认识，以及对彼此情趣的了解和认同，从而经过分析和考验确定对方是否能成为结婚的对象。这一段时期可称为初恋时期。这时的男女双方常以单独约会的方式进行接触，而且尚无任何承诺，也不是求爱，只是通过接触交流，增进感情，增强确定恋爱关系的信心。这一期间，男女双方都必须抱有正确的认识和态度，遵守公认的准则，如：尊重对方的感情，遵守道德标准，不做欺诈、哄骗和占人便宜的事。约会过程中，彼此应当遵守约会时间，相互尊重和体贴，这才是爱情的起点。当彼此关系得到发展，相互能够容纳，并确定正式恋爱关系后，双方之间增进亲密感是必然现象。特别是恋爱发展到一定阶段，青年男女互相抚摸、依偎，乃至热恋中的拥抱、亲吻都是可以理解的。这个时期，男女青年之间的亲密关系，包括理性亲密、感性亲密和肌肤亲密。理性亲密是指思想上的交流。感性亲密是指真正的感情投入，真正的彼此互相爱慕、关怀和容纳。这是一种较难建立但确实极为重要的一环。这种亲密感如果建立得不坚实则很容易见异思迁。至于肌肤亲密从牵手、抚摸到亲吻，也应当含蓄、适度。这时最重要的是要控制好自己的性欲和性冲动，不能失去理智。热恋中男女青年的婚前性关系大都并非事先有预谋的，往往是情不自禁，一发不可收拾，这一点一定要警惕。尤其是热恋中的男青年，应在这方面负起更大的责任。男方的自重有助于女方的自持。而女方应当及早拒绝对方进一步要求的行为，此时对方会因你的自重而更加尊重你。只有彼此尊重，爱慕才会加深，才会长久。

第三节 性心理障碍与性疾病

一、性心理障碍

青少年中，有极少数人随着青春期性意识的觉醒，加之其他各种原因，其内心潜伏的一些扭曲和变态的性心理特征表露出来。这些变态行为统称为性心理障碍。其中常见的有同性恋、恋物癖、异装癖、窥阴癖和露阴癖等。这些行为不但严重损害自己的身心健康和人格尊严，而且破坏了社会道德规范，有时还会侵犯他人的人身自由。

健康正常的青少年在青春期成熟过程中会自然出现对异性爱慕和向往的情感体验，同时出现正常的性欲望和性冲动。而性心理障碍者的共同特征是以异常的行为方式来满足性欲望和性冲动，这些行为又称性倒错。

1. 同性恋

同性恋的性活动或性伙伴是同一性别的，而且无论在两男性或两女性中都有主动、被动之分。两男性的被动者在服饰和言行举止上表现出明显的女性化；而两女性中的主动者则相反，明显表现出男性化。

2. 恋物癖

恋物癖是以获得或欣赏异性的某些物品来满足性欲望和性冲动。恋物癖者多为男性，他们绝大多数喜欢异性的内衣裤、丝袜、发卡等物品。患者为收集到这些物品常失去控制能力，甚至偷抢。在不能得手的情况下，会感到明显的紧张和焦虑。

3. 异装癖（异性癖）

异装癖对异性并不感兴趣，但他们喜欢按照异性的方式打扮装束自己，自我欣赏而达到性满足。

4. 窥阴癖

窥阴癖者以偷视异性的阴部和生殖器来获得性满足，多在异性上厕所或更换衣服时发生，此癖以男性居多。

5. 露阴癖

露阴癖者大都是男性。他们利用黑夜或在黎明前，潜伏在小路或僻静处，寻找机会在女性面前暴露生殖器，在女性惊叫或恐惧中获得性满足，然后迅速逃离现场。

性心理障碍和精神病是不同的，他们除了特有的性变态行为外，其智力、情感、思维方式都很正常，许多人的工作学习表现非常好。性心理障碍也不同于流氓犯罪，以露阴癖者为例，他只要当异性看到其露阴行为时惊恐和喊叫就满足了，并不谋求接触到对方的肉体，而流氓犯罪则要在肉体上侮辱对方。然而性心理障碍对道德规范、公共秩序和他人的人身自由带来的破坏性影响也是不言而喻的。

这种性变态心理，除部分与遗传因素有关外，主要是由于幼年时期的心理创伤，或者父母的不良育儿方式，造成人格形成的不完善和性心理发育的不成熟。如露阴癖者常有在幼儿时期无意玩弄自己的生殖器而受到父母严厉责骂和惊吓史；恋物癖和异装癖者多数在幼年时备受长辈溺爱，打扮成女孩，游戏只以女孩为伴。而社会因素通常指社会上各种影响青少年正常性心理和性行为的不良因素，如封建传统观念、禁锢性教育、限制正常的异性交往等。不少青少年到了一定阶段，有了正常的向往和眷恋异性的愿望时，在学校无法发展，在家里则受到父母的严密监督，怕“学坏”，不允许和异性交往，只允许和同性学生来往，这无疑对其发展成同性恋产生影响。在对一些异装癖的青年进行心理治疗时发现，他们连男女性发育和性器官方面一些最基本的知识都不懂。

青春期性心理障碍是可以矫正的，主要是进行性教育和正确的性培养。在性教育中，及时向青少年传授有关男女性发育的基本知识，使其正确认识自己的形体和自己的性角色，鼓励青少年独立开展正常的异性交往，同时强调和提高父母亲的育儿质量。当发现青少年有不正常心理情结时，及时予以疏导和矫治。对有明显性心理障碍者，要开展认知-行为疗法，即使其认识自己对性的意识是错误的，用心理治疗的方法改变其行为，防止不良倾向继续发展。

二、性传播疾病

性传播疾病是指通过性行为或类似性行为所导致的疾病。除梅毒、淋病、软下疳、性病性淋巴肉芽肿及腹股沟肉芽肿外，还包括生殖器疱疹、尖锐湿疣、艾滋病等20余种。我国卫生部已把艾滋病、淋病和梅毒列入法定的乙类监测传染病中。性病不但侵犯性器官，而且侵犯淋巴、神经和内脏，造成复合病变，甚至可传给胎儿而贻害后代。重者可造成残疾和死亡。应当了解，虽然性病主要是通过不洁性交，特别是性乱行为而传染，但也可通过哺乳、输血、不洁血制品等各种间接途径而罹病。性病近年在我国呈现急剧上升趋势，而且累及许多青少年。在全部患者中，有四分之三是16—30岁的少、青、壮年，男性是女性的3倍，而未婚者超过半数。这种在我国20世纪60年代基本上消灭了的性病，为什么近年来再度泛滥，死灰复燃呢？除外部的原因和社会上的不良风气外，关键原因还在于我国的多数人，尤其是青少年对性病的一些基本知识几乎是一无所知，正因如此，在性病卷土重来之际，青少年往往首当其冲。

1. 梅　毒

梅毒是由梅毒螺旋体引起的慢性全身性疾病。在所有性病中，梅毒是仅次于艾滋病的，是会对人体健康和生命造成严重威胁的性传染疾病，自第二次世界大战以后已急剧减少，近年来又死灰复燃。梅毒主要通过性交感染传播，也可通过接吻、哺乳、输血、共用餐具等感染。梅毒螺旋体还会通过胎盘从母体传染给胎儿，造成先天梅毒。梅毒之所以为人所惧，是因为感染后不仅造成生殖器官的病变，而且会损害身体的各器官各系统，严重破坏机体功能，甚至造成死亡。

梅毒大致可分为三期。一期和二期梅毒统称为早期梅毒，约经历4年左右，进入第三期，也称晚期梅毒。

一期梅毒：一般在感染梅毒螺旋体2~3周后，在病原菌侵入的皮肤黏膜上出现小红点，触之发硬，称为硬下疳，多发生在口唇、阴唇、阴茎和肛门周围。这时传染力最强，但治愈率也最高。当这种小红点慢慢增大成纽扣大小的红斑、很硬、表面可有渗出时，如不治疗，约5周后便会自愈，这时血液检验仍是阴性，但病情已进入第二期。

二期梅毒：硬下疳消失后约半年内，在全身皮肤和黏膜上出现微凸的红色斑疹，称为梅毒疹，也可称丘疹或脓疱，但不痛不痒。在肛门、外阴等地方会出现像菜花样隆起的湿疹，称扁平湿疣。此时，患者除有皮肤改变外，还会有发烧、头痛、头晕、全身无力、肌肉酸痛、厌食、口腔糜烂、淋巴结肿大、脱发等症状。这时体内已产生梅毒的抗体，所以血液检验呈阳性。如能及时就医，也可以完全治愈。

三期梅毒：由于治疗不彻底，在2~4年后，皮肤黏膜的梅毒疹会发展成结节状或梅毒瘤。三期梅毒可使许多器官遭受损害，包括颜面破损，再发展下去可波及心脏、血管、神经、眼睛等，甚至危及生命。

孕妇患梅毒易发生流产、早产和死胎。即便能足月分娩，也将是先天梅毒儿。

梅毒最好的预防措施是避免滥交。发现感染梅毒后应立即治疗，治疗越早，效果越好。疗效最好的药物是青霉素，对该药过敏者可用红霉素。

2. 淋　病

淋病是由淋病双球菌引起的主要侵犯泌尿生殖系统的化脓性感染，是蔓延最广的一种性病。该病主要通过性交传染，但是通过其他方式直接接触淋病双球菌也可感染，如使用被淋病双球菌污染的手纸、毛巾、浴盆、便器或用淋病病人洗过的水洗澡，接触病人带有淋菌的衣物等也可染上淋病。当婴儿通过感染母亲的产道时，眼睛会受到淋病双球菌的感染，这样的婴儿出生几天后会失明。

淋病的主要临床表现是泌尿道产生大量脓性分泌物，即所谓下淋。潜伏期为3~5天，长者可达2~3周。发病时主要症状为泌尿道急性症状：尿频、尿痛、尿急、排尿时尿道灼热感，重者少尿、血尿、尿道红肿，大量脓性分泌物自尿道口溢出。男性睾丸、附睾、精囊腺和前列腺可同时感染，女性则产生宫颈炎、输卵管炎和盆腔炎，有时前庭大腺处还会造成脓肿。如果不认真治疗，淋病会反复发作，造成男性尿道狭窄、排尿困难；女性可致慢性盆腔炎和腰腿疼。慢性淋病也是女性不孕的主要原因之一。

淋病应及早确诊，除追问病史和出现以上症状外，要做进一步检验，男性取尿道口分泌物，女性取子宫颈处分泌物做细菌培养即可确诊。确诊后应给予及时和彻底治疗。治疗过程中，应严禁性交、饮酒等不良刺激。应特别隔离淋病患者，其所用生活器皿、衣物等要与他人严格分开并经常消毒，以杜绝传染源。要注意个人卫生，不合用毛巾、浴盆。严格做婚前检查。

3. 艾滋病

艾滋病（acquired immune deficiency syndrome，AIDS），全称是获得性免疫缺陷综合征。艾滋病病毒（human immunodeficiency virus，HIV），全称是人类免疫缺陷病毒。

自1981年发现首例艾滋病，全球艾滋病患者和病毒携带者总人数迅速增加。我国艾滋病的流行经过散发期、局部流行期，已转入广泛流行期。近几年发现的艾滋病患者几乎达到前10年的总和，流行范围也迅速扩大。

目前，我国艾滋病疫情尽管偏低，但传播逐年加快，发病人数迅速增加，吸毒人群中的艾滋病传播迅猛。在吸毒者中，发现艾滋病病毒感染者已占感染总人数的70.9%。

20—50岁的青壮年感染者占总数的86.7%。近十年来，我国性病发病率上升20%～30%。性病可以促进艾滋病的传播，患有性病可以使患艾滋病的危险成倍增加。

艾滋病的传播途径主要有3条：

（1）性传播。艾滋病病人及艾滋病病毒感染的血液、精液、阴道分泌物、唾液、乳汁、汗液、泪液、淋巴液等均含有艾滋病病毒，因此一旦接触了这些分泌物，便可感染。尤其是同性恋及性滥交的传播感染。

（2）血液传播。共用被污染的注射器等医疗器械、输入了污染的血液及血液制品和器官移植等也可传播。尤其是吸毒者。

（3）母婴传播。母亲患艾滋病或感染艾滋病病毒后，可在妊娠、分娩和哺乳过程中传播给胎儿和婴儿。

艾滋病的发病机理：感染HIV后，经过一定的潜伏期（9年左右）发病。进入机体的HIV与人体的T淋巴细胞有特殊的“亲和力”，进而破坏和杀死T淋巴细胞。由于T淋巴细胞在机体内承担着重要的细胞免疫功能，因此，细胞免疫功能被破坏，进而瓦解了人体的免疫防御系统，致使人体丧失了对在平时没有致病能力的细菌、霉菌、原虫等的抵抗力，造成严重免疫缺陷，继发条件性感染和罕见的恶性肿瘤，以及明显的全身性消耗症状。条件性感染中最常见的是肺部感染，表现为发烧、咳嗽、呼吸困难等。其次是隐球菌、巨细胞病毒、弓形体等引起的中枢神经系统感染，表现为头痛、呕吐、抽搐、意识障碍、抑郁、痴呆等所谓艾滋病痴呆。最常见的恶性肿瘤为卡波济氏肉瘤，多发于下肢、面部和颈部皮肤，呈深蓝或紫色的斑丘疹或结节。

目前，对艾滋病尚无特效的治疗药物及有效的疫苗预防，主要从抗艾滋病病毒药物、提高机体免疫机能的药物和方法、治疗机会性感染与肿瘤的药物几个方面进行。

从艾滋病的传播途径可以看出，目前艾滋病虽然不可治愈，但完全是可以预防的。

（1）遵守传统的性道德准则，严格禁止不正当的性生活，普及性病防治知识，避免与性乱者和艾滋病人性接触，杜绝同性恋。

（2）严格输血检查和使用血制品，艾滋病危险人群不宜献血或捐献器官和精子。

（3）严禁与他人共用同一个静脉注射器和针头，也不与他人共用剃须刀、牙刷等。严禁吸毒。

（4）加强旅馆、游泳池、浴室等公共场所的卫生管理和监督。

（5）实行婚前艾滋病检查，抗体阳性者不宜怀孕，产后不宜哺乳，尽量减少传播给婴儿的可能性。

（6）与艾滋病人接触的人要尽量避免使自己的皮肤与病人的血液、分泌物、排泄物接触，万一不幸接触，要用肥皂清洗，再用酒精消毒被污染的皮肤。艾滋病人使用的物品要注意彻底消毒。

（7）正确使用避孕套可以降低艾滋病经性传播的传播率。

为了防止艾滋病的蔓延和传播，世界卫生组织（WHO）将每年的12月1日确定为世界艾滋病日。预防艾滋病迫在眉睫，因此，必须引起人们的高度重视。要更进一步加强社会道德规范、性道德规范，培养正常的生活方式和健康的性行为，广泛开展宣教工作，充分认识到艾滋病的危害。同时，加强社会环境的治理，才能使艾滋病得以有效地控制。

第六章　环境与健康

章节导读

环境对人的健康具有重要的影响，所以大学生要知道环保的重要性。环境保护就是研究和防止由人类生活、生产建设活动导致的自然环境恶化，进而寻求控制、治理和消除各类因素对环境的污染和破坏，并努力改善环境、美化环境、保护环境，使它更好地适应人类生活和工作需要。通过环境与健康知识的介绍，大学生了解自然环境的状况，培养环保意识，了解环境污染的防治与控制、自然生态保护等方面的知识，理解环境与健康的关系，没有好的环境就没有人类的健康，环境影响健康，同时人的健康意识也会促进环境保护，从而更好地保护环境。

环境是人类赖以生存和发展的各种外界因素的总和，分为社会环境和自然环境。社会环境是人类所特有的，包括社会制度、经济状况、文化和卫生状况等人类生活必需的社会因素；自然环境包括空气、水、土壤、阳光、食物等自然因素。

第一节　人类与环境

从漫长的地球环境演变和生物起源过程来看，人类机体的产生离不开地球环境提供的物质条件。因为，人的机体是自然界生物进化过程的产物，没有适于人类出现和生存的环境也就没有今天的人类。

人类与环境的根本联系在于人体的新陈代谢。人体必须不间断地同周围环境进行物质与能量交换，新陈代谢是生命的基本特征，一旦停止，人的生命也将完结。

人不但能适应环境，还能改造环境。对自然环境干预和影响的加强，标志着在人与环境的关系中，人类地位的逐渐上升。一般地讲，人类与其他动物的一个本质区别，在于人类并不完全消极被动地适应环境，而是能动地改造环境。千百年来，人类不断地开垦荒地、兴修水利、采伐森林、挖掘矿藏、发展工业、兴建城市，创造了无穷无尽的物质财富。然而，人类的强行干预，忽视了生态运动规律，造成生态环境严重破坏，形成人与环境之间的恶性循环，这最终必将威胁到人类自身的生存、健康和发展。如今，世界范围的生态环境破坏令人触目惊心，加强环境保护、重建生态平衡任重而道远。

第二节　环境污染

一、空气污染

清洁的空气是维护人类健康和生存的必要条件。空气有非常强的自净能力，空气的成分非常稳定。但是，近几十年来，随着工业的迅猛发展，超标排放的大量废气大大超出了空气自净能力，使空气中有毒有害成分（如二氧化硫、氮氧化物、烟尘）超标，这是空气污染的最主要原因之一。交通运输、采暖锅炉、火灾、大爆炸也是空气污染的常见原因。

大气中的污染物主要有粉尘微粒、一氧化碳、二氧化硫、二氧化氮、臭氧、甲烷等。

工业废气中排放出大量的固体尘粒，按其直径大小，分为尘、烟、雾，粒径大于1 μm为尘，小于1 μm为烟，根据含水量，水分含量达到90%的叫雾，水分含量低于80%的叫烟霾。尘、烟、雾的粒径越小，对人体的危害越大，越容易被人体吸入至呼吸道深部。

大气污染的危害：影响太阳辐射，在大气污染严重地区，儿童佝偻病发病率较高；产生温室效应，使气温转暖；臭氧层受到破坏，形成空洞，减弱臭氧层遮挡吸收短波紫外线的功能，引起皮肤癌；形成酸雨，腐蚀建筑物，破坏农田作物；使呼吸系统疾病（咽炎、气管炎、肺气肿）、心血管疾病，特别是肺心病等发病增加；污染物蓄积造成急性中毒事件，如1952年12月伦敦烟雾事件，浓雾持续了5天，超死亡人数为3500~4000人（超死亡人数：与历年平均死亡水平相比较超出的死亡人数）。

另外，空气的生物性污染对健康的危害也很重要。在一般情况下，由于大气稀释、空气流动、阳光照射，室外空气中很少有致病微生物存在。但在拥挤的公共场所，如影院、宿舍、公共汽车内的空气中，可能含有大量的致病微生物，如结核杆菌、白喉杆菌、流感病毒等，这些微生物多来自带菌者和病人，在病人讲话咳嗽、打喷嚏时，附着在病人鼻腔、口腔黏膜上的病原微生物便向周围环境播散，传播呼吸道疾病。

二、水污染

生命源于水，水是构成机体的重要成分，人体一切生理活动和生化反应，如体温调节、营养输送、废物排泄等都需要有水的参与。同时，水又是重要的自然资源，在经济发展中发挥着极其重要的作用。

但是，由于人口膨胀和工农业的发展，用水量急剧增加，目前世界上60%的地区面临着淡水不足的困扰，40多个国家水资源严重匮乏。如今，水资源贫乏，水污染已经成为一种制约国民经济发展的社会公害。

水污染主要是由工业生产过程中排放的废水，人们日常生活排放的污水，以及栽培作物、饲养牲畜、加工农产品过程中排出的污水造成的。

1. 水污染的自净能力

水污染自净是指受污染的水体通过物理、化学、生物学的作用，使水体污染物的浓度逐渐降低，水质逐渐恢复到污染前的状况。水体的自净能力是非常有限的。

2. 水污染对健康的危害

（1）生物性污染的危害。居民通过饮用、接触等途径感染水传播传染病，如伤寒、霍乱、痢疾、肝炎。

（2）化学性污染的危害。水体受到工业废水污染后，含有多种有害化学物质，如铅、汞、镉、酚、氰化物、有机农药等，可引起急性中毒（如有机汞引起“水俣病”）、胎儿畸形、慢性中毒、致癌等。

水资源污染关系到全人类的切身利益，广大学生应自觉地节约用水、保护水资源。

三、土壤污染

土壤和空气、水一样，是人类赖以生存的重要环境因素。土壤是联系有机界和无机界的关键，是许多有害废弃物的容纳场所。人类生产和生活活动中排出的有毒有害物质进入土壤中，直接或间接危害人群健康的现象就是土壤污染。

1. 土壤污染的主要来源

（1）生活污染。包括生活污水、垃圾和人畜粪尿等。

（2）工业废水、废气、废渣及汽车废气。

（3）农业污染。主要是化肥、农药残留于土壤中。

2. 土壤污染物的种类

（1）有害化学物质。如工业废弃的酸、碱废水，里面含有大量的镉、铅、锌、汞等重金属元素。

（2）有机氯杀虫剂和含重金属的农药。

（3）各种病原微生物寄生虫卵。

（4）致癌物质。如各种树脂、焦油、石油、沥青、汽车尾气等物质颗粒散落于土壤中，使土壤含有苯并芘等致癌物质。

（5）来源于核试验、核电站排出的废水、废气、废渣中的放射性污染。

3. 土壤的自净

土壤受污染后，在经过土壤的机械作用以及物理、化学和生物化学作用后，经过一定时间，病原体死亡，各种有害物质被分解转化成无害物质，或变为可被植物利用的腐殖质和无机盐，土壤逐步恢复到无害化状态，这一过程称为土壤的自净。土壤的自净能力非常有限，一旦被严重污染，消除污染将是十分困难的。

4. 土壤污染对健康的影响

（1）生物性污染的危害。引起痢疾、肝炎等肠道传染病和寄生虫病，引起钩端螺旋体病，引起破伤风。

（2）重金属污染的危害。土壤受重金属毒物污染后，常常通过农作物和水进入人体，造成种种毒害，如引起慢性中毒、使机体免疫力下降、致癌、致畸形。

（3）农药污染的危害。农药由于使用方法不当，大量残留于土壤。农药污染土壤后，会再通过农作物进入人体，引起各种危害，包括慢性中毒、致畸、致癌。

当前，世界范围内环境污染日趋严重，有些地区生态严重失去平衡，步入恶性循环，造成森林损坏、生物物种灭绝、自然灾害频发，已严重危及人类自身的健康和生存。保护环境、治理环境已经成为每个国家和政府的头等大事，我国也越来越重视对治理环境的投入。只有环境美好了，人类的生活质量才能真正提高。

四、保护自然资源，实现可持续发展战略

可持续发展是一种新的发展思想和发展战略，是既要满足当代人的需要，又不削弱满足子孙后代需要之能力的发展。实施可持续发展战略的实质，就是正确处理经济建设

与人口、资源、环境的关系，把控制人口、节约资源、保护环境纳入经济社会的发展战略之中，实现经济长期持续发展。可持续发展是以控制人口、节约资源、保护环境为前提条件的，其目的是使经济发展同人口增长、资源利用和环境保护相适应，实现资源、环境与社会发展的良性循环。

可持续发展，最早出现于 1980 年国际自然与自然资源保护同盟的《世界自然资源保护大纲》，1992 年 6 月，在里约热内卢举行的“联合国环境与发展大会”，通过了以可持续发展为核心的《21 世纪议程》；发表了《关于环境与发展里约热内卢宣言》及大会报告。

1992 年联合国环境与发展大会后，我国政府组织编制《中国 21 世纪议程——中国 21 世纪人口、环境与发展白皮书》，首次把可持续发展战略纳入我国经济和社会发展的长远规划。

为应对日益严峻的世界性环境问题，2014 年，首届联合国环境大会在内罗毕召开。2024 年 2 月 26 日，主题为“采取有效、包容、可持续的多边行动，应对气候变化、生物多样性丧失和污染问题”的第六届联合国环境大会在肯尼亚内罗毕联合国环境规划署总部举行，来自 180 个联合国成员国和主要利益攸关方团体、有关联合国机构、政府间组织、国际公约 5500 余名代表参会。

总之，环境问题已发展成全球性问题，为保护我们赖以生存的地球环境，实施可持续发展战略是必然之路。

第三节　学习与居住环境卫生

大学生每天绝大部分时间是在教室和宿舍中度过的。因此，教室和寝室环境卫生状况是否符合卫生标准直接影响大学生的身体健康和学习质量。《学校卫生工作条例》第八条规定：“学校应当建立卫生制度，加强对学生个人卫生、环境卫生以及教室、宿舍卫生的管理。”第六条规定：“学校教学建筑、环境噪声、室内微小气候、采光、照明等环境质量以及黑板、课桌椅的设置应当符合国家有关标准。”

（1）室内应有良好的光照，包括自然采光和人工照明。

（2）室内应有良好的微小气候。室内微小气候主要是由气温、气湿、气流和热辐射 4 个气象因素组成的。微小气候对机体的直接作用是影响体温调节机能。学校应采取防寒、防暑等措施，以给学生创造良好的生活和学习环境。

（3）校址应远离能产生强烈噪声的工厂、火车沿线和飞机场，也应避免把教室设在交通主干道旁。教室、阅览室、实验室允许的噪声等级为 50 dB 以内。

（4）室内通风良好、空气清新。

（5）学校应有充分的绿化面积，绿化面积应占校地总面积的 25%以上，最好达到 50%。绿化可以改善局部小气候，减少尘埃，降低噪声，美化校园环境。

另外，大学生也应自觉地保护环境，树立社会公德意识，用自己的行动创造美好、卫生、安静、舒适的生活空间。这里，建议大学生做到以下几点：

（1）保持室内清洁卫生。

（2）保持室内物品摆放整齐、有序。

（3）保持室内空气清新流畅，不在室内吸烟。
（4）不随地吐痰。
（5）餐具、水杯个人专用。
（6）爱护花草树木，自觉保护自然环境。

第四节　社会环境与身心健康

人类的健康，不仅要受自然环境的影响，而且随着人类社会历史的发展，更重要的是受到社会环境的影响。

一、社会的政治制度与经济状况

国家的政治、经济对国民健康的影响是显而易见的。国家政局稳定、经济发达，社会保障制度先进完善，就可以促进和保障全民的健康；若经济落后和贫困，自然会导致国民生活条件恶劣、卫生设施贫乏、营养供给不足等，这些因素都严重影响着健康。在我国，优越的社会制度和健全的卫生工作体系、完善的三级保健网，有力地维护了广大人民的健康。

二、文化教育

在各种社会环境的危险因素中，文化教育的缺乏对健康的影响是比较明显的，而且长期为人们所忽视。文化教育能够促进社会的发展、人口素质的提高和物质财富的生产，尤其是在现今社会，一个人的社会地位、职业、道德素质、生活条件及卫生知识、卫生习惯，都直接或间接地与教育有关。另外，父母的教育水平将直接影响下一代的发育成长。

三、人口问题

人口问题主要指人口过多，人口增长过快，必将造成资源的相对紧缺和不足，必然带来衣食住行的紧张，必然导致平均消费水平下降，影响教育和卫生事业的发展，甚至造成恶性循环（见图 6-4-1）。

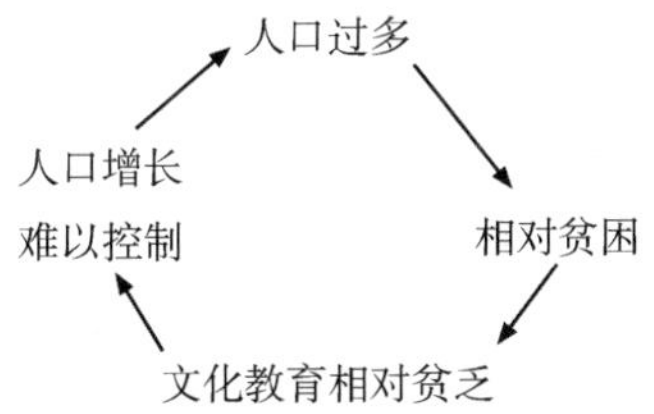

图 6-4-1　人口过多引发的问题

第七章　生活习惯与健康

章节导读

微信扫码
精讲视频
配套题库

一个人的健康成长和益寿，已被科学实践结果证明取决于遗传、环境和生活方式三大要素，其中最活跃、最能动的是人的生活方式。健康的生活方式可以促进人的身心健康，包括良好的作息习惯、合理的饮食结构、良好的心态、适量的运动等。好的生活习惯会慢慢地形成正确的生活方式，通过本章的学习，大学生会了解到生活方式的重要性，养成良好的生活方式，去除不良的生活方式（如作息不规律、饮食结构不合理、吸烟和酗酒等），从而形成健康观念，把健康和生活方式紧密地联系在一起，促进身心健康。

第一节　文明健康的生活方式

一、养成良好的生活习惯

建立良好的生活习惯是抵御和阻断不良生活习惯最好的办法。良好的生活习惯应该是：饭前便后洗手，勤换内衣裤，勤晒被褥，衣着整洁，用专用手帕擦鼻涕，不用脏手揉眼挖鼻，不用尖物掏耳，睡前洗脸、洗脚、洗肛门及外阴部，不用公共茶杯和餐具；自觉保持公共环境卫生，不随地吐痰，不乱扔瓜果皮屑、废纸，不对着他人咳嗽、打喷嚏，不在公共场所大声喧哗；远离“三害”，不吸烟、不酗酒、不吸毒，不依赖、不滥用药物，不迷信、不赌博，不莽撞、不粗心，注意交通安全；早睡、早起，劳逸结合，保证足够的休息和睡眠时间，不熬夜，不过度用脑和看电视，每日工作和学习时间不宜过长，文娱活动不过度。

二、有规律的生活

研究结果表明，人在一天之内，体温、血压、心率、基础代谢、血糖含量、内分泌等生理指标，都有周期性的表现，可以用正弦曲线表示。月的周期表现女性大于男性，女性的体力、情绪、内分泌在一个月中常有明显的波动。四季和年的周期则明显反映在春生夏长秋收冬藏的规律上，在各季节，人的易感疾病和免疫状况也有很大不同。另有研究认为，人体存在3种重要的节律：第一种是体力节律，以23天为一周期，反映在力量、速度、协调性等生理指标上；第二种是情绪节律，以28天为一周期，反映在创造欲、乐观与悲观、固执与敏感等多种心理状态上；第三种是智力节律，以33天为一周期，反映在记忆力、判断力、逻辑推理力等方面。

强化学生运动行为的原因

①缺乏运动是危害健康的主要原因。

②大多数青少年不积极参加经常性的体育活动。

③成年人运动行为的养成，部分取决于他们学生时代的运动行为和对运动的经历与体验。

④学生时代容易养成良好的运动行为习惯，获得对运动的积极情感体验。

⑤良好健康生活方式的养成是从学生时代开始的，并可将其保持终身。

⑥健康是不能贮存的，锻炼它就存在，不锻炼它就渐渐消失。

生物节律理论已导入实用阶段，在创造体育成绩、避免交通事故、安全管理、智力开发等方面取得了一定成效。当今社会，生活节奏越来越快，如果不能主动、合理安排生活，会显得精力不济，疲于奔命。

有序生活的基本要求是有明确的目的性、详细的计划性、合理的节律性。明确的目的性是指要根据主观和客观的可能性，分阶段、有层次地定出要达到的目标或要完成的事情；详细的计划性是指要确定实现目标的手段、方法、步骤、过程，以及出现意外的应变处理；合理的节律性是指根据自己的生理和心理特点，根据所处的社会环境和工作要求，制订出妥当的作息制度和学习计划，并纳入惯性运转，使机体自动调节处于最佳状态，既高效，又省力。

怎样使生活节律有序呢？必须抓住两个主要节奏，即工作与休息的节奏、脑力活动与体力活动的节奏。从大学生的实际和主流情况来说，忽视休息的倾向比较普遍，因而要重视休息调养，重视物质的积累恢复，否则不但工作效率不高，而且容易产生多种疾病。当然，休息的形式是多样的，除了睡眠、闭目养神、散步等，有人也把文娱、体育活动、调换工种或做些感兴趣的事情称为积极的休息。不过应该强调，睡眠是所有休息中最重要的一种，有不可替代的地位。有人认为，工作 1~2 h 应该有一次小休息，工作 4~5 h 应该有一次中休息，工作 12~16 h 应该有一次大休息。小休息和中休息可用积极的休息，但大休息必须包括高质量的睡眠。

脑力活动和体力活动也宜交替安排。一般来说，脑力劳动者一天中最好有 2~4 h 用来做需要肌肉收缩、舒筋动骨的事。这 2~4 h 可分多次穿插安排于用脑的间隙，但早晨和傍晚宜各有一次时间较长的安排。大学生在考试期间大脑高度紧张，如持续过久，不但易于疲劳，而且可能造成神经功能失调等疾病，所以要特别注意安排好工作与休息的节律、脑力活动与体力活动的节律。

三、积极参加体育锻炼

运动是生命活动的一种表现形式，反过来又能促进生命活动。古希腊思想家亚里士多德就有一句名言："生命需要运动。"我国东汉末年的名医华佗也说过："动摇则谷气得消，血脉流通，病不得生。"人们经过长期实践，总结了正反两方面的经验教训，终于肯定了这条颠扑不破的真理：生命在于运动。

运动有三种类型：第一种是本能性运动（生存活动），如行走、跑跳、取食等；第二种是劳务性活动（劳动），如耕田、打铁、操作机器等；第三种是锻炼性运动，即体育锻炼。体育锻炼以增强体质、防病治病、延年益寿为目的。体育运动的开展，标志着人类文明的进步。在学生时代培养自己的运动行为，可预防非传染性疾病，增强身体素质，提高一生的健康水平和生活质量。

保持运动行为，终身积极参加体育活动并不是一件容易的事。如果你想放弃体育锻炼、中断你的锻炼计划或感到某种压力和困难，不妨试答一下下列问题，也许从中可以获得一些启示和帮助。

（1）你在什么情况下感到坚持体育运动是困难的？是作业太多、身体感到不舒服，还是锻炼条件不完善、身体疲劳了？

（2）你知道吗，锻炼中或锻炼后不是什么时候身体的感觉都是好的，这种现象是正常的。在运动中有时可能会损伤肌纤维或使内脏器官疲劳，这种感觉与运动后非常难受或严重损伤是不同的。你能加以区别吗？

（3）根据你的年龄和身体状况，你选择的运动强度合适吗？一次锻炼时间太长或运动量过大都会使你感到身体不舒服，循序渐进是重要的，你做到了吗？

（4）回忆一次运动后的愉快体验和一次运动后身体感到不舒服的体验，你分析过为什么运动后会产生不同的身体和情感体验吗？

（5）你去医院做身体检查了吗？医生对你是否应继续锻炼或暂停运动提出意见或给予忠告了吗？

此外，为了继续保持你的运动行为，强化你的锻炼习惯，你还应该在以下3个方面作出努力。

第一，在学校体育实践中，应给予认知和情感领域更多的时间和关注，解决今后在体育锻炼中遇到的理论和方法问题，促进正确的体育意识和态度的形成。

第二，提高自己的体育能力，感受体育能力对强化经常参加体育活动的行为是有效的。只有当你感觉到自己具有体育能力时，才有可能坚持终身体育锻炼。

第三，正确对待体质健康的测试，熟悉各项测试内容的目的和意义，并能够对自己的测试结果进行科学的富有积极意义的解释。如有问题或疑惑，应寻求老师或同学的帮助。

激发和保持运动行为的方略

①注意锻炼过程而不要太在乎锻炼结果。有锻炼过程，健康的锻炼结果一定会伴随而来。

②制订的锻炼计划或设定的锻炼目标一定要切实可行，稍加努力就可达到。

③在家里、宿舍或工作地点布置一些健身的图片或名言警句。

④经常收看一些体育节目，特别是残疾人运动的影像，定会激发你的行为动机。

⑤学会自我测评体质健康的方法，每学期至少测评一次。

⑥尽量使你的运动行为得到同班、同宿舍同学的支持，并与你一起参加锻炼，形成健康的生活方式。

⑦参加力所能及的体育表演或竞赛活动，感受运动的内涵和乐趣。

四、合理的饮食

民以食为天，饮食是人最重要、最经常的一种行为，但能按照科学方式处理饮食的人，至今仍属少数。物质条件限制、无知和纵欲是合理饮食的三大障碍。一部分人对饮食不甚关注，抱着无所谓的态度；另一部分人则过分讲究，太理论化、模式化，结果生搬硬套的道理并不适用于个体，事与愿违。世界上没有一种食物能包含人体所需要的全部营养素，也没有一套食谱和管理办法能科学、合理地适应每个人。因为每个人的身体状况不一样，所处的生长、发育时期和生理状态（如妊娠、哺乳、患病）可能不同，劳动工种及营养消耗也有变化，饮食习惯还因国家、民族、地区和当地出产的食品品种而异。重要的是，要了解有关的科学知识，针对自己的特点，采取合理的饮食行为。

科学、合理的饮食行为应遵循下列原则：

（1）在一段时间内，食品中应包含人体所需的各种营养素，特别是人体不能自己合成的必需氨基酸、必需脂肪酸、维生素及无机盐等。

（2）选用的食品能提供足够的能量，同时又不过剩太多。

（3）注意食物品种的搭配和多样化，注意膳食的平衡。营养素之间有的可以互相转换、互相补充，有的则会互相抵消、互相对抗。例如，某些鱼、肉、禽、蛋来源有困难的地方，可以多吃些豆类，以植物蛋白补充动物蛋白的不足。在蛋白质总体摄入不够的情况下，应充分保证糖类和脂肪的供应，以便提供足够能量，避免人体结构中已存在的蛋白质因单纯供能而被消耗。

（4）储运、加工、烹调食品时要尽量减少营养素的破坏，并避免产生对人体有害的物质。

（5）要保持良好的食欲，提高消化道的吸收率。食物被吞入胃腔和肠腔，其实还没有真正进入人体。胃腔和肠腔是体外空间延伸到体内的特殊部分，营养素只有进入消化道的微血管后才是真的被吸收。消化道的吸收率一般与食欲成正相关。旺盛的食欲使消化腺的分泌和消化道的运动都处于活跃状态。应调节进食时间，使之与食欲的高峰一致。改善食品的色、香、味，有助于提高食欲。暴饮暴食是影响消化吸收的常见原因。

（6）严格注意饮食卫生，防止食品变质和各种生物性、化学性、物理性污染。

（7）提倡饮用优质水。在提到营养物质时，一般不包括水。其实，水是最重要且需要量最大的物质。近年来，人们比以往任何时候都更加注重水的质量。但什么样的水是最理想的饮用水？自来水？纯水？矿泉水？一般说来，自来水是最基本的饮用水，只要在输出水厂前经检验符合国家公布的饮用水标准（主要是指微生物、重金属和有害有机物不超标），就可供饮用。但自来水的口感较差，输出过程中受污染的可能性较大。纯水则是几乎没有微生物、矿物质和有机物的纯净水（H_2O），安全系数较高（伪劣产品另当别论）。有人认为，纯水缺少人体所需要的矿物质和微量元素，时间久了会影响健康，纯水的口感也不理想。矿泉水是从地下深处自然涌出或经人工提取的未经污染的地下矿泉水，除了含有一定量的矿物质和微量元素，还含有二氧化碳。由于矿泉水的成分比较复杂，因而必须经严格分析检验和主管部门审批。除了须符合国家的饮用水标准，还须符合饮用天然矿泉水国家标准。矿泉水的口感随矿源的不同而各有差异，可根据个人的爱好选择。最理想的是以纯水为基础的人工配方水，但成本较高，大规模应用还有困难。至于一般的地表水，如井水、江水、河水、湖泊水、山泉水等则完全取决于受污染的程度，除少数水质较好的以外，多数不宜直接作为饮用水。

大学生要建立科学、合理的饮食习惯，必须克服如下不良的饮食习惯：

（1）纵欲式的进食方式。有时暴饮暴食，有时忍饥挨饿。饥饿多半是因为睡懒觉，错过了就餐时间，或夜间看书过久。暴饮暴食则多发生在亲朋聚会、过生日、野餐等场合。

（2）采用不合理的食谱。部分大学生也研究营养学，但仅达一知半解程度。他们查找书本上的营养成分表，片面认定某些食品是高营养食品，长期偏食，结果造成另一些营养素的缺乏。他们也忽视了口味这个最方便、最灵敏的监测手段。在现实生活中，很少有人能用仪器定期监测体内的营养成分作为制订食谱的引导。特别是对维生素和微量元素，监测更困难；而口味却是很灵敏的指标。除糖尿病、钩虫病等少数患病情况外，一般地说，“想吃什么”就意味着“缺少什么”（偏食除外）。违拗自己的口味，断章取义地按书本上的某些语句行事，这些人主观上想追求科学的食谱，实际上却并不科学。

（3）听信广告（这些广告夸大营养品的作用），甚至以药代食，以为补品可以补充一切营养缺乏。其实，营养品仅仅提供一小部分营养素，而且只能对缺乏这些营养素的人起作用。至于补药，主要是调整、提高某些生理功能，需不需要补、补什么，要因人而异。补药不是人人皆宜的强壮剂。

（4）追求瘦长体形，过分减肥，造成病态。这种情况女大学生多于男大学生，她们的减肥手段主要是限制饮食。限制饮食当然可以使人消瘦，但体内营养物质越来越匮乏，势必出现种种功能障碍或疾病。轻则头昏眼花、四肢乏力，重则出现贫血、低血糖、月经失调等情况。

（5）不卫生的共食现象。共食是一种落后的习惯，虽在一定程度上能密切感情、交流思想，但极易传播某些疾病，明显弊大于利。我国传统的共食多局限在一家内，大学生历来是分食的，但近些年来，大学生中共食现象明显增多。共食是预防传染性肝炎及肠道传染病的一大障碍，应尽量避免。

五、保持乐观的情绪、平和的心态

人的情绪是反应，又是体验；是冲动，又是行为。心理学家把情绪分为积极的情绪和消极的情绪。积极的情绪有高兴、愉快、自信、希望、安然、热情、宽厚等；消极的情绪有悲痛、忧郁、厌烦、焦虑、抱怨、恼怒、沮丧等。一个人的情绪体验对其身心健康有着十分重要的意义。

不良情绪的产生和持续，首先干扰人神经系统的功能。在不良情绪的作用下，人的大脑功能会失调，严重的还会导致神经病，进而影响内脏器官。其中，对内脏器官影响最为明显的是心血管系统和消化系统。例如，人在焦虑、愤怒、怨恨时，胃黏膜充血，胃酸分泌增多，长期处于这些情绪状态，常常会导致胃溃疡；人在激动时，心跳加快，血压上升，这种情绪若持续下去，会造成心、脑血管疾病的加重甚至死亡。

人处于快乐状态时，呼吸系统、血液循环系统和消化系统均有明显改变，表现为肺部扩张，呼吸量增大，血液循环加强，消化液分泌增多。快乐有助于缓和紧张的神经，消除疲劳，使大脑皮层得到休息。

第二节　吸烟对健康的危害

吸烟是目前已知的对健康影响最大的，也是最容易预防的危险因素。

一、烟草对健康的危害

科学实验结果已经证实，烟草烟雾中包含3800多种化学物质，其中至少200种化学物质对健康有害。这些有害成分包括一氧化碳、尼古丁、胺类、腈类、醇类、酚类、烷烃、醛类、氮氧化物、多环芳烃、杂环族化合物、羟基化合物、重金属元素等。它们具有多种生物毒作用：①对呼吸黏膜产生炎症刺激；②使人体产生成瘾性；③对细胞产生毒性作用，影响机体免疫力；④细胞致癌作用；⑤使红细胞失去亲氧能力。

烟草对健康的危害是渐进性的多脏器受损，包括：

（1）对呼吸系统的危害。首先，引起呼吸系统炎症，常见的症状是咳嗽、痰多，进一步发展可导致肺通气功能障碍、肺癌。

（2）对血液循环系统的危害。烟草的某些有害物质，如尼古丁、焦油和一氧化碳等会损害保护心血管功能的两种酶，对血管壁及心肌细胞具有毒性作用，一氧化碳还能与血液中的血红蛋白结合而影响血液携氧功能。与吸烟有关的疾病有高血压病、高胆固醇血症、动脉硬化、冠心病。

（3）对消化系统的危害。吸烟可使胃酸分泌增加，影响胃黏膜的血流量，引发胃炎、胃和十二指肠溃疡；另外，吸烟还与食管癌、结肠癌、胰腺癌有关。

（4）对运动系统的危害。吸烟可使运动潜力下降、劳动效率降低，这是烟草造成肺功能和血液携氧能力下降的必然结果。

（5）对神经、精神系统的危害。吸烟可损伤脑细胞，损害记忆力，还可能增加脑出血、脑梗的危险。

（6）对视力的危害。烟草中的多种有毒物质对眼睛各种细微的组织和结构均有刺激、侵蚀破坏作用，引起视力下降，中毒性视神经病变、白内障等多种眼疾。

（7）引发多种癌症。吸烟除了引发肺癌，还会引起舌癌、口腔癌、喉癌、膀胱癌等多种癌症。现在已知所有癌症中，有33%是由烟草引起的。

（8）危害被动吸烟者的健康，害人害己。

根据世界卫生组织的统计，全球每年至少有250万人死于与吸烟有关的疾病。

二、我国吸烟现状

如今，吸烟已成为世界上危害最严重的社会问题之一。

我国是烟草生产的大国，约占世界烟草生产总量的30%，而且每年还要从美国、英国、日本等国进口大量的卷烟。我国也是香烟消费大国，年消费卷烟1.8万亿支，占全球消费量的1/3。我国目前有烟民4亿之众，成年男性吸烟率为60%~70%，而且不断有青少年加入“烟民”队伍，吸烟情况越来越严重，如不采取积极措施，把吸烟率降下来，在不远的将来，势必给我国人民的健康带来不可估量的损失。

据1998年11月20日的《健康报》报道，1998年11月19日在北京和伦敦同时公布了中、英、美三国科学家协作研究揭示的一个惊人事实：中国已成为世界上因吸烟死亡人数最多的国家。目前，我国每天有2000人因吸烟死亡（其中大部分是男性）；如果这种状况持续下去，到2050年中国每天因吸烟死亡者将超过8000人，年死亡总数将达300万人。

三、吸烟戒不掉的主要原因

许多烟民都有过戒烟的经历，可不论最初下多大决心，往往都是以失败告终。

为什么吸烟常戒而无法戒断呢？

（1）香烟本身的诱惑力。烟里含有一种叫尼古丁的有毒物质，它既能起兴奋剂的作用，又具有镇静剂的作用。它作用于神经系统可以使人产生“欣快感”，让烟民感到精力充沛、心情愉悦、疲劳消失、心旷神怡，使人不知不觉便形成了生物依赖性，产生了烟瘾。即使后来明确地体会到了吸烟的种种害处，也难以自拔。

（2）对烟草的危害性缺乏清醒的认识。虽然吸烟严重危害健康，能够引发多种疾病。但是，吸烟引发疾病的过程漫长、隐蔽，常常为烟民所忽视，更不易为广大青少年烟民所重视。

（3）社会大环境不利于戒烟。随着商品经济的发展，人与人之间的交往越来越频繁，香烟在社交场上、生意桌上、关系网中有着媒介的作用。社会上以烟结友，以烟会友，将敬烟当作表达友谊、寻求支持的手段的现象司空见惯。一些不嗜烟者为了办事顺利也天天携带名牌香烟，个别单位还将香烟列为“办公用品”……在这样的社会氛围下，烟民（尤其是尚未受烟害困扰的青少年烟民）戒烟谈何容易。

（4）社会舆论不予配合。在我国，许多烟民缺乏社会公德意识，常常在公众场合，在妇女、儿童面前吞云吐雾，旁若无人。人们对这种害人害己的行径表现出相当宽容的态度。尽管近几年我国部分城市陆续颁布了“公共场所禁止吸烟”的法律法规，但在许多时候，在许多公共场合，这条法律法规并没有得到贯彻执行。

四、青少年与吸烟

吸烟问题已成为影响中华民族身体素质的潜在威胁，尤其青少年吸烟的现状令人担忧。限制青少年吸烟，是提高中华民族健康水平的百年大计。

分析青少年吸烟人数不断增多的主要原因如下：

（1）受大环境的影响，包括社会环境、学校环境和家庭环境等。近年来，我国烟草产量和香烟消费量一直位居世界第一，1994年我国成年男子的吸烟率就高达70%。

（2）好奇心促使学生模仿吸烟。在家庭中模仿双亲或朋友，在学校中模仿老师。在电影、电视、小说、画报中，运筹帷幄的将军、战无不胜的英雄、锐意改革的开拓者，都手拿卷烟在吞云吐雾中战胜重重艰难险阻，这些都潜移默化地吸引着学生的好奇心理，并使学生形成一些幼稚的概念：“吸烟好酷”“吸烟有身份”“吸烟很潇洒”。出于好奇、羡慕等心理，有的学生开始自己尝试吸烟，尽管在初次吸烟时可能呛得流泪，但还是有很多学生从此成为小烟民。

（3）将吸烟视为交际手段。当代青少年的社会意识强，许多人认为自己已经成熟，应当和成年人一样社交，并把相互敬烟当作表达友谊寻求支持的手段。同样，一些学生面对同学、朋友给烟，认为不接受是不礼貌的，是不给面子，而在一起吸烟标志着和谐、友谊和信任。渐渐地，学生们适应了吸烟，并对香烟产生了依赖性，成为了烟民。

（4）公共场所禁烟不力。由于家长和教师的阻止，青少年在家里和学校里吸烟可能受到严惩，而在公共场所吸烟，几乎没有陌生人劝阻。这种社会的放纵，也助长青少年烟民队伍不断扩大。

我国青少年吸烟者众多，而且到目前为止吸烟人数仍呈上升趋势，这已经成为一个亟待解决的社会问题。我国应该尽早立法，坚决限制青少年吸烟。为了祖国的未来，青少年不应再吸烟。

第三节　吸毒对健康的危害

联合国国际麻醉品管制局在 1986 年年度报告指出，毒品的滥用已经危及世界上每一个国家、每一个阶层的安全，尤其是危害广大青少年甚至儿童的身心健康。联合国前秘书长佩雷斯·德奎利亚尔在 1990 年 4 月 9 日世界部长级反毒品大会上指出，毒品问题已经成为一个全球性的问题。据统计，世界每 120 人中就有一个瘾君子。毒品的泛滥，时刻危害着人类的健康，破坏了许多国家政治、经济的安定和发展，威胁着人类的生存和发展。

在美国，吸毒者每年用于吸毒的费用高达 1100 亿美元。有关毒品案件已占联邦法院诉讼案件的 25%，被关押的犯人有 37%为毒品犯，毒品买卖占有组织犯罪的 40.1%。美国全国有吸毒人员 3000 多万人，并且还在不断增长。美国官员指出：“毒品已成为美国的头号问题。”然而美国政府不得不承认，与毒品的斗争至今为止没有取得预想的效果，甚至吸毒人数还在不断增加，美国的反毒战失败了。在欧洲，仅西欧就有 1300 万人吸毒。法国吸毒者达百万之众。意大利有吸毒者 40 万人。德国仅西部就有 10 万人吸毒。而人口仅 850 万人的瑞典，吸毒者竟有 2 万人。俄罗斯吸毒人数也有 20 万人。

毒品泛滥，还危害着人类社会的安定，危害政权的稳定，危及无辜者和反毒者的生命。全世界毒品种植和制造加工规模较大的有三大地区，即阿富汗、巴基斯坦、伊朗交界地区的“银三角”，缅甸、泰国、老挝交界地区的“金三角”及秘鲁、玻利维亚、哥伦比亚的安第斯山脉的“全新月”。此外，还有许多规模产量次之的老产毒区和新产毒区。三大产毒区所产毒品占全世界贩卖毒品的绝大部分。虽然各所在国政府和国际反毒组织全力围剿，但成效不大，其产量和种植面积仍居高不下。这里有毒品消费增大的因素，还与毒品犯罪有较为成熟严密的体系有关。当今的国际毒品犯罪从种植、加工、贩运直到吸毒者手中，都有一套严格控制、专业分工十分明确，而且技术设备非常现代化的网络。用大批金钱贿赂各国政府官员、执法人员，并且以暗杀等恐怖手段相威胁，他们用软硬两手获得了各种“保护伞”。如南美“全新月”地区的种植、加工、贩卖毒品曾主要掌握在哥伦比亚麦德林集团手中。他们除了拥有与政府军对抗的武装，还拥有世界上最先进的电子设备、雷达等，拥有大批飞机、快船，甚至火箭。在麦德林集团的主要销售地——美国，他们的贩毒运输线、销售网和集散系统具有高度组织和效率，经营方式严密、老练，其严格的管理和超强的运作能力，堪与世界大工业集团媲美。据美国联邦调查局和缉毒署统计，麦德林集团在美国有300个贩毒集团，这些集团由毒品大王们派代理人直接领导，各销售网组织严密，活动灵活，自成一体，各自为战，互相封锁消息，以防被警方一网打尽；同时，他们又都从属于哥伦比亚的贩毒集团。正是由于毒品犯罪已成为一个大的系统，具有很强的生存能力，所以对人类的危害也越来越大。

毒品对人类的侵害，已经达到无孔不入的地步，而名人吸毒事件更说明事态的严重性。美国著名黑人政治家、曾连任三届华盛顿市市长的巴里在公开场合多次告诫人们“不要吸毒”！可1990年，他却在吸毒时被美国联邦调查局特工人员当场抓获，成了毒品的一个牺牲品。世界知名的足球天才迭戈·马拉多纳，在1991年的一次尿检中被查出服用了可卡因，被迫返回阿根廷，并于4月26日在布宜诺斯艾利斯被带上法庭，原因是警方在其住处将正在吸毒的他抓获，并查出他藏匿的30克可卡因。他因此入狱，并被国际足联停赛14个月，其光辉的足球生涯就此蒙尘。一代巨星，就这样被可卡因打垮了。所有的毒品除使人产生药物依赖性以外，还对人体有致命的危害。每年全世界约有10万人死于吸毒过量，仅美国每年就有3.5万人猝死于吸毒。

吸毒带来了十分严重的社会治安问题，瘾君子们为了吸毒，不惜倾家荡产，为了搞到毒品或搞到钱来买毒品，铤而走险，进行各种犯罪活动：卖淫、抢劫、偷窃、杀人，甚至卖掉亲生骨肉。在美国，每年1/4的谋杀案及约70%的刑事案与毒品有关。马来西亚70%的刑事案与毒品有关，泰国各类刑事案件的57%与毒品有关。同时，使用毒品还是传播艾滋病的一大途径，因为吸毒者很多是静脉注射毒品，他们只顾过瘾，不在乎注射器是否干净。据统计，约有65%的艾滋病患者是因静脉注射毒品而感染艾滋病病毒的。

历史上，中华儿女繁衍生息的华夏大地是不种植毒品的。鸦片烟毒是18世纪从外国输入中国的。至19世纪末，帝国主义列强每年向中国倾销鸦片达4000多吨，价值白银3000多万两，给中国人民带来了深重的灾难。毒品肆虐大好河山，残害黎民百姓。新中国成立后，中国共产党和中央人民政府以前所未有的彻底改造旧社会的信心和勇气，以根治旧社会遗留下来的社会问题，保护人民的健康为目的，在全国范围内开展了肃清烟毒的群众性禁毒行动。仅仅3年时间，就一举铲除了困扰、危害中国百年以上的鸦片烟毒，得到了全国人民的衷心拥护和国际社会的普遍赞扬，使我国从一个毒害重灾区一举成为令世人尊重、令国人自豪的“无毒国”，“东亚病夫”的丑帽子也因此被摘下。然而，20世纪80年代，在国际毒潮的冲击下，毒品在中国竟又死灰复燃。尽管我国从未放松禁毒工作，但毒品仍然屡禁不止，白色幽灵般的“瘟疫”迅速蔓延着。20世纪70年代末，贩毒还仅是在云南边境地区的少量境外渗透。进入20世纪80年代，国际贩毒集团的贩毒分子迫于国际压力，竭力开辟新的通道——“中国通道”，利用中国无毒国的良好声誉，将“金三角”毒品转运至港澳，并销往国际毒品市场。20世纪80年代中期以来，一些不法之徒内外勾结，既贩运境外毒品，又另辟毒源，在国内种植、制造毒品，形成双向通道，贩毒及由此引发的犯罪活动急剧增加。20世纪80年代初，仅在少数边远地区的个别老“毒区”发现有零星小块与其他农作物间作套种的非法种植罂粟现象，20世纪而80年代后期，种植罂粟逐渐向内地和沿海发展，全国大部分省、直辖市、自治区都发现了种植罂粟的活动。毒品加工也有抬头之势，在过去的一些老“烟区”，有些人重操旧业，他们不仅制造鸦片膏，还土法上马制造海洛因。内地土制的“黄皮”“兰州面”“料面”等在陕西、甘肃、内蒙古以及华北、东北地区不断出现。境外贩毒集团也在国内活动，建立加工点，走私、偷运制毒化学制剂等。

随着贩毒、种植和制造毒品的犯罪活动发展，国内毒品消费市场逐年扩大，内地省区的吸毒者急剧增多。目前，吸毒问题有从边疆向内地、由农村向城市、由鸦片等初级品向海洛因等精制品发展的趋势。地下烟馆屡禁不止，宾馆、饭店、舞厅、色情场所都成了毒品犯罪的“乐园”。据统计，在全国各地吸毒人员中，有违法犯罪行为的，占当地吸毒人员总数的53.1%~82.7%。其中女性吸毒者70%以上都有卖淫行为，而卖淫妇女大多数又不同程度地有吸毒行为。以淫养毒，以毒刺激卖淫，形成恶性循环，这也是性病流行和艾滋病传播的主要渠道之一。不要认为这是耸人听闻，更不要尝试毒品的滋味！触目惊心的惨剧就摆在面前，一个个被“幽灵”毁灭、扭曲的灵魂的呻吟和倾诉，也在给人们以警示，向人们敲响长鸣的警钟。

吸毒、贩毒已经成为当今世界上严重的社会问题。吸毒不仅会危害身体健康，而且给社会、家庭带来严重的危害。近年来，我国吸毒人数呈上升趋势，加强对青少年的毒品危害教育刻不容缓。

一、毒品的定义

《中华人民共和国刑法》第三百五十七条规定：“本法所称的毒品，是指鸦片、海洛因、甲基苯丙胺（冰毒）、吗啡、大麻、可卡因以及国家规定管制的其他能够使人形成瘾癖的麻醉药品和精神药品。”“毒品”一词内涵的核心是能产生依赖性、成瘾性。多数具有依赖性的麻醉药及精神药，如果按国家规定使用，可为人类治病造福。例如吗啡，它具有较强的镇痛作用，临床上用于特效止痛；如果滥用、形成依赖性而非法使用，它又是毒品。

二、吸毒的定义与吸毒成瘾的表现

吸毒是指非医疗目的，强迫性地连续或定期使用毒品、麻醉品或精神药品的行为，是一种慢性中毒的成瘾状态。

毒品的成瘾性是指人对毒品产生强烈的渴求欲望，并反复地使用毒品，以取得快感，或避免出现痛苦。毒品成瘾可分精神依赖性和身体依赖性两种。

1. 精神依赖性

精神依赖性是毒品对中枢神经系统作用所产生的一种特殊的精神效应，毒品使用者处于一种追求、使用毒品的强烈欲念之下，常常不顾一切地寻求毒品，陷入滥用毒品深渊，不能自拔。

吸毒者吸食毒品达到一定量后，人体会产生一种幻觉，使其从心理上对毒品产生一种渴求的强烈欲望。这种欲望时时如猫抓心似的，将整个身心、思维都投向毒品，无论什么兴趣、爱好、刺激都难以转移，这就是精神依赖。

2. 身体依赖性

身体依赖性是由于反复用药，中枢神经系统产生的一种适应性状态。这时，身体必须在足量毒品维持下才能保持“正常状态”，一旦停止使用毒品，生理功能就会发生紊乱，出现一系列严重反应，称戒断综合征。以海洛因为例，其戒断综合征表现为：打呵欠、流泪、流涕、皮肤起鸡皮疙瘩、出汗、瞳孔散大、肌肉及骨关节疼痛、寒战、体温升高、焦虑、烦躁不安；严重者嚎叫、撞墙、在地上打滚，甚至出现自杀行为。

三、我国的毒品滥用情况及特点

根据国内流行病学资料分析，我国毒品滥用有如下特点：

（1）已蔓延到社会的各阶层，吸毒者已从前几年以个体经营者为主，发展到工人、农民、干部、技术工作者、文体工作者，以及青年学生等社会各个阶层。

（2）吸毒人群年轻化，25岁以下占90%以上。

（3）男性吸毒者占大部分，但妇女吸毒者的比例在增加，许多夫妇一起吸毒。

（4）滥用毒品以海洛因为主，制贩冰毒已成为毒品犯罪一个新的突出问题。

（5）静脉吸毒已成为普遍采用的方式，静脉滥用毒品已构成艾滋病传播的一个重要途径。

（6）吸毒者逐年增多，复吸率居高不下。

四、吸毒的危害

（1）吸毒导致急性中毒死亡。

（2）吸毒使人百病丛生，如海洛因对人的消化系统、心血管系统、呼吸系统均有损害。

（3）吸毒导致神经系统病变，使吸毒者反应迟钝、记忆力衰退、智力下降。

（4）吸毒导致精神崩溃，长期吸毒可导致人格尽失。

（5）吸毒引起艾滋病。

（6）吸毒导致婚姻家庭破裂。

（7）吸毒祸及下一代。

（8）吸毒最终导致经济破产。

（9）吸毒造成社会犯罪率增加。

可见，吸毒祸害无穷，害己害人，非但危及个人家庭，更危及国家民族安危。

五、预防吸毒的策略

如何才能有效地预防吸毒，如何才能减少复吸率是全世界共同关心的课题。目前来看，采取三级预防策略是对抗吸毒的总原则。

一级预防：其对象是有潜在危险的社区和人群，特别是青少年和其他易感人群。对他们进行禁止吸毒的宣传教育，以达到他们不错用、误用、试用毒品，让他们了解吸毒的危害，主动避开毒品，以减少吸毒事件的发生。

二级预防：其对象是已经处于吸毒的初期阶段，但还未形成依赖性的人群，对其进行针对性的加强教育。向他们深入宣传吸毒的危害及严重后果，提高他们对毒品危害的认识，增强他们戒毒的决心，并建立一些戒毒机构和心理咨询机构，尽早为其摆脱吸毒提供条件，从而达到早发现、早干预、早控制、早戒断的目的。

三级预防：其对象是“瘾君子”，对他们必须有组织地进行脱毒及康复治疗，以帮助他们摆脱对毒品的依赖，恢复正常的生理、心理和社会功能，彻底戒毒，并防止出现复吸情况。

三级预防策略具有全面性、针对性、科学性及实效性。对正常人群、高危人群、吸毒人群采取逐级预防的措施，能够更有效地遏制吸毒的发展势头，比单纯的戒毒更有成效。

第四节　饮酒与健康

一、饮酒卫生

现代医学研究结果证实，酒对人体害多益少。嗜酒者贻害无穷，少饮为佳，适可而止。

酒的主要成分是酒精（乙醇），酒精是原生质毒物，它可以损害黏膜，使口腔、胃肠黏膜局部呈现充血、炎症，甚至溃疡与出血等。长期过量饮酒危害较大，可导致酒精中毒。每日摄入乙醇 80 g 在 10 年以上时，乙醇及中间代谢产物（乙醛）的毒性作用可能引起酒精性肝炎，继而发展为脂肪肝，进一步发展成肝硬化，还可能诱发胰腺炎。酒还能刺激呼吸道，降低其防御功能。调查结果表明，嗜酒者患肺结核的概率比不饮酒者高 9 倍。酒可使心律增快，心脏耗氧量增加，心肌收缩功能减退，故冠心病患者饮酒是相当有害的，尤其是饮烈性高度酒。

醉酒严重者可能会出现呼吸麻痹，甚至心跳停止等情况。醉酒者将呕吐物逆入气管，造成窒息死亡也屡见不鲜。

古人对酒早有评语：“少饮为佳，多饮伤神损寿……醉饮过度，丧生之源。”必须杜绝酗酒，酗酒者往往出现高度神经异常，打架斗殴，甚至伤害生命，这是饮酒者的悲剧！

二、酗　酒

酗酒是目前公认的不良生活方式危险因素的第二位。

一般来说，少量饮酒还不至于危害健康，但长期嗜酒或醉酒则会给健康带来严重影响，全球每年有数以万计的人因饮酒过量而结束了生命。

过多饮酒，血液中酒精浓度增高，首先产生欣快感与过度兴奋，使人失去常态，丧失自制能力，易冲动；视觉平衡和判断能力下降，步履蹒跚，容易引发意外伤害；随后，酒精的作用使人由兴奋转为抑制状态，造成思维不清、反应迟钝甚至昏睡不醒，带来意外伤害、疾病、家庭不和等社会问题，甚至给人们带来不可挽回的终生遗憾。

长期嗜酒的危害更加严重。长期大量饮酒，可造成慢性酒精中毒，损害机体多种器官。

（1）损害脑和神经系统，使神经细胞变性、死亡，造成反应迟钝、记忆力衰退，甚至发生肌震颤。嗜酒严重者会引起精神障碍。

（2）损害肝脏，使肝脏的解毒能力下降，可致酒精中毒性肝炎、肝硬化等。

（3）损害消化系统，易造成胃炎、胃溃疡、急性胰腺炎等。

（4）有致癌作用，长期嗜酒，会使肝癌、食管癌、肾癌、直肠癌的发病可能性增大。

第八章　饮食卫生与健康

章节导读

微信扫码 精讲视频 配套题库

食品卫生越来越引起人们的重视，食品卫生对人的身体健康具有重要影响，是日常生活中每个人都应该注意的问题。每个人都要形成食品健康观念，掌握食品健康知识，了解一些食品的特点和性质，以达到均衡营养。通过对食品卫生知识的介绍，大学生可以形成良好的饮食习惯，使膳食科学合理，重视食品卫生，不暴饮暴食，学会自我节制，培养自控力。同时，大学生还会了解到一些疾病与饮食卫生的关系，会促进对食品卫生知识的学习，从而对预防疾病产生一定的积极作用。总之，大学生学习饮食卫生与健康知识，会促进大学生形成科学的健康观念。

第一节　食品卫生的基本要求

一、食品污染的危害

食品污染，是食品卫生的重大课题。如果没有严格贯彻《中华人民共和国食品安全法》，很容易致使食品被微生物、微生物产生的毒素等一切有毒的物质污染，食用被污染的食品将造成食物中毒。

食物从原料到加工制成食品的整个过程的各环节，都可能受到有害因素的污染，降低食品的质量，对人体造成危害，甚至引起疾病和死亡。

食品污染来源较广泛，按照其性质可分为三大类。

1. 生物性污染

生物性污染，主要是指微生物、寄生虫及其虫卵、昆虫等污染。微生物污染主要指由细菌和细菌毒素、病毒、霉菌和霉菌毒素等造成的污染：细菌及细菌毒素可致患急性肠炎、痢疾、伤寒、霍乱及食物中毒；病毒污染可致患肝炎；霉菌和霉菌毒素污染，可致患霉菌性肠炎。黄曲霉菌素是对人类致癌性很强的因素。寄生虫及其虫卵污染，可致患寄生病和其他疾病。昆虫污染食物，会使食物被损害甚至完全失去食用价值。

2. 化学性污染

化学性污染来源于农药、鼠药、食品防腐剂及添加剂、其他化学物质等。农药污染食品，可致有机磷中毒，严重者虽经抢救仍可导致死亡。鼠药敌鼠（杀鼠灵）污染食品，可致食用者出血死亡。其他化学物质，如四氯化碳污染食品，可引起中毒者的肝、肾、心肌损害；三氧化二砷（砒霜）污染食品，使中毒严重者出现休克甚至死亡；氰化物污染食品，使中毒者呼吸与循环系统衰竭死亡。食物防腐剂硝酸盐是导致消化道癌肿的因素。

3. 放射性物质污染

来自工业使用的放射性物质失控、核试验产生的放射物质、宇宙光线中的放射性物质污染食品，对食用者的健康有严重危害。

二、食品的防腐及保藏

食品以新鲜、无质变、无污染为基本要求，只有这样才能有益于健康，防止对身体造成危害。对于食品原料与成品，短时间内都可能有微生物在其表面生长繁殖，发生质变，所以必须采取保鲜防腐措施予以保藏。其基本办法是冰冻与高温灭菌加工。具体措施如下：

1. 严格选择食品原料（指鱼、肉、禽）

最主要的措施是严格选择新鲜食品原料，同时要反复清洗，随即冰冻保藏或高温灭菌加工，降至常温后，冷藏或冰冻保藏，这样可以排除食品原料失鲜，避免进一步变质与腐败。

2. 冰冻食品原料在充分解冻后方可烹调

对于低温冰冻的食品原料，如鱼、肉、禽，必须在充分解冻后才能进行烹调，否则会造成外熟内生或过熟状态，使潜在的微生物不能被杀死。吃这样的食品可能致病。将此等食品再次冷藏，有潜在性变质的危险。

3. 制作好的食品不宜久露于空间

烹调制作的食品，在空间放久了，温度降至常温，空气中的杂菌就会落在食品上，开始生长繁殖，致使食品发生变质。所以制作好的食品应及时食用，食后及时冷藏。

4. 熟制食品的具体要求

食品原料经过熟制加工后才能食用。整体原料完全处于非冰冻状态，对原料必须认真清洗，熟制加温规范是将食物的整体加温均在 70 ℃以上，将其上的微生物全部杀死。

5. 食物成品保存

烹调加工后的食品需要保存时，需贮存在 10 ℃以下的冰箱冷藏室里，最好是5 ℃左右，否则就可能变质；通常要求是冰冻，将短时间吃不完的成品食品放在冰箱冰冻，才能较可靠地防止变质。

6. 食用冰箱中存贮的食品之卫生要求

经过冰箱贮存的食物成品，不管是冷藏还是冷冻的，均需加温到 70 ℃以上，将贮存过程中生长的细菌杀死，方可食用。

7. 食品原料与食品成品需分开存放

为防止生食与熟食发生交叉污染，在冰箱中贮藏时要分开，制作时所用的工具，如刀、砧板、盛装的碗盘，必须分开。若条件不佳，在处理生食后必须经消毒后再处理熟食。

8. 高质量水质有益于防腐保鲜

在冰冻食品原料前，认真清洗时所用水的水质必须是高质量的，防止将细菌带入食品原料之中而造成污染。

9. 厨师自身准备

在制作食品前，厨师必须洗手，将手上所污染的杂菌彻底清洗掉方可操作，操作中若另兼作其他业务，恢复食品制作时同样必须将手洗净。

10. 消灭昆虫

消灭苍蝇、蟑螂等，防止其污染食品，保证食品不变质。

第二节 食物中毒及预防

一、食物中毒的概念

凡是食用各种食物（被细菌或其毒素及化学性物质污染）所引起的疾病，统称食物中毒。换句话说，凡是健康人经口摄入正常数量的可食状况的食品后所发生的疾病称为食物中毒。如果食入非可食食品，如未成熟水果，或超过正常数量的脂肪引起的疾病不属食物中毒。食物中毒若发生在集体食堂，往往是人群性发病。

二、食物中毒的原因

在正常情况下，食物并不具有毒性，但食品从生产加工到销售食用的整个过程中有许多情况和因素，可以使食品具有毒性并引起食物中毒。

（1）某些致病微生物污染食物，并急剧繁殖，如沙门氏菌属，有些细菌除本身繁殖外，还产生毒力很强的毒素。

（2）化学物质混入食物中，并达到能引起急性中毒的剂量，如有机磷、砷、鼠药及氰化物等。

（3）食物贮存不当产生毒素。例如：马铃薯发芽后产生龙葵素；生熟食在冰箱中混合冷藏，则病原菌在熟食中繁殖并产生毒素。

（4）食品本身在一定条件下含有毒成分，如河鲀的内脏及血中含有河鲀毒素，需经有效处理后其肉方可无毒食用。

（5）外形与可食物相似，但本身含毒性物品，是不可食用的毒物，如毒蕈与蘑菇相似，误食毒蕈会中毒。

三、食物中毒分类

常见的食物中毒有 4 种类型。

（1）细菌性食物中毒。主要的致病菌有沙门氏菌属、变形杆菌属、副溶血性弧菌、致病性大肠杆菌属、葡萄球菌肠毒素、肉毒梭状芽孢杆菌毒素等。

（2）有毒化学物质中毒。如农药、鼠药、氰化物、某些金属或金属化合物等。

（3）有毒动植物中毒。如河鲀、有毒贝类、毒蕈、木薯、四季豆等。

（4）真菌毒素和腐败食品中毒。黄曲霉毒素及过量含亚硝酸盐类的腐败食品等。

在各种食物中毒中，以细菌性食物中毒最为多见，我国每年细菌性食物中毒的人数占各种食物中毒总人数的 60%~90%。

细菌性食物中毒全年皆可发生，但夏秋季较多，因夏秋季温度较高，微生物易在食物中生长繁殖，因此是食物中毒发病较高的季节。

四、食物中毒的特点

细菌性食物中毒通常有下列共同特点。

（1）发病有明显的季节性，湿热的夏秋季节易导致细菌繁殖。

（2）发作常呈暴发和集体发作的形式，有共同食品摄入史，当污染食品停止供应时，发病就不再蔓延而停止。

（3）潜伏期短、病程轻，食入被污染的食品后，其潜伏期为2~24 h，很少超过一天，即出现头晕、恶心、呕吐、腹痛、腹泻等症状。停止进食被污染食物，给予恰当治疗，疾病好转快。

（4）临床表现以急性肠胃炎症状为主要特征，腹痛伴呕吐、腹泻。若沙门氏菌、嗜盐杆菌感染，可引起发热；肉毒杆菌中毒，主要表现脑神经症状，如视力模糊、复视、眼睑下垂，也可出现延髓麻痹与舌咽神经麻痹症状，如声嘶、语言障碍、伸舌咀嚼困难、吞咽困难，以及口干、颈肌无力、共济失调、呼吸困难等严重症状。如不及时抢救常能危及生命。

（5）取可疑食品与呕吐物、粪便做细菌培养，可培养出致病菌。

五、食物中毒的预防

（1）防止食物污染，从生产加工到销售及食用过程，必须防止污染。对于肉、蛋、奶类食品，食用前要彻底煮熟煮透，过夜食品必须加热消毒后食用。

（2）控制细菌繁殖。肉、蛋、奶类食品应放置在10 ℃以下的低温处贮存，防止细菌繁殖。生、熟食分开存放，防止交叉污染。

（3）不吃发酵、腐败、变质的食品，对可疑食品要严格消毒蒸煮后食用。

（4）注重环境卫生，消灭蚊蝇、蟑螂，以杜绝细菌的传播。炊具餐具要定期消毒，消灭存活的细菌。

（5）全面贯彻食品卫生法，开展饮食卫生教育，把讲卫生变成每个人的日常生活习惯。

第三节　合理营养与膳食

一、合理营养的原则

自然界没有一种食物能全面满足人类所需要的营养素，也就是说，单一食物中必需营养素是不完全的。为了提高生存质量，应充分利用大自然所赐予的多种食物，组成营养素齐全、数量充足、比例恰当的平衡饮食。

合理的营养原则：

（1）供给的总热量，必须满足人体的需要量。

（2）供给充分的蛋白质，以达到满足生长发育、组织修补更新的需要。

（3）各种营养素之间有合理的比例。如蛋白质、脂肪、糖的重量比应为1∶0.8∶7.5，蛋白质中优质蛋白至少为1/3，钙磷比例为1∶2，等等。

（4）必须供给各种无机盐及微量元素等辅助营养素，用以构成身体组织和调节生理功能。

（5）食品多样化，是膳食平衡的基本要求，要做到粗细粮搭配，荤素菜混食。食品要具有良好的“色、香、味”，可促进食欲和消化吸收。

（6）供给充足的维生素，用来调节生理功能，维持正常代谢，增进机体健康；供给适量的纤维素，用以维持正常的排泄及预防某些疾病。

（7）符合食品卫生要求。定时定量，不暴饮暴食。

二、平衡膳食的要求

1. 概　念

所谓平衡膳食，是指膳食中所含的营养素种类齐全、比例适当、数量充足；膳食中所供给的营养素与机体的需要能保持平衡。其关键是要保证营养之间的平衡。

2. 分　类

一日三餐中各类食物间的组成关系称为膳食结构。目前世界上大致有 3 种膳食结构类型。一是欧美三高型（高蛋白、高脂肪、高热量），容易导致冠心病、糖尿病、肠癌和乳腺癌等所谓富裕性疾病；二是以日本为代表的动植物食品混食，热量、蛋白质及脂肪摄入较均衡的营养型；三是东方型膳食，特点是以植物性食物为主，动物性食品不足，蛋白质及脂肪均缺少。中国的膳食结构也是长期以植物性食物为主，营养质量不高。自 20 世纪 80 年代以来，随着改革开放和国民经济收入的提高，人民生活有了很大改善，我国的膳食结构正在改变。

我国的膳食结构主要考虑以下几方面：

（1）三大营养素的热能比。世界卫生组织提出，蛋白质、脂肪、糖的热能比应为 12∶30∶52，以协调营养物质在人体内的代谢。

（2）应当吸取西方三高膳食的教训。

（3）根据中国营养学家的研究，2000 年我国每人每年的平均消耗量为：粮食 400 kg、肉类 24 kg、蛋 10 kg、奶 14 kg、鱼 14 kg、豆 12 kg、水果 24 kg。每日可提供能量 2400 kcal、蛋白质 75 g（动物蛋白质占 20%）、脂肪 50 g（动物性脂肪占 50%）。其他各营养素的量可基本满足需要，达到平衡膳食的要求。

三、科学的膳食制度

膳食制度是指把全天的食物按一定的次数、一定的时间间隔和一定的数量、质量分配到各餐的一种制度。合理的膳食制度应根据生理，特别是消化器官的活动规律并考虑到生活、劳动特点加以适当的安排。合理的膳食制度，可以使膳食中的营养素得到充分消化吸收和利用，以发挥更大的营养效能。每日的餐数与间隔时间要根据胃的功能恢复和食物从胃内的排空时间来确定。中国正常成年人一日三餐，两餐间隔为 5~6 h 是符合人体的生理状态的。研究资料表明，一日三餐时食物中的蛋白质消化吸收率为 85%，一日两餐时消化吸收率降为 77%。

注：大卡（kcal）为热量废弃单位，1 kcal = 4. 187 kJ。

一日三餐的分配要适应生理状况和工作需要。在一般情况下，还是应提倡“早饭要吃饱，午饭要吃好，晚饭要吃少”，即早饭占全天热能的25%，午饭占40%，晚饭占35%。

上午是学习、工作的重要阶段，上午的精神状况、体力情况与学习工作效率关系密切，所以从医学角度上认为，一日三餐的安排强调“早饭要吃饱”。早餐要做到干稀搭配，如粥、馒头、豆浆、油条的搭配；米面混食，如面条、大饼、馒头、炒饭、粥等混食；还要吃足够的富含蛋白质的食品；进食适量的蔬菜。午餐要保证补充上午学习、工作的能量消耗，又要为下午的能量消耗作贮备，故午餐是一天进食量最多的一餐，需要质量高而富含蛋白质和脂肪的食物。至于晚餐，因已接近休息和睡眠时间，为使夜间胃肠得到规律性休息，食物体积可近似早餐，能量供应可以持平，尽量少吃含蛋白质和脂肪过多的食品，蔬菜可以适当多吃。

学生中仍有不少人忽视早餐，有的不吃早餐，有的马马虎虎吃几口，所摄取到的能量往往不到所需要量的20%，远远不能满足上午工作与学习的需要。晚餐丰盛已是中国人的生活习惯。已有研究结果证明：晚餐摄入超过2000 kcal的食物，会增加体重，并导致血脂增高，日后有诱发冠心病的可能。

第四节　培养良好的饮食习惯

一、纠正不良饮食习惯

饮食是人们生活中最重要的内容之一。随着社会科技与经济的发展，以及物质生活水平的提高，人们在不断地提高生活质量，为此，必须注重纠正那些不良的饮食习惯，树立科学的符合卫生要求的饮食习惯，以保障自身健康。

1. 纠正无规律、不定时定量的摄食习惯

胃是食物的贮存器，又是食物的机械性和化学性消化器。随着饥饿的出现，胃在餐前即开始分泌胃液，为消化食物做充分的准备。在一般条件下，水只在胃内存留10 min，碳水化合物在胃内存留2 h左右，脂肪和蛋白质在胃内存留的时间长，而混合性食物滞留时间不超过5 h。故每餐的间隔时间以4~5 h为宜。故每日三餐的规律进食要优于每日两餐之非规律进食状况。还有部分人进食根本谈不上餐次，是一种无定时定量的坏习惯，或者尽管有餐次，但有挑食与偏食的不良饮食习惯，造成饥饱不均，膳食不平衡；更有甚者早晨睡懒觉，不吃早饭，打破了正常人一日三餐的规律，对健康是极有危害的。所以必须坚持规律的良好的饮食习惯。

2. 纠正过饱过量进食，杜绝暴饮暴食

若一次摄取食物的量与质超过胃肠道的消化能力，负荷太重，正常的消化能力会受到破坏，严重者还将造成急性胰腺炎、胃肠炎、胃穿孔等，损害健康，危及生命。胃内的消化液被摄入的大量超限食物与水稀释，往往因招致病原菌侵袭而致病；吃饭的速度过快，咀嚼不充分，一方面会影响消化，另一方面还会导致肥胖。

3. 纠正进餐时注意力分散习惯

进餐时受外因影响或思考某个问题，对于咀嚼就难以用心及注意，往往囫囵吞下，造成消化障碍，硬块食物会损伤胃壁；进食时说笑，会造成食物误入呼吸道，甚至致使气管堵塞而窒息死亡；进餐时说笑、看电视等，大脑同时工作，需要较多的血液供应，结果造成中枢神经系统和消化系统互相争血，影响消化液分泌及消化功能。故进餐时注意力不可分散。

4．饭前不宜大量饮水，饭前饭后不宜剧烈运动

空腹时，胃内有一定量的胃液，胃液中的黏液可在胃内形成保护层，使各种食物不能直接与胃黏膜接触，可避免损伤黏膜。饭前若大量饮水，可冲淡胃液，使消化能力下降，使胃的保护层受到破坏，致使胃黏膜受损伤。但饭前与饭后适当地喝些菜汤或淡茶，能促进胃液分泌，增强胃的消化功能。

餐前剧烈运动，大量出汗，唾液分泌减少，使人感到口渴，明显影响食欲；运动使消化道血量减少，并使胃蠕动及消化液分泌受到影响，从而使食欲下降。饭后剧烈运动，使消化系统供血不足，并使胃蠕动及消化液分泌受影响，同时可出现腹痛，导致消化障碍。

二、讲究食品卫生，做好自我保健

防止摄取不卫生的食品而导致疾病的发生，必须注意讲究食品卫生。

1．烧焦的鱼、肉类不能吃

鱼和肉的蛋白质，烧焦后裂解为氨基酸，再经组合形成引起人体内致突变的化学性物质；鱼与肉内的脂肪不完全燃烧，能产生一种强烈的致癌物质，其毒性超过黄曲霉毒素的致癌毒性。

2．不能生食螃蟹、鱼、虾

在鱼、虾、螃蟹的体表、腮、消化道或内脏中，沾满了细菌、病毒、寄生虫。这些水产品含蛋白质较多，死后更易被病原菌污染而腐败变质，如生食这些食物，病原菌可能进入消化道，引致急性胃肠炎、食物中毒、甲型肝炎等病。

3．禽蛋也不可生食

生蛋内含有较多的抗生物素蛋白和抗胰蛋白酶，这些物质影响胃蛋白酶和胰蛋白酶的功能，而蛋类的致密结构蛋白要靠上述酶消化；同时，生蛋里含有一定量的细菌。熟制禽蛋，不但可破坏抗生物素蛋白和抗胰蛋白酶，而且可杀灭病菌。

4．生食瓜果蔬菜必须洗净消毒

新鲜瓜果蔬菜在生长过程中，常沾染不少病原菌、虫卵及农药。所以，生食或作凉拌菜用的瓜果蔬菜一定要洗净消毒。常用的净化方法有：在瓜果洗净后，用少量清洁剂擦搓，再用凉开水冲净；洗净的瓜果蔬菜放在开水里烫泡 5~10 min；用 0.2%~0.3% 小苏打溶液泡 3 min，再用清水冲去残留浸泡液。另外，吃水果应削皮，化验结果证实，苹果皮表面残留的农药比果肉高 32~34 倍。

5．注意蔬菜和腌菜中毒

蔬菜中的小白菜、韭菜、菠菜及新鲜腌制的咸菜及变质的剩菜中，含有较多的硝酸盐，在大量食用后，肠道细菌可将硝酸盐还原为亚硝酸盐。亚硝酸盐毒性大，摄取 0.2~0.5 g 即可引起中毒，使低铁血红蛋白氧化成高铁血红蛋白，失去携氧能力，造成组织缺氧。

6. 冷饮会引致胃肠道疾病

大量的冷饮，可引起胃肠道黏膜血管收缩，减少消化液分泌，导致食欲下降或消化不良；低温刺激可引起胃肠痉挛性腹痛；冷饮质量常难以保证，大肠杆菌指数常常超标，易导致胃肠感染；加用的色素，易致隐患发生。

第五节　主要食品的营养功效

人体所需要的各种不同营养素都是由食物供给的。然而，没有一种天然食品能含有人体所需要的各种营养素，单靠一种食品，不管数量多大，都不能维持人体健康。人体要获得所需要的各种营养素并使其达到平衡，则需针对食品的营养价值，对其进行科学的选择与合理的搭配。

主要食品包括谷类、豆类及豆制品、蔬菜与水果、肉类、水产类、蛋类及其制品、奶类等。

一、谷　类

谷类食品包括大米、面粉、玉米、小米、荞麦和高粱等。在我国人民膳食中，有70%左右的热能和50%左右的蛋白质来自谷类，同时有相当比重的维生素B族和无机盐也靠谷类提供。

由于谷类的品种不同、加工方法不同、种植地区及生长条件不同，其营养素含量差别很大。碳水化合物含量最高，在70%左右，其中大米和面粉中碳水化合物含量较其他谷类高，一段在75%以上，其他谷类为67%~70%。其碳水化合物利用率高，在90%以上，是供给人体热能最经济的来源。

谷类蛋白质含量一般为8%~12%，燕麦含量可达15.6%，稻米和玉米含量较低，平均为8%，精制的大米和面粉因过多地去除了外皮，蛋白质的含量较粗制的米和面低。

谷类的脂肪含量较少，约2%。玉米和小米中脂肪含量比较高，可达4%，且多为不饱和脂肪酸。

谷类中的维生素主要是B族，其中维生素B_1，维生素B_2和维生素B_5较多。小米和黄玉米中还含有少量的胡萝卜素和维生素E，它们大多集中在谷胚和谷皮中。精制的大米与面粉中维生素含量明显减少，有的可减少至原来的30%左右。

谷类中无机盐含量为1.5%左右，其中主要是磷和钙，还含有较多的镁，铁的含量不等。由于粗制的大米和面粉保留了部分表皮，其无机盐含量较精制的高。

谷类中不但碳水化合物多，且绝大部分为淀粉。淀粉在人体消化道中分解缓慢，故血糖上升也相应缓慢，有利于热能的充分利用。

谷类在潮湿及较高温度的环境中保存，易发霉变质，产生毒物，如黄曲霉等，它有明显的致癌生成作用。

二、豆类及豆制品

按照所含营养成分，豆类可分为大豆类和除此以外的其他豆类。大豆类按照色泽又可分为黄、青、黑、褐和双色大豆，蛋白质含量较高，脂肪含量中等，碳水化合物相对较少；其他豆类包括蚕豆、豌豆、绿豆和赤豆等，碳水化合物含量较高，蛋白质含量中等，脂肪含量较低。豆制品的种类繁多，我国习俗中常食用的主要为豆腐、豆浆和豆芽。

豆类及豆制品的营养成分，因品种不同差异较大。大豆含蛋白质最高，一般为35%~40%，其中黑大豆中蛋白质含量在50%以上。0.5 kg黄豆所含蛋白质相当于1.5 kg多瘦肉或1 kg鸡蛋或6 kg牛奶中的蛋白质。其所含蛋白质的质量较高，蛋白质氨基酸组成接近人体的需要。脂肪含量以大豆类为最高，在15%~20%，且以不饱和脂肪酸居多，其他豆类含碳水化合物高，绿豆、赤豆、豌豆含量为50%~60%，而大豆中碳水化合物含量为20%~30%。

豆类还含有丰富的钙、磷、铁和维生素B族，其中维生素B_1含量较高；豆芽中，含有较多的维生素C；在大豆类及绿豆中，还含有少量的胡萝卜素。

豆类中的碳水化合物组成较为复杂，多为纤维素和可溶性糖，几乎不含淀粉或含极微量，且在体内难以被消化，在大肠内成为细菌营养素来源，细菌在肠道内生长繁殖过程中会产生过多的气体而引起肠胀气。

三、蔬菜与水果

蔬菜与水果是膳食维生素和无机盐的主要来源。其由于含有纤维素、果胶和有机酸等，能刺激胃肠蠕动和消化液分泌，对促进食欲和帮助消化起着很大作用。有人发现，膳食纤维还可以抑制或减少胆固醇的吸收，所以多食蔬菜与水果有利于保持健康。

蔬菜与水果是提供人体所需维生素C、胡萝卜素和维生素B_2的重要来源，尤其是维生素C。在一般情况下，这些维生素在各种绿叶菜中含量较丰富，其次是根茎类，瓜茄类中含量相对较少。

蔬菜与水果也是提供人体所需无机盐的重要来源，尤其是钾、钠、钙和镁等。它们在体内的最终代谢产物呈碱性，故称碱性食品。而粮、豆、肉、鱼和蛋等含蛋白质丰富，由于硫与磷含量较多，在体内转化后最终产物多呈酸性，故称酸性食品。碱性与酸性食品必须保持一定的比例，才有利于机体的酸碱平衡。

（一）蔬菜类

1. 叶菜类

叶菜类包括白菜、菠菜、油菜、卷心菜、苋菜、韭菜、芹菜及蒿菜等。主要提供维生素C和维生素B_2、胡萝卜素。其中无机盐也较多，尤其是铁。

2. 根茎类

根茎类包括萝卜、胡萝卜、马铃薯、藕、甘薯、山药、芋头、葱、蒜和竹笋等。马铃薯、山药、芋头等淀粉含量较高，蛋白质含量相对较高；胡萝卜含较多的胡萝卜素。

3. 瓜茄类

瓜茄类包括冬瓜、南瓜、西葫芦、丝瓜、黄瓜、茄子、西红柿和辣椒等。辣椒含丰富的维生素C和胡萝卜素；西红柿、南瓜及西瓜含维生素C及胡萝卜素较多。

4. 鲜豆类

鲜豆类包括毛豆、豌豆、蚕豆、扁豆、豇豆和四季豆等。其中含蛋白质、碳水化合物、维生素和无机盐较其他蔬菜高。

（二）水果类

水果类分为鲜果类、干果类。鲜果类很多，主要有苹果、橘子、桃、梨、杏、葡萄、大枣、香蕉和菠萝等。主要含维生素和无机盐，尤其富含维生素C。

干果主要包括板栗、锥栗、霹雳果、榛子、腰果、核桃、瓜子、松仁、杏仁、白果、开心果、碧根果、沙漠果、榧子、白瓜子、南瓜子、花生、巴旦木、夏威夷果等，它们大多含有丰富的蛋白质、维生素、脂质。

四、肉　类

肉类食物可分为畜肉和禽肉两种。畜肉包括猪肉、牛肉、羊肉等；禽肉包括鸡肉、鸭肉、鹅肉等。

不同的动物肉食品所含的营养成分是有差异的。蛋白质的含量一般为10%~20%，其中内脏（如肝脏等）中蛋白质含量最高，可达21%；肥肉中蛋白质含量较低，如肥猪肉中蛋白质仅为2.2%。

脂肪含量区别较大，肥肉中脂肪含量最高，如肥猪肉中脂肪含量可达90%，肥羊肉中脂肪含量可达55%，瘦肉与内脏中脂肪含量都较低，如瘦牛肉中脂肪含量为6.2%，瘦猪肉中脂肪含量为30%。

动物肉食品脂肪的特点是以饱和脂肪酸居多，不易被人体消化吸收；肉类含有较高的胆固醇，如肥的猪肉、牛肉和羊肉，胆固醇含量为100~200 mg/100 g；鸡肝和鸭肝胆固醇含量为400~500 mg/100 g。因此，对患有冠心病、高血压、肝肾疾病及老年人来说，肉类不是一种理想的食品。

维生素的含量以动物内脏，尤其肝脏为最多，含有丰富的维生素B族，维生素B_2含量最高；含有大量的维生素A。

无机盐总量为0.6%~1.1%，一般瘦肉中无机盐含量较肥肉多。动物肝、肾中含铁量比较高，利用率也较高。

肉类蛋白质的氨基酸组成，接近人体组织需要，故其生理价值较高，属优质蛋白，且含有谷类食物中含量较少的赖氨酸，因此肉类食品宜和谷类食品搭配食用。

五、水产类

水产品包括各种海鱼、河鱼、虾、蟹、海参、蛤蜊、海蜇和海带等。它们是蛋白质、无机盐和维生素的良好来源，味道鲜美。

鱼肉中蛋白质的含量多为15%~20%，其蛋白质的氨基酸组成类似肉类，与人体所需蛋白的组成相似，因此生理价值较高，属优质蛋白。

鱼肉的脂肪含量为1%~10%，一般在5%以下，但鲫鱼中脂肪含量为17%。鱼肉脂肪含量低，大多为不饱和脂肪酸。

鱼肉中含维生素B_1的量普遍较低，这是因为鱼肉中含有硫胺酶，能分解破坏维生素B_1；维生素B_2和维生素B_5在鳝鱼和蟹中含量较多。虾、蟹和蛤蜊中含有较多的维生素A。

水产类的无机盐含量比肉类多，一般为1%~2%，主要为钙、磷、钾和碘等，特别是富含碘，如海带含碘达24 mg/100 g，此外还含有丰富的铁，达150 mg/100 g。

水产类碳水化合物含量低，一般不超5%，但海带中碳水化合物含量可达56.2%，紫菜中碳水化合物达48.5%。

六、蛋类及其制品

蛋类包括鸡蛋、鸭蛋、鹅蛋和其他禽类的蛋。蛋类制品主要是咸蛋、松花蛋和鸡蛋粉等。

蛋类含有丰富的蛋白质、脂肪、维生素和无机盐。蛋类的营养成分比较全面而均衡，人体需要的营养素几乎都有，且易于消化吸收，是理想的天然食品。

蛋类含有较丰富的蛋白质，全蛋蛋白质含量为13%~15%，其蛋白质的氨基酸组成与人体内蛋白质最为接近，因此生理价值高，是人体必需氨基酸的重要来源。

蛋类脂肪含量为11%~15%，主要集中在蛋黄内，蛋清里几乎没有脂肪。蛋黄中含有卵磷脂和胆固醇，胆固醇含量极高。蛋类脂肪中不饱和脂肪酸含量也较高。

蛋类中所含的铁，不仅量多，而且利用率高。

七、奶　类

奶类主要包括牛奶、羊奶和马奶等，营养价值不但高，而且易于消化吸收。它是婴幼儿的主要食品，也是病人及体弱者的营养食品。

奶类除不含纤维素外，几乎含有人体所需要的各种营养素。奶类含水量为86%~90%，是一般食物中水含量最高的一种。因此，它的营养素含量与其他食物比较时，相对较低。

蛋白质含量为2%~4%，人乳的蛋白质含量较低，约为1.5%，牛奶和羊奶蛋白质含量较高，达3.5%~4.0%。蛋白以酪蛋白为主，如牛奶中酪蛋白占总蛋白量的86%，其次是乳白蛋白，约为9%，乳球蛋白为3%，其他还有血清白蛋白、免疫球蛋白和酶等；而人乳中的酪蛋白含量较乳白蛋白的含量少。

奶类蛋白的生理价值仅次于蛋类，也是一种优质蛋白，其中赖氨酸和蛋氨酸含量较高，能补充谷类蛋白质氨基酸组成的不足，提高其营养价值。

奶类中脂肪含量为3%~4%，马奶的脂肪含量较低，仅约为1.1%；其中低熔点的油酸有33%，乳脂的熔点较低，如牛奶含34.5%。乳脂颗粒很小，呈高度分散状态，所以消化吸收率较高。奶类中胆固醇含量不高，而且奶中含乳清酸，能降低血清胆固醇，故患冠心病及高血脂者喝牛奶，不要过分担心。

奶类中所含碳水化合物主要为乳糖，比较适合婴幼儿，但对某些成年人来说由于缺乏乳糖酶或其活性过低，服用奶类后会出现腹胀、腹痛、腹泻等现象。

奶类中含有维生素A、胡萝卜素、维生素C、维生素D、维生素B_2、维生素B_1和维生素B_5。

奶类中无机盐含量也较丰富，如钙、磷、钾等。奶中含铁量较少，所以喂养婴幼儿时，要补充果汁、菜泥，以增加铁的供给。

第九章 营养卫生

章节导读

营养卫生不仅是关乎个人健康的问题，也是影响社会发展和国家文明进步的重要因素。大学生正处于身体发育和智力增长的关键时期，营养的摄入与分配对于他们的健康成长至关重要。良好的营养卫生习惯不仅可以提供足够的能量和营养素，帮助学生更好地应对学习和生活压力，还能预防各种疾病，维护身体健康。通过加强营养卫生教育和自我管理能力的培养，大学生可以养成良好的饮食习惯和健康的生活方式，为未来的学习和生活奠定坚实的基础。

第一节 概 述

一、营养的概念

人体为了生存和生活必须摄取食物，以维持生长发育、正常的物质代谢和生理机能等。摄取、消化、吸收和利用食物中的养料以维持生命活动的整个过程称为营养。研究合理利用食物以满足人体需要，促进健康，提高机能的科学即营养学。

食物中对机体有生理功效的成分称为营养素。人体所需要的营养素约有几十种。概括为七大类：蛋白质、脂类、糖、矿物质、维生素、水和食物纤维。它们各有独特的营养功用，但在机体代谢中又密切联系。营养素的基本功用见图 9-1-1。

供给热能：糖、脂类、蛋白质
调节生理机能：水、矿物质、维生素、食物纤维
构成机体组织：糖、脂类、蛋白质、水、矿物质、维生素、食物纤维

图 9-1-1 各营养素的基本功用

营养素的基本功能是：有生理功效（供给热能、构成机体组织或调节生理机能），并为身体进行正常物质代谢所必需。

营养素通常来自食物，一种食物不可能包含所有的营养素，一种营养素也不可能具备各种营养功能。因此，人体需要从多种食物中获得各种营养素。

二、营养的重要性

营养是维持人体生命活动的物质基础，营养是否合理，不仅直接关系到个人的体质

强弱、健康与否和寿命长短，而且对一个国家民族的兴衰也有重大影响。

1. 营养与生长发育

人体的生长发育受遗传、营养、运动、环境和疾病等许多因素的影响。营养是重要因素之一，因为营养素是构成机体的物质保证。机体在生长发育过程中，必须不断摄取食物来建造组织。若营养不足，生长发育必然受影响。研究结果表明，胎儿的身长、体重与母体的营养状况成正相关，合理的营养能促进儿童的生长发育。世界卫生组织的调查表明，一个国家或民族的体格发育水平，与其营养状况有很大关系。我国人的体格发育水平自新中国成立以来有明显提高，这与生活水平提高、营养改善密切相关。

2. 营养与健康

营养与健康的关系十分密切，合理营养不仅能够增进健康，还可作为防治疾病的手段。营养失调不仅使人衰弱，而且可引起疾病。营养不足可引起营养缺乏病，如维生素A缺乏引起眼干燥症、维生素D缺乏引起佝偻病等。营养过剩或失去平衡，如热量及脂肪过多，可引起肥胖症、高血压、冠心病和糖尿病等。此外，营养还与癌症有关，如脂肪摄入量与乳腺癌发生率成正相关，食物纤维摄入量与直肠癌发生率成负相关。美国的统计资料表明，妇女患癌症60%与营养有关，男子患癌症40%与营养有关。而适量的某些营养素（如维生素A、维生素C等）则有一定抗癌作用。营养影响机体的免疫能力，营养不良，抵抗力下降，容易感染疾病。营养还对机体的应激状态和伤病后的康复有重要影响。良好的营养能提高机体的应激能力，促进康复。营养与疾病相互影响，而机体患病时体内代谢改变或食欲不良，容易发生营养缺乏。所以，在疾病的预防和治疗上，营养都是十分重要的。

各种营养素与健康的关系非常密切，不断有新的研究发现。著名营养学家、诺贝尔奖获得者莱纳斯·波林斯断言："合理营养可使人的寿命延长20年。"中国有句名言："药补不如食补。"这反映了营养对健康的重要意义。

3. 营养与生理机能

营养可从神经和体液两个方面影响人体机能。人脑的决定性生长期是出生后到两周岁，若此时营养缺乏，则会影响脑的发育。研究结果表明，营养不良对儿童的智力发育有严重影响，并可影响其行为活动能力。动物试验结果证明，营养缺乏对脑的不良影响需两代才能恢复。

生理机能的体液调节是靠体液中的激素、酶、矿物质和维生素等完成的。其中，矿物质与维生素需直接从食物中摄取，而激素与酶则需要蛋白质、脂肪、矿物质、维生素等营养素参与合成，这些也需从食物中摄取。所以，营养的好坏，对体液调节的物质基础有直接影响。例如，蛋白质的质量优劣可影响血液比重和肝脏中酶的活性，脂肪可影响雌激素，高蛋白膳食和维生素C可促进肾上腺功能，缺铁则可降低血液的携氧功能等。

4. 营养与体育运动

营养和体育运动都是维持和促进人体健康的重要因素。营养是构成机体组织的物质基础，体育运动是增强人体机能的有效手段，两者的科学配合，可更有效地促进身体发育，提高健康水平和运动成绩。只注意营养而缺乏体育运动，会使人肌肉松弛、肥胖无力、机能减弱；只进行体育运动而缺乏必要的营养，体内消耗的物质能量得不到应有的补偿，也会使人的机能减弱，妨碍发育，并可引发营养缺乏症，有碍身体健康。所以，要想使体育运动获得良好效果，必须有适当的营养保证。

由于运动时机体内代谢的特点对营养有特殊的需要，现代的营养对于运动员已不仅是一般地起维持健康的作用，而是根据不同运动项目的特点，科学地利用营养因素来提高运动成绩。体育科学研究表明，优异的运动成绩取决于3个因素——正确选才、科学训练、合理营养，三者缺一不可。由此可见营养在体育运动中的重要性。

三、合理营养

合理营养要求膳食必须符合个体生长发育特点和生理状况等，含有人体所需要的各种营养成分，且含量适当，不缺乏，也不过多，全面满足身体的需要，能维持正常的生理功能，促进生长发育和健康。这种膳食称为平衡膳食。此外，合理营养还要求食物易于消化吸收，不含对机体有害的物质。

摄取食物是人的本能，而合理摄取食物则是科学。要做到科学地利用食物，充分发挥食物的营养作用，达到合理营养，就需要懂得营养知识。

第二节　热　能

人体的一切生命活动如细胞的生长繁殖、组织的自我更新、营养物质的运输、代谢废物的清除以及人体从事各种活动都需要热能，没有热能，任何器官都无法工作。

人体的热能来源于食物。食物在体内经酶的作用进行生物氧化释放出热能，营养学上所用的热能单位以大卡（kcal）表示，相当于1000 g水升高1 ℃（如由15 ℃升高到16 ℃）所需要的热量。焦耳（J，Joule）为热量国际单位。它们的换算是：1 kJ = 0.239 kcal；1 kcal = 4.187 kJ。

一、热源物质

营养素中的糖、脂肪和蛋白质，在体内氧化分解产热，是人体热能的来源，故称为热源物质。它们在体内的氧化过程和在体外的燃烧有类似之处，但由于在体内的最终产物不同，所以释放热能的量与在体外有所不同。糖和脂肪在体内与体外氧化的最终产物都是二氧化碳和水，而蛋白质在体内不能完全氧化成二氧化碳和水，尚余含氮有机物（尿素、肌酐等）排出体外，这部分物质还可产热。所以蛋白质在体内产热比在体外少。此外，由于3种热源物质的消化率不相同，也影响它们在体内的产热量。每克糖、脂肪和蛋白质在体内氧化的生理有效热量分别为4，9，4 kcal（见表9-2-1）。

表9-2-1　热源物质的生理有效热能（每克）

食物中热源物质	体外彻底氧化产生热能/kcal	体内不完全氧化时，含氮有机物（尿素、肌酐等）产生热能/kcal	体内氧化放能/kcal	消化率/%	生理有效热能/kcal
蛋白质	5.65	1.30	4.35	92	4.0
脂肪	9.45		9.45	95	9.0
糖	4.10		4.10	98	4.0

在一般人的膳食中，热源物质的分配按总热量计，以蛋白质占10%~14%，脂肪占15%~25%，碳水化合物占60%~70%为宜。

二、人体的热能消耗

成年人的热能消耗包括基础代谢、体力活动和食物特殊动力作用3个方面，而对于儿童、孕妇，还有特殊生理消耗。

人体的能量代谢很复杂，它受劳动、环境、营养、生理、病理等因素影响，其中影响最明显的是体力活动情况。

1. 基础代谢

在人体处于清醒、静卧、空腹（饭后10~12 h）、室温20 ℃左右，外界安静、心情平静时的热能消耗，即用于维持体温和呼吸、循环、排泄、腺体分泌等必要生理机能所需要的热能，称为基础代谢。基础代谢受体格、性别、年龄和气候条件等许多因素影响。在一般情况下，成年男子的基础代谢是1 kcal/（kg·h），女性比男性的代谢约低5%，老年人比青壮年低10%~15%，寒冷气候下比炎热气候下可高10%~15%。在正常情况下，基础代谢可有10%~15%的波动。

2. 体力活动

体力活动（包括各种生活工作的活动及体育运动）是增加人体热能消耗的重要因素，而且变动较大。它取决于活动的性质、强度、持续时间及熟练程度。劳动强度大，持续时间长，热能消耗多。熟练程度差，热能消耗也较多。

3. 食物特殊动力作用

在进食后，机体向外散失的热量比进食前有所增加，这种由进食而引起机体能量代谢额外增加的现象，称为食物特殊动力作用。各种热源物质的食物特殊动力作用强度不同，这与其在体内进行同化、异化、利用、转变等过程有关。蛋白质的作用最强，相当于其所产热量的16%~30%，糖为5%~6%，脂肪为4%~5%，一般综合膳食的食物特殊动力作用约为10%，高糖膳食为8%，高蛋白膳食为15%。

三、热能消耗的计算

热能的需要量以本人的消耗为依据。人体热能消耗的测定，较精确的方法有直接测热法和间接测热法，但这两种方法都需要复杂的技术设备，一般不易进行。在一般营养工作中常用较简便的活动观察计算法或体重平衡法。

1. 活动观察计算法

应用由直接或间接测热法所得的人体各项活动能量消耗的数据，计算实际活动的能量消耗。具体方法是详细观察登记一人一天（24 h）中各种活动的内容及时间（以分钟计，见表9-2-2），然后归类相加，查表找出每项活动的能量消耗值，与该项活动的时间相乘即得出该项活动的能量消耗。全天各项活动的能量消耗相加，再乘以体重或体表面积，即得出一人一天活动的能量消耗。采用平衡膳食时，在此基础上再加上10%的食物特殊动力作用所消耗的热量，就是一天的热能需要量。观察日数越多，代表性越大。一般需调查5~7天。

表 9-2-2　一日活动能量消耗调查表

单位：__________ 姓名：__________ 性别：__________ 年龄：__________

体重（千克）：__________ 运动专项：__________

一日活动情况登记表日期：________年________月________日

				备注
5：00		14：00		
6：00		15：00		
7：00		16：00		
8：00		17：00		
9：00		18：00		
10：00		19：00		
11：00		20：00		
12：00		21：00		
13：00		22：00		
注：①睡眠时间在上述活动时间以外。 ③体育课或技术课内容要详细写明，该处不便写时可在备注栏内补充。				

各项活动能量消耗计算表

活动内容	时间/min	能量消耗/［kcal·(kg·min)$^{-1}$］	共计/(kcal·kg^{-1})	活动内容	时间/min	能量消耗/［kcal·(kg·min)$^{-1}$］	共计/(kcal·kg^{-1})

全天能量消耗=________(kcal/kg)×________(kg)=________kcal

运动活动能量消耗________kcal/d，为总能量的________%

2. 体重平衡法

体重平衡法只适用于健康成年人。健康成年人有维持热能平衡的调节机制，使热能的摄入与消耗相适应，体重保持相对平衡。因此，精确地计算出一定时期（连续15天以上）所摄入的食物热量，并测定此时期始末的体重，根据体重的变化，按每克体重相当于8.0 kcal热能进行计算，即可得出此时期的热能消耗。例如，某人在20天测试期的始末，体重分别为 60 kg 与 62 kg。增加了 2 kg，平均每天增加 100 g 体重；测试期间平均每天摄入食物的热量为 3600 kcal。每天增加 100 g 体重，说明摄入的热量比消耗的热量多余 800（100×8.0=800）kcal。因此，此人每天实际消耗热量为 2800（3600-800=2800）kcal。这种方法虽然简单，但不精确，只宜作参考。

3. 根据不同劳动强度简易计算法

根据受试者的活动强度差别，按照表 9-2-3 的热能值乘以其体重即得一天的热能需要量。

表 9-2-3　不同劳动强度的热能需要

活动类别	需要热能/[kcal·(kg·d)$^{-1}$]
极轻体力劳动	35~40
轻度体力劳动	40~45
中度体力劳动	45~50
重体力劳动	50~60
极重体力劳动	60~70

四、热量过多与不足的危害

在一定时期内机体的热能收支不平衡，首先反映在体重的变化上，然后可发展到降低身体机能，影响健康，引起疾病，缩短寿命。因此，热能平衡有重要意义。

1. 热能过多的危害

摄入热量过多，其多余部分在体内转变为脂肪，约 8000 kcal 热能转变为 1 kg 脂肪。脂肪过多导致肥胖，肥胖增加机体负担，妨碍活动，对提高运动成绩不利。过于肥胖者由于肺泡换气不足而发生缺氧，心脏工作负担加重。肥胖还易引发高血压、冠心病、脂肪肝、糖尿病、胆石症、痛风症等疾病。

2. 热能不足的危害

长期摄入热能不足，体内贮存的脂肪和糖原将被动用，甚至体内的重要物质——蛋白质——也被动用分担供能，从而引起饮食性营养不良。热能不足，影响蛋白质的吸收利用，从而加重蛋白质的缺乏，引起蛋白质-热能营养不良。其表现为基础代谢降低、消瘦、贫血、精神萎靡、皮肤干燥、肌肉软弱、脉搏缓慢、体温降低、抵抗力下降、易感染疾病，同时工作效率和健康水平下降。

热能不平衡的主要原因有两方面：饮食与运动。具体到不同的人，其主要原因不尽相同。可能是摄入热能过多或不足，也可能是缺乏运动或运动过度。因此，解决问题一定要根据具体情况，抓矛盾的主要方面。此外，某些疾病也可引起热能失去平衡。

评定热量是否恰当的方法，最简单的是观察一定时期的体重变化，更精确一些可测量皮褶厚度，了解体内脂肪情况。

第三节　蛋白质

一、组成与分类

蛋白质是一种化学结构非常复杂的化合物，主要由碳、氢、氧、氮 4 种元素构成，有的还含硫、磷等元素。蛋白质由许多氨基酸构成。故而，氨基酸是构成蛋白质的基本单位。

食物蛋白质中的氨基酸有 20 多种，其中有一部分在人体内不能合成，或合成量甚微，不能满足需要，但又是维持机体生长发育所必需，这部分氨基酸称为必需氨基酸。对于成年人和儿童，必需氨基酸分别为 8 种和 9 种。其他氨基酸在体内可以合成，不是必须由食物蛋白质供给的，称为非必需氨基酸（见表9-3-1）。

表9-3-1　必需氨基酸与非必需氨基酸

必需氨基酸	非必需氨基酸
异亮氨酸、亮氨酸、赖氨酸、甲硫氨酸、苯丙氨酸、色氨酸、苏氨酸、缬氨酸	甘氨酸、脯氨酸、丙氨酸、羟脯氨酸、谷氨酸、天门冬氨酸、胱氨酸、丝氨酸、酪氨酸、

必需氨基酸与非必需氨基酸都是人体所需要的，各有其生理意义，两者保持适当比例，才能提高利用率。

每一种蛋白质至少由10种氨基酸构成，根据食物蛋白质的氨基酸组成情况，在营养学上将蛋白质分为3类：

（1）完全蛋白质。含必需氨基酸种类齐全，比例适当，不但能够维持成人健康，还能促进儿童生长发育。属这类蛋白质的是奶类、蛋类、肉类、豆类、小麦、大米等中的蛋白质。

（2）半完全蛋白质。含必需氨基酸比例尚齐全，但含量比例不当，可维持生命，但不能促进生长发育。如大麦中的麦胶蛋白。

（3）不完全蛋白质。含必需氨基酸种类不全，不能促进生长发育，也不能维持生命。如玉米、动物结缔组织和肉皮中的蛋白质等。

二、营养功用

1. 构成机体组织

蛋白质是一切细胞和组织结构的重要成分，是生命的物质基础。蛋白质是供给机体生长、更新和修补组织的材料，它占细胞内固体成分的80%以上。

2. 调节生理机能

蛋白质在体内构成许多机能物质，具有多种生理功能，如酶的催化作用、激素的生理调节作用、血红蛋白与肌红蛋白的输氧与贮氧、肌纤蛋白收缩、抗体的免疫、血浆蛋白维持渗透压，以及某些氨基酸是制造能量物质（磷酸肌酸）和神经递质（乙酰胆碱）的重要成分，对肌肉的功能有很大作用。

3. 供给热能

虽然蛋白质的主要功用不是供给热能，但当糖和脂肪供给的热能不足或摄入氨基酸过多，超过体内需要时，蛋白质就供给热能。此外，体内蛋白质更新分解代谢也放出热能。每克蛋白质产热4 kcal。

当蛋白质长期供给不足时，可引起蛋白质缺乏症。一般表现为机能下降，抵抗力降低，应激能力减弱；儿童生长发育迟缓；成年人出现体重下降、肌肉萎缩、贫血，以及心律减慢、血压降低、伤口愈合迟缓等；妇女可发生月经失调；严重者可出现水肿或极度消瘦。

血浆蛋白含量是评定人体蛋白质营养状况的简易指标。血浆蛋白的正常值为：总蛋白质6.8 g/100 mL（正常值为5.8~7.8 g/100 mL），白蛋白4.3 g/100 mL（正常值为3.5~5.6 g/100 mL），球蛋白2.2 g/100 mL（正常值为1.6~3.1 g/100 mL）。蛋白质缺乏时，总蛋白和白蛋白量明显减少，白蛋白与球蛋白比值相应降低（正常值为1.5~2.5）。

三、食物蛋白质的营养价值评定

食物蛋白质的营养价值，取决于含量、成分，以及在体内的消化吸收、利用等情况。可根据以下几方面综合评定。

1. 食物中蛋白质含量

蛋白质在量上对满足人体需要十分重要。不同种类食物蛋白质含量的差异较大。一般来说，大豆含量最高，肉类次之，再次为粮谷类，蔬菜水果最少（见表9-3-2）。

表 9-3-2　部分食物的蛋白质含量（每 100 g）

食物	含量/g	食物	含量/g	食物	含量/g
牛奶	3.3	大米	8.5	马铃薯	1.9
鸡蛋	12.3	小米	9.7	油菜	2.0
猪肉（瘦）	16.7	面粉	9.9	大白菜	1.4
牛肉（瘦）	20.2	玉米	8.6	白薯	2.3
羊肉（瘦）	15.5	大豆	34.2	菠菜	2.0
鱼	12.0~18.0	豆腐干	18.8	花生	26.2

2. 消化率

蛋白质的消化率反映某种食物蛋白质被机体吸收的程度，消化率越高，被吸收越多。蛋白质的消化率可用下式表示：

$$蛋白质消化率=\frac{被吸收的氮量}{食物含氮量}\times 100\%$$

食物品种、烹调加工、消化酶的作用等因素可影响食物蛋白质的消化率。植物蛋白质的消化率（平均为78%）低于动物蛋白质（平均为92%），是由于植物蛋白质被植物纤维包围，妨碍其与消化酶充分接触。有的食物含有妨碍蛋白质消化率的因素，如大豆中的抗胰蛋白酶、蛋清中的抗生物素等，使蛋白质的消化率降低，烹调加工可以去除植物纤维素或使其软化，加热可破坏抗胰蛋白酶等妨碍消化的物质，因而可以提高蛋白质的消化率。如整粒大豆的消化率为60%，加工成豆浆或豆腐后，消化率提高到90%。按一般方法烹调时，肉类的消化率为92%~94%，蛋类为98%，奶类为97%~98%，米饭为82%，面包为79%，马铃薯为74%，玉米面窝头为66%。蒸煮一般对提高消化率较好，过高温的煎炸不仅降低消化率，还破坏氨基酸，降低营养价值。

3. 蛋白质生物价

生物价是评定蛋白质营养价值的主要指标，它表示食物蛋白质在机体内真正被利用的程度。生物价越高，营养价值越高，生物价可用下式表示：

$$蛋白质生物价=\frac{氮在体内储留量}{氮在体内吸收量}\times 100\%$$

蛋白质的生物价取决于其中氨基酸含量的相互比值。因为构成人体各种组织蛋白质的氨基酸有一定比例，从食物中摄取的各种必需氨基酸与此种比例一致，才能被机体充分利用。因此，食物蛋白质所含必需氨基酸的比例越接近人体需要，生物价越高（见表9-3-3）。

表 9-3-3　常用食物蛋白质的生物价

食物	生物价	食物	生物价
鸡蛋	94	小米	57
牛奶	85	玉米	60
猪肉	74	大豆	57
牛肉	76	马铃薯	67
牛肝	77	白薯	72
鱼	76	高粱	56
虾	77	绿豆	58
大米	77	花生	59
面粉	67	白菜	76

蛋白质互补作用：混合食用几种蛋白质时，各种蛋白质所含氨基酸互相配合，取长补短，改善了必需氨基酸含量的比例，从而使混合蛋白质的生物价提高，这种现象称为蛋白质的互补作用。如粮食类蛋白质中赖氨酸较少，限制了其生物价，若与含赖氨酸较多的大豆或肉、蛋类搭配食用，生物价就可提高。再如大豆中蛋氨酸含量较低，而玉米中含量较高，两者互补，生物价也可提高。总之，食物多样化，粗细粮搭配，动植物蛋白合理地分配于各餐，适量食用豆制品，可以较好地发挥蛋白质的互补作用，有利于提高蛋白质的营养价值（见表9-3-4）。

表9-3-4　混合食物蛋白质的生物价

食物	原生物价	混合比例/%	混合后生物价
小麦	67	40	70
玉米	60	40	
大豆	57	20	
小麦	67	67	77
大豆	57	33	
大豆	57	20	73
玉米	60	40	
小米	57	40	
大豆	57	20	75
高粱	56	30	
玉米	50	50	

食物	原生物价	混合比例/%	混合后生物价
大豆	57	70	77
鸡蛋	94	30	
奶粉	85	33	83
面粉	67	67	
小米	57	25	76
面粉	67	75	
牛肉	76	50	89
大豆	57	50	

四、蛋白质的供给量与来源

蛋白质在体内的储存量甚微，营养充分时可储存少量（约1%）。而体内的蛋白质每天有3%要更新，其中一部分来自体内蛋白质分解后重新合成，另一部分则需从食物中摄取。因此，每天必须供给一定量的蛋白质，才能满足机体需要。供给量不足，造成蛋白质缺乏；供给量过高，体内过多的蛋白质被分解成尿素等后排出体外，不仅浪费蛋白质，而且增加肝脏和肾脏的负担，对人体不利。

蛋白质供给量必须满足机体的氮平衡。每日摄入蛋白质的含氮量与机体排出的氮量相等，称为氮的总平衡。摄入量多于排出量，为正氮平衡，反之为负氮平衡。蛋白质含16%的氮，氮与蛋白质的换算系数为6.25。

蛋白质供给量受两方面因素影响：一是人体的生理状况，如生长发育、妊娠、哺乳、伤病康复、重体力劳动等使机体对蛋白质需要量增加；二是蛋白质的质量，摄入蛋白质的生物价较高时需要量较少，反之则需要量较多。

蛋白质的需要量还与热量有关，当热量摄入不足时，机体对蛋白质的需要量增加。

目前，我国膳食蛋白质主要来源为粮谷类蛋白质，动物性蛋白质还较少。粮谷类蛋白质中由于赖氨酸含量较少，营养价值受到限制。为了提高其营养价值，要充分利用蛋白质的互补作用。豆类的蛋白质含量较高，赖氨酸含量也较高，而且较经济，因此是供给蛋白质的良好来源。

五、蛋白质与运动

蛋白质与人体运动能力有密切关系，如肌肉收缩、氧的运输与贮存、各种生理机能的调节等。此外，运动时氨基酸可为肌肉提供5%~15%的能量。

体育运动使体内蛋白质代谢发生变化，而不同性质的运动作用有所差异。耐力性运动使蛋白质分解加强，合成速度减慢，机体氮排出量增加；力量性运动也使蛋白质分解加强，但同时活动肌群蛋白质合成的速度也增加，并大于分解的速度，因而肌肉壮大，以上反应均使机体对蛋白质的需要量增加。运动实验结果表明，运动前后供给蛋白质，对改善肌肉的质量和肌肉力量有良好效果。

若蛋白质摄入不足，不仅影响运动训练效果，而且可引起运动性贫血。但是，摄入蛋白质过多，不仅对肌肉壮大和提高肌肉功能没有良好作用，而且对正常代谢有不良影响。

运动员的蛋白质供给量比一般人高，成年运动员每千克体重为1.8~2.0 g。少年运动员每千克体重为2.0~3.0 g，儿童运动员每千克体重为3.0~3.4 g。运动员的蛋白质供热量可为一日总热量的15%~20%，蛋白质来源中最好有三分之一为优质蛋白质。

第四节　脂　类

一、组成与分类

脂类包括脂肪和类脂质，由碳、氢、氧3种元素组成。有的类脂质还含有磷。脂肪由一个分子甘油和3个分子脂肪酸构成，故称为甘油三酯。类脂质包括磷脂（脑磷脂、卵磷脂等）与固醇（胆固醇等），结构复杂。

脂肪酸的种类很多，按分子结构可分为饱和脂肪酸与不饱和脂肪酸两类。在不饱和脂肪酸中，亚油酸对人体最为重要而又不能在体内合成，必须从食物中摄取，故称为必需脂肪酸。

二、营养功用

（1）供给热能。脂肪是高热能物质，1 g脂肪可供热能9 kcal。沉积在体内的脂肪，是机体的“燃料库”。

（2）构成机体组织。类脂质是构成细胞的基本原料。体内贮存脂肪组织作为填充衬垫，有保护和固定器官的作用。皮下脂肪有保温作用。

（3）供给必需脂肪酸。必需脂肪酸在体内有重要生理功能，是细胞膜和线粒体的成分，是合成某些激素的原料，有促进生长发育的作用。与胆固醇的代谢有关，有助于防治冠心病。

（4）是脂溶性维生素的携带者，并促进维生素吸收利用。有的脂肪含脂溶性维生素，脂肪是膳食中脂溶性维生素的溶剂，脂肪刺激胆汁分泌，有助于脂溶性维生素的吸收利用。

（5）增加食物香味与饱腹感。

三、食用脂肪营养价值的评定

食用脂肪的种类较多，营养价值各异，主要取决于脂肪酸的种类与含量、消化率、维生素含量。

1. 脂肪酸的种类与含量

饱和脂肪酸除由食用脂肪供给外，还可由体内的糖和蛋白质转变，而不饱和脂肪酸，特别是必需脂肪酸，只能从食物中得到。因此，含必需脂肪酸的油脂，营养价值较高。植物油一般含不饱和脂肪酸较多，动物脂肪含饱和脂肪酸较多。饱和脂肪酸与胆固醇形成酯，易在动脉内沉积，引起动脉硬化。常用脂肪的饱和与不饱和脂肪酸含量比例见表9-4-1。

表9-4-1　常用脂肪的脂肪酸含量比例及消化率

脂肪种类	饱和脂肪酸含量/%	不饱和脂肪酸含量/%	亚油酸含量/%	熔点/℃	消化率/%
棉子油	25	75	50		97.2
花生油	20	80	26		98.3
菜油	6	94	22	低于一般室温	99.0
麻油	14	86	42		98.0
豆油	13	87	53		97.5
椰子油	92	8	6	28~33	97.9
奶油	60	40	3.2	28~36	98.0
猪油	42	57	8	36~50	97.0
羊脂	57	43	4	44~55	88.0
牛脂	53	47	2	42~50	87.0

2. 消化率

脂肪的消化率与其熔点有关，含不饱和脂肪酸越多，熔点越低，消化率越高。凡熔点高于人的体温的，消化率就低，如牛脂、羊脂。植物油熔点低于一般室温，消化率高；奶油虽含不饱和脂肪酸不多，但为乳溶性脂肪，消化率也较高（见表9-4-1）。

3. 维生素含量

动物的贮存脂肪中几乎不含维生素，而肝脏的脂肪中维生素A、维生素D含量丰富，奶与蛋黄中也含维生素A、维生素D，植物油中则含有维生素E。

四、脂肪的供给量与来源

膳食中脂肪供给量受饮食习惯、经济条件和气候等的影响，变动范围较大。由于机体的热能主要由糖供给，通过脂肪提供的必需脂肪酸和脂溶性维生素的量也不太多，因此，人体对于脂肪的实际需要量并不高，有人认为每天50 g就能满足。在一般人的膳食中，脂肪的供给量按热量计，可占膳食总热量的22%~25%，必需脂肪酸的热量最好不少丁总热量的2%。儿童及能量消耗多者（如耐力运动员、重体力劳动者脂肪的供热比可为25%~30%），一般成年人为25%左右，不宜超过30%，寒冷环境下脂肪供给量可适当增加。

摄入脂肪中的不饱和脂肪酸和饱和脂肪酸应有一定比例，以（1.25~1.50）：1 为宜，单一食用一种油脂不能达到此比例，可食用混合油脂。

脂肪的来源：除各种食用油脂外，许多食物都含有脂肪。如肥猪肉含脂肪 90.8%，瘦猪肉含 28%，瘦牛肉含 10.3%，鸡肉含 2.5%，鱼肉含 4%左右。坚果中的脂肪含量较高。蘑菇、蛋黄、核桃、大豆，以及动物的脑、心、肝、肾等含有丰富的磷脂。家畜等的心、肝、肾及海鱼等水产物，含不饱和脂肪酸较多。

膳食中脂肪过多对人体有害，常是高脂血症、冠心病、高血压、胆石症等的主要原因，并与某些癌症的发生有关。

五、脂肪与运动

脂肪是长时间运动时的主要能源，但必须在氧充足的情况下，一般是在运动强度小于最大耗氧量的 55%时，脂肪酸才能氧化供能。脂肪供能耗氧较多，在氧不充分时代谢不完全，不仅不能被充分利用，而且其代谢的中间产物——酮体——增加，使体内酸性增高，对身体机能和运动能力有不良影响。实验结果证明，在同一运动负荷下，高脂肪膳食使氧消耗增加 10%~20%。高脂肪膳食后，可引起食饵性高脂血症，血液黏性增加，使毛细血管内血液流动缓慢，红细胞的气体交换功能减弱，从而降低耐久力。所以，运动员膳食中脂肪不宜过多。

有氧运动可使体内甘油三酯和低密度脂蛋白胆固醇减少，而高密度脂蛋白胆固醇增高，这对防治动脉硬化及冠心病有良好作用。此外，有氧运动促使脂肪组织中的脂肪酸游离出来参与供能，以及运动造成的机体热量负平衡，都有助于减少体内脂肪。

训练水平与氧化脂肪的能力有关，通过耐力训练，可以改善体内脂肪代谢酶的活性，从而可提高氧化脂肪的能力。

第五节　糖（碳水化合物）

一、组成与分类

糖由碳、氢、氧 3 种元素组成，就其分子结构的简繁分为单糖（包括葡萄糖、半乳糖、果糖）、双糖（包括蔗糖、麦芽糖、乳糖）与多糖（包括淀粉、糖原、纤维素与果胶）。

以上各种糖除纤维素与果胶外，都可在消化道内分解成单糖而被机体吸收，吸收后的功用基本相同，只是消化吸收的速度不同，单糖吸收较快，多糖较慢。各种单糖的吸收速度不同，如以葡萄糖为 100，则半乳糖为 110，果糖为 43。

各种糖的甜度也不一样，如以蔗糖为 1，则果糖为 1.75，葡萄糖为 0.75，半乳糖为 0.33，麦芽糖为 0.33，乳糖为 0.16，淀粉的甜度最低。

二、营养功用

（1）供给热能。糖是人体最主要的热源物质，1 g糖可供热能4 kcal。它在供给热能上有许多优点：比脂肪和蛋白质易消化吸收，产热快；耗氧少（氧化1 g糖耗氧0.83 L，1 g脂肪和蛋白质耗氧各为2.03 L和0.97 L），这对运动有利；在无氧情况下也能分解产热，这对于进行大强度运动有特殊意义。

（2）维持中枢神经机能。糖是大脑的主要能源。脑组织中无能量储备，全靠血糖供给能量，每天需要100~120 g葡萄糖。血糖水平正常才能保证大脑的功能正常。血糖降低，脑的功能即受影响，可引起低血糖症。

（3）抗生酮作用，维持脂肪正常代谢。脂肪在体内分解代谢的中间产物——酮体，必须与葡萄糖在体内的代谢产物草酰乙酸结合，才能继续氧化。缺乏糖，脂肪代谢不完全，体内酮体堆积，增加体内酸性，影响正常生理功能。

（4）促进蛋白质的吸收利用。糖与蛋白质一起摄入时，糖可增加体内腺苷三磷酸（ATP）形成，有利于氨基酸的活化与蛋白质合成，使氮在体内的贮量增加。

（5）保护肝脏。糖可增加肝糖原的贮存，保护肝脏少受某些有害物质（如酒精、细菌、毒素等）的损害。

（6）构成机体的一些重要物质。如细胞膜、结缔组织、神经组织等，都有糖参与构成。

三、供给量与来源

糖的供给量依饮食习惯、生活水平和劳动性质等因素而定，我国目前一般人糖供给量以占总热能的50%~70%为宜。

糖在自然界中分布很广，主要存在于植物性食物中，粮食和根茎类食物含量很丰富。动物性食物中只有肝脏含有糖原，乳中含有乳糖，但不多，其他食物含糖量更微。

机体内储备的糖（包括肝糖原、肌糖原、血糖等）约400 g，进入体内多余的糖则转化为脂肪，体内糖原可由蛋白质和脂肪异生，一般情况下不会缺乏。

糖的种类很多，应以淀粉为主要来源，因淀粉不仅价廉和来源广，而且有生理效应的优点：人体对淀粉的适应性较好，可较大量和长期食用而无不适反应；消化吸收较慢，可使血糖维持在较稳定的水平；淀粉含在粮谷、薯类等食物中，摄入时可同时获得其他营养。而其他简单糖类，只能在某些情况下适当食用，且不宜摄入过多。蔗糖是最普通的食用糖，研究结果表明，摄入蔗糖过多对身体有许多危害，其与肥胖症、糖尿病、心血管疾病、龋齿、近视等疾病的发生有关。实验结果证明，蔗糖比淀粉容易促发高脂血症。

果糖是水果和蜂蜜中的天然单糖，蜂蜜果糖含量达40%。果糖在人体内的胰岛素效应比葡萄糖小，血糖相对较稳定。果糖作为肌肉运动的能源不如葡萄糖及时，但对运动后恢复糖原贮备较为有利。

低聚糖是一种人工合成糖，分子量较葡萄糖大，渗透压低，甜味低，吸收快。目前是临床营养与运动营养中的特殊糖类。

四、糖与运动

糖在能量代谢中十分重要，对人体运动能力有很大影响，因此，如何利用糖来提高运动成绩，国内外已进行了不少研究。

糖是运动中的重要能源。运动时肌肉的摄糖量可为安静时的20倍以上。运动使体内的糖大量消耗。体内糖原贮量与运动能力成正比关系。糖原贮备减少，不仅使机体耐久力下降，而且也使高强度运动时的最大吸氧量降低。在运动前和运动中合理地补充糖，可以减少糖原消耗，提高血糖水平，有利于提高运动能力。但不同种类糖的功效有所不同，如葡萄糖、蔗糖较易引起胰岛素反应，而果糖的此种反应较小。我国的研究结果表明，低聚糖对增加糖原贮备、维持血糖、减少胰岛素反应、提高运动能力等有良好作用。运动后补充糖可促进糖原贮备的恢复。据研究，运动后即刻摄入果糖对肝糖原的效果较好，葡萄糖与蔗糖可使肌糖原贮备在24 h后保持较高水平。

第六节　维生素

维生素是维护身体健康，促进生长发育和调节生理机能所必需的一类有机化合物。其种类较多，化学性质不同，生理功能各异。基本不参与构成组织，也不供给能量，但却对体内生物氧化等代谢过程有重要作用，能促进人体生化反应，调节人体代谢功能。

人体所需的维生素有10多种，按其溶解性质分为脂溶性与水溶性两大类。脂溶性维生素主要有维生素A、维生素D、维生素E、维生素K；水溶性维生素主要有维生素B_1、维生素B_2、维生素B_3、维生素B_6、维生素B_{12}及维生素C等。

维生素大多不能在体内合成或合成量甚微，在体内的储存量很少，因此，必须经常从食物中摄取。各种食物所含维生素的种类和数量差异很大，而且有些维生素的性质很不稳定，容易在食物加工和烹调过程中受到破坏，因此，合理地选择食物，正确地加工烹调，对保证人体获得必要的维生素是很重要的。若摄入维生素不足，体内含量就会减少，从而影响正常代谢和生理机能，严重的可引发维生素缺乏症。

维生素除有重要营养作用外，还具有一定的药理作用，在临床上广泛应用于预防某些疾病。

维生素对于运动员十分重要，它不仅是保证身体健康所必需的，而且有的维生素直接影响人体的运动能力。研究结果证明，体内维生素缺乏或不足，运动能力会降低。体内较高的维生素饱和量与较高的运动能力有密切关系。但是，在机体维生素已充足的情况下再给予超量补充，对运动能力的提高有何影响，目前尚无定论。

摄入维生素必须适量，少了引起缺乏症，多了对机体不仅无益，甚至有害。如维生素A、维生素D摄入过多，可蓄积于体内而致中毒，过量的维生素B_1和维生素C可引起代谢紊乱和产生对其他维生素的拮抗作用，导致不良反应。人体主要通过食物摄取维生素，不会造成过量。在食物供给充分的情况下，一般不必另外补充维生素制剂。

现将膳食中较易缺乏或与运动能力关系较密切的几种维生素分述如下。

一、维生素A

1. 性　质

维生素A易受氧化、强光、紫外线破坏，烹调对其影响不大。

天然维生素A只存于动物性食物中；植物性食物中含有一种可在体内转变成维生素A的物质——胡萝卜素，其吸收率与生理功效较低，各为维生素A的三分之一与二分之一。

2. 营养功用

（1）维生素A是一般细胞代谢和结构的重要成分，有促进生长发育的作用。缺乏可导致发育不良。

（2）维生素A是眼内感光物质——视紫红质——的主要成分，有维持弱光下视力的作用。缺乏则使暗适应能力降低，导致夜盲症。

（3）维护上皮组织的健康，增强抵抗力。缺乏可使细胞角化增生，对每个器官都有影响，使其机能发生障碍，抵抗力降低，以眼睛、皮肤、呼吸道、泌尿道最显著。常见征象为皮肤干燥、脱屑、毛囊角化。儿童则多发生眼干燥症，严重者可致失明。

3. 供给量与来源

一般成年人及儿童每天维生素A的供给量为0.6 mg，或胡萝卜素4 mg（按维生素A的三分之一吸收率与二分之一生理功效计算）。视力要求较高、夜间及弱光下工作、皮肤黏膜经常受刺激者（如射击、摩托及游泳运动员等）的需要量较高。

维生素A在动物肝脏与蛋黄中含量较多；在植物性食物中，红黄色及绿色蔬菜、水果中含胡萝卜素较多。

摄入维生素A过量，可发生中毒。急性表现为恶心、呕吐、嗜睡。慢性表现为食欲不振、毛发脱落、头痛、耳鸣、复视等。

二、维生素D

1. 性　质

维生素D性质较稳定，耐高温和抗氧化，但不耐酸、碱，受烹调的影响较小，但脂肪酸败可使其受破坏。

维生素D存在于某些动物性食物中，在人体皮下有7-脱氢胆固醇，经紫外线照射可变成维生素D。

2. 营养功用

维生素D促进钙和磷的吸收利用，对骨骼及牙齿的钙化过程起重要作用，保证其正常发育。儿童缺乏可使骨骼和牙齿的生长发育产生障碍，发生佝偻病；成人缺乏可使骨骼脱钙而致骨质疏松或软骨病。

3. 供给量与来源

儿童每天维生素D的供给量为10 μg，成人每天维生素D的供给量为5 μg。经常受日光照射，体内合成维生素D的量能满足需要，只有特殊情况者（如夜班工作、白天室内工作缺乏户外活动者）才需补充。

维生素D在食物中分布不广，含量较多的食物有鱼肝油、肝、蛋黄、沙丁鱼等。

儿童长期服用维生素 D 每日超过 1 mg 可致中毒，表现为厌食、便秘、呕吐、头痛、烦渴、多尿、肌张力下降、心率快而失常等，甚至可引起软组织钙化。

三、维生素 E（生育酚）

1. 性 质

维生素 E 易受氧破坏，对酸和热稳定。油脂酸败易使其受破坏。

2. 营养功用

（1）抗氧化作用。维生素 E 在体内防止细胞膜的不饱和脂肪酸被氧化破坏，保护细胞，从而与发育、防衰老有密切关系。

（2）促进毛细血管增生，改善微循环，有利于防止动脉硬化及冠心病等。

（3）维护骨骼肌、平滑肌、心肌的功能，缺乏可引起肌肉营养不良，功能下降。

（4）促进新陈代谢，使氧的利用率增加，增强机体耐力。

（5）抗溶血性贫血。缺乏时细胞膜溶解，红细胞寿命缩短。

（6）与生殖功能有关，可防治流产。

用维生素 E 提高运动成绩曾风行一时，但进一步的研究尚未得出结论。

3. 供给量与来源

一般人每日维生素 E 供给量为 10～12 mg。用于特殊保健和治疗时，每日不应超过 300 mg。

维生素 E 在食物中分布较广，不易缺乏。植物性油脂中维生素 E 的含量最为丰富，如在小麦胚油中为 1000～3000 μg/g，棉籽油为 600～900 μg/g，花生油为 260～360 μg/g，大豆油为 100～400 μg/g。

四、维生素 B_1（硫胺素）

1. 性 质

维生素 B_1 易受碱破坏，对酸稳定。一般烹调对其影响不大，但在高压锅中易被破坏。

2. 营养功用

（1）辅助体内糖代谢。维生素 B_1 是糖代谢中辅羧酶的重要成分，若缺乏，糖代谢至丙酮酸阶段就不能进一步氧化，从而使代谢发生障碍，造成丙酮酸在体内堆积，降低能量供应，影响正常生理功能。

（2）促进能量代谢。维生素 B_1 一方面促进糖原在肝脏和肌肉中蓄积，另一方面在需要时又能加速糖原和磷酸肌酸的分解，释放能量，有利于肌肉活动。

（3）维护神经系统的机能。神经系统主要从葡萄糖获得能量，维生素 B_1 缺乏则使糖代谢障碍，造成神经系统能源不足。同时，由于丙酮酸等中间代谢产物堆积，引起神经功能下降。此外，糖代谢障碍可影响脂肪代谢，进而引起细胞膜的性状改变，导致神经系统病变。缺乏维生素 B_1 的主要征象有失眠、健忘、感觉异常、肌力下降、肌肉酸痛、消化不良、便秘、心悸、胸闷和下肢水肿等。典型的维生素 B_1 缺乏症称为脚气病。

（4）促进胃肠功能。维生素 B_1 可保护神经递质——乙酰胆碱——免受破坏，并促进其合成，有利于胃肠蠕动和消化腺分泌。

维生素 B_1 常用于治疗神经系统损伤或疾病、心肌炎和消化机能减弱。运动员可用于提高运动能力和防治过度疲劳。

3. 供给量与来源

供给量与糖摄入量有关，并与热量消耗成正比，我国规定每 1000 kcal 热量需要维生素 B_1 0.5 mg。一般成年人维生素 B_1 供给量为 1.2~2.0 mg/d。高度脑力劳动、高温、缺氧及摄入糖多者，需要量增加。运动员的需要量也较高，以耐力项目尤甚。

维生素 B_1 的主要来源为粮食，多含在胚芽和外皮部分，故加工越精，损失越多。也存在于豆类、花生、瘦猪肉、肝、肾、心等物质中。

因维生素 B_1 溶于水，还易受某些因素破坏，故需注意烹调方法，以减少损失。

过多的维生素 B_1 不能在体内储存，多余的从尿中排出。长期过量摄入维生素 B_1 也可引起身体不良反应。

五、维生素 B_2（核黄素）

1. 性　质

维生素 B_2 耐热、对酸及氧化稳定，易被日光和碱破坏。

2. 营养功用

（1）构成黄酶类辅基，在体内物质代谢中传递氢，是生物氧化过程中不可缺少的重要物质。它保证代谢正常进行，促进生长，维护皮肤和黏膜的完整性。缺乏则发生细胞代谢障碍，可引起多种病变，如唇炎、口角炎、眼睑炎、角膜血管增生、视力疲劳等，常见的是脂溢性皮炎和阴囊炎。

（2）参与体内蛋白质合成代谢。缺乏时，肝脏、血浆中蛋白质含量降低，肌肉蛋白质合成率降低，所以维生素 B_2 对肌肉发育有特殊意义。

3. 供给量与来源

维生素 B_2 供给量也与能量代谢成正比。我国规定每 1000 kcal 能量需维生素 B_2 0.5 mg，一般成人为 1.2~2.0 mg/d，也有人认为维生素 B_2 需要量与蛋白质摄入量有关，每 100 g 蛋白质需要维生素 B_2 0.025 mg。力量与耐力项目运动员需要量较高。

六、维生素 B_3（烟酸）

1. 性　质

维生素 B_3 性质较稳定，能耐光和热，不易被酸碱破坏，一般烹调时对其影响较小。

2. 营养功用

（1）维生素 B_3 在体内构成脱氢辅酶，参与糖、脂肪和蛋白质的代谢，在生物氧化过程中起递氢作用，维护神经系统、皮肤和消化系统的正常功能。缺乏维生素 B_3 时发生糙皮病。主要病变为皮炎、肠炎、神经炎，症状有全身无力、烦躁失眠、感觉异常、眩晕、裸露部位的对称性皮炎、舌炎、消化不良、腹泻等。

（2）可扩张末梢血管和降低血清胆固醇水平。临床上可用于治疗周围血管病、偏头痛、高胆固醇血脂症、缺血性心脏病等。但过量可引起肝损害、消化性溃疡等。

3. 供给量与来源

维生素 B_3 供给量与热能成正比，成年人每 1000 kcal 热量需 5 mg，儿童少年每 1000 kcal 热量需 6 mg 维生素 B_3。一般成年人每日的维生素 B_2 供给量为 12～20 mg。在缺氧条件下活动（如登山、飞行、潜水）者及运动员，供给量应增加。

维生素 B_3 在食物中分布较广，但多数含量不高。动物肝脏、瘦肉、豆类、花生、全谷中含量较多。

七、维生素 C（抗坏血酸）

1. 性　质

维生素 C 性质不稳定，易受碱和热破坏，极易氧化分解，光以及铜、铁等金属可促使其破坏。烹调中损失较大。在酸性溶液中较稳定。

2. 营养功用

（1）促进生物氧化。维生素 C 是活性很强的还原物质，并可进行可逆的氧化还原反应，在体内形成一种氧化还原系统，起递氢作用，提高生物氧化过程，促进物质代谢，增加大脑中氧的含量，激发大脑对氧的利用，从而能减轻疲劳和提高机体工作能力，这对运动员有特殊意义。

（2）参与组织胶原的形成，保持细胞间质的完整，维护结缔组织、骨骼、牙齿、毛细血管等的正常结构与功能，促进创伤与骨折愈合。缺乏时，胶原合成障碍、发生坏血病。主要症状为毛细血管壁脆性增加、易出血、牙龈萎缩和骨骼发育不正常等。

（3）促进抗体生成和白细胞的噬菌能力，抑制细菌毒素的毒性，从而增强机体抗感染的能力。

（4）促进造血机能。帮助食物中铁的吸收和叶酸的利用，缺乏可引起造血机能障碍。

（5）增强机体的应激能力。维生素 C 在体内可促进类固醇转变为肾上腺皮质激素，因而提高机体对缺氧、寒冷和高温等的应激能力。

（6）提高腺苷三磷酸（ATP）酶的活性。

（7）参与解毒。维生素 C 在体内可保护某些酶免受毒物的破坏，从而起到解毒作用。

（8）抗癌。维生素 C 能阻断致癌物亚硝胺的生成，能合成透明质酸酶抑制物，从而阻止癌细胞扩散。

（9）防止动脉粥样硬化。维生素 C 可促进体内胆固醇排泄，防止胆固醇在动脉内壁沉积。

此外，有实验报道，维生素 C 可加速肌肉中磷酸肌酸（CP）与糖原的合成，促进乳酸的消除，减少运动时的“氧债”，缩短恢复时间，故有提高运动能力、减轻疲劳的作用，对运动员十分重要。

3. 供给量与来源

各国供给量的差异较大，我国规定维生素 C 供给量一般成年人每日 60 mg。国外有人提出每 1000 kcal 热量供给 30 mg 维生素 C。受伤后或患病时，或处于各种应激状态时（如高温、缺氧、寒冷、有毒等环境），需要量较高，运动员的供给量一般为每日 100～

150 mg。

维生素C主要存在于植物性食物中，分布很广，几乎所有蔬菜和水果都含有，辣椒、芥蓝、菜花、雪里蕻、刺梨、酸枣、红果等含量较丰富。

维生素C易受储存和烹调破坏，所以蔬菜、水果应尽可能保持新鲜，最好生食。

第七节　矿物质（无机盐）

人体内所含矿物质元素的种类很多，总量约占体重的5%。其中含量较多的有钙、磷、钾、钠、氯、硫、镁7种，称为常量元素。含量较少的铁、碘、氟、硒、锌、铜等，称为微量元素。

矿物质对人体十分重要，各种元素都有独特的功能，总体可概括为：参与构成机体组织，调节生理机能，维持正常代谢。

人体在物质代谢中每天都有一定量的矿物质排出体外，必须从食物中得到补充，以保持体内的动态平衡。若不能得到满足，体内的代谢和生理机能就会受影响，甚至发生疾病。但摄入过多也对人体有害，因此必须适量。

人体所需的各种矿物质，多数在正常膳食下都能得到满足，但有的容易缺乏，有的微量元素受地质化学状况的影响，还会发生地区性的缺乏。下面将介绍营养中较易缺乏或对运动员有特殊意义的几种矿物质。

一、钙

成年人体内含钙约1200 g，其中95%存在于骨骼与牙齿，其余在体液和软组织中。血清钙浓度为9~11 mg/100 mL，有重要生理作用。成年人骨骼中每天有700 mg钙要进行更新，年龄越小，更新速度越快。因此，钙是较易缺乏的一种矿物质。

1. 营养功用

（1）构成骨骼及牙齿。若缺乏，骨骼和牙齿的生长发育和维持正常状态都会受到影响，儿童发生佝偻病，成年人发生骨软化症，老年人患骨质疏松。

（2）维持神经肌肉的正常兴奋性与心跳节律。缺乏时，神经肌肉的应激性增高，肌肉容易痉挛。

（3）参与凝血过程，有激活凝血酶的作用。

2. 供给量与来源

成年人的供给量为每天0.6 g，儿童少年、孕妇和老年人的供给量应较高。大量出汗使体内钙的排出增加，故运动员的供给量也较高，每天为0.8~1.5 g。

含钙较多的食物有虾皮、海带、豆类，以及芥菜、油菜、雪里蕻等绿色蔬菜。

食物中钙的吸收利用受一些因素的影响。如蔬菜中的草酸，谷类中的植酸，过多的脂肪都能与钙生成不溶性钙盐而影响钙的吸收。而维生素D和蛋白质则可促进钙的吸收利用。

二、磷

1. 营养功用

（1）构成骨骼与牙齿。磷与钙结合成磷酸钙，是骨骼和牙齿的主要成分。

(2) 参与物质能量代谢。磷是体内许多酶的重要成分，糖和脂肪的代谢都需磷的化合物参与，腺苷三磷酸和磷酸肌酸是肌肉收缩的能源物质。机体的能量消耗愈大，磷的消耗量愈多。

(3) 磷与脂肪等合成磷脂，是神经组织和细胞膜的重要成分。

(4) 维持血液的酸碱平衡。磷在血中以酸式磷酸盐与碱式磷酸盐的形式存在，是重要的缓冲系统。

由于磷与能量代谢和神经肌肉的活动有密切关系，因而在运动员营养中有重要意义。

2. 供给量与来源

一般国家都没有明确规定磷的供给量。因为磷广泛存在于各类动物性和植物性食物中，只要膳食中蛋白质与钙充分，磷也能满足需要。运动员的供给量应较高，特别是耐力及力量性项目运动员，每日供给量为 2.0~2.5 g，特殊情况下可增加到 3.0~4.5 g。

三、钾

1. 营养功用

(1) 调节细胞内外的水平衡。体内的钾 98% 在细胞内，是细胞内液中主要的阳离子，它与细胞外的钠相互作用，维持渗透压。

(2) 参与能量代谢。钾与糖原合成有关，可促进乳酸盐和丙酮酸盐合成糖原。合成 1 g 糖原需要 0.15 毫克当量钾离子（1 毫克当量=0.039 g）。

(3) 与蛋白质合成有关。细胞内合成蛋白质需要钾（1 克蛋白质含 0.45 毫克当量钾），钾还促进肌凝蛋白质合成，缺钾可影响机体对蛋白质的利用。

(4) 维持神经肌肉的应激性和心脏的正常跳动。缺钾时神经传导减弱，反应迟钝。血清钾浓度改变可引起心律失常。

摄入量低、吸收障碍、排泄增加（利尿剂）、创伤、饥饿、脱水等因素可造成低血钾。

2. 供给量与来源

因钾广泛存在于各种食物中，一般不致缺乏，故对供给量无严格要求。一般认为成年人每天为 2~4 g，儿童每公斤体重 0.05 g。运动员因出汗失钾较多，运动后恢复中蛋白质与糖原的合成均需要钾，故供给量应较高，可为 4~6 g。运动员从汗中失钾较多，若摄入不足可引起慢性缺钾，影响运动能力。

钾的主要来源是蔬菜、水果，水果中的钾较易吸收。

四、钠与氯

1. 营养功用

(1) 钠是细胞外液中的主要阳离子，氯是细胞外液中的主要负离子，有维持体内水平衡、渗透压与酸碱平衡的作用。

(2) 钠能提高神经肌肉兴奋性，缺钠时可出现肌肉无力、易疲劳、食欲不振、心率加快等症状。

(3) 氯是胃酸的主要成分，能激活唾液淀粉酶，有利于消化。

（4）氯化钠有调味作用。

2. 供给量与来源

一般膳食中的钠含量多超过人体正常需要量。摄入钠过多对人体有害，可引起高血压和眼底视网膜病变。世界卫生组织与我国的调查均表明，氯化钠的摄入量与高血压病发生率呈正相关。

氯化钠（食盐）是人体获得氯与钠的主要来源。一般成年人每天摄入量不应超过10 g。在天热、运动等大量出汗的情况下，机体从汗中失钠较多，需要额外补充。补充盐水以0. 3%的浓度为宜。排汗1 L，约补氯化钠3 g。在大量出汗后，若大量补充水而不补充钠，可引起低血钠症，对人体机能有不良影响。

五、镁

镁是常量元素中体内含量和需要量最少的，一般不会缺乏，但对运动员有特殊意义。

1. 营养功用

（1）维持神经肌肉的正常兴奋性。血清镁浓度降低时，可出现易激动、神经肌肉兴奋性极度增强、易痉挛，幼儿可发生惊厥。

（2）镁是体内磷酸化与某些酶的激活剂，对能量代谢、蛋白质合成及细胞生长均有重要作用。

（3）保护心脏、预防高胆固醇饮食引起的冠状动脉硬化。缺镁易发生血管硬化、心肌损害。

2. 供给量与来源

成年人每1000 kcal热量供给120 mg镁，一般男子镁的供给量约为350 mg/d，女子镁的供给量为300 mg/d。

运动员汗中失镁较多，或用利尿剂者从尿中失镁较多时，镁的供给量应增加。

植物性食物含镁较高，如粗粮、豆类和蔬菜等都含量甚丰。

六、铁

铁是世界性缺乏率较高的营养素之一，运动员中缺铁的发生率也较高，对人体机能和健康有较大影响，故十分重要。

1. 营养功用

（1）铁是构成血红蛋白的主要原料。

（2）铁是细胞色素酶、过氧化酶及肌红蛋白的组成成分，在组织呼吸、生物氧化过程中起十分重要的作用。

缺铁对机体的危害：一是由于血红蛋白含量减少，向组织输氧能力下降；二是体内含铁酶减少，酶的活性降低。严重者发生缺铁性贫血，其主要症状有乏力、面色苍白、头晕、心悸、指甲脆薄等。运动员血红蛋白减少可使耐力降低，成绩下降，运动后恢复时间延长。增加运动员血红蛋白含量有利于提高运动成绩。血红蛋白含量是评定铁营养状况的常用指标，定期检查，可做到早期发现，及时治疗。

2. 供给量与来源

铁的供给量受食物中铁吸收率的影响。铁的吸收率较低，植物性食物中多为三价铁，吸收率多在10%以下，如大米为1%，小麦为5%，大豆为7%。动物性食物的铁为血色素铁，吸收率比植物性食物高，瘦肉和肝脏中铁的吸收率最高，为22%，鱼为11%，蛋仅3%。

目前，我国规定铁的供给量为成年男子每日15 mg，妇女每日18 mg。运动员供给量较高，为每日25 mg。缺氧、创伤等情况下，供给量也应增加。

肝脏含铁最多，吸收率最高，瘦肉、蛋类、豆类、绿色蔬菜含铁也较多。

铁的吸收率受一些因素影响，充足的维生素C和蛋白质可促进铁的吸收。茶叶中的鞣酸可与铁结合，妨碍铁的吸收，膳食中脂肪过多也妨碍铁的吸收。

必要时可通过铁强化食物和铁制剂补充铁，但必须慎重，因为过量的铁在体内积蓄对身体有害。

七、锌

1. 营养功用

（1）锌是体内许多种酶的组成部分，在组织呼吸和蛋白质、脂肪、糖、核酸等代谢中有重要作用。

（2）锌是调节脱氧核糖核酸（DNA）聚合酶的必需成分，对蛋白质合成与机体生长发育有重要影响。缺锌时发育迟缓，组织愈合困难。

（3）参与唾液蛋白的合成。缺锌可导致味觉迟钝，食欲减退。

（4）促进性器官正常发育和维持正常机能。

（5）保护皮肤健康，缺锌可发生皮肤粗糙、角化增生等现象。

运动员缺锌可使机能降低，运动成绩下降。

轻度缺锌较为常见，可从毛发含锌量评定锌的营养状况。

2. 供给量与来源

成年人锌每日供给量为15~20 mg。锌的来源以植物性食物为主时，供给量应提高（因植物性食物中锌吸收率低）。

含锌较多的食物为牡蛎、肝脏、整谷、干豆、蛋、肉、鱼。牛奶中锌含量不高，粮食加工后，锌损失较多。

可通过锌强化食物和锌制剂补充锌，但须慎重，因过量摄入对人体有害。

八、其　他

碘的功用是构成甲状腺素，缺乏可引起甲状腺代偿性增大。碘在海带、紫菜等海产食物中含量较多。世界卫生组织规定的一日供给量为：成年男子140 μg，成年女子100 μg。

氟是骨骼和牙齿中的重要成分，可维持牙釉完整。适量的氟可防龋齿，而缺乏或过多都对人体有害。缺乏易生龋齿，过多则引起斑牙病。氟主要含在水中，与地质化学成分有关。茶叶含氟量较高。

硒在人体内起抗氧化的作用，与维生素E功能相似，可防止过氧化作用对细胞的危害，有抗衰老、保护心脏、促进生长发育、增强抵抗力等功用。成年人一天硒的供给量为50 μg。海产品、肉、大米、大豆含硒较多。

碘、氟、硒在正常膳食中不会缺乏，但由于它们在地理上分布不均匀，一些地区土壤中的某种元素含量较低，水和食物的含量也因此较低，可造成地区性的缺乏。

第八节　水

一、营养功用

（1）机体的重要成分。水占成人体重的 60%~70%，所有组织都含有水，如血液含水 90%，肌肉含水 70%，骨骼含水 22%。

（2）参与物质代谢过程。水是良好的溶剂，食物的消化、吸收，生物氧化以及排泄，都需要水。

（3）调节体温。水的比热容大，在体内使体温易保持稳定。此外，水的蒸发散热（排汗），是调节体温的一种重要方式，蒸发 1 g 水可散热 0. 54 kcal。

（4）运输体内物质。水的流动性大，在体内形成体液循环，运输物质。

（5）保持腺体正常分泌。各种腺体分泌物均是液体。

二、需要量与来源

水是机体的重要内环境，必须保持稳定，才利于物质代谢的进行和维持正常机能。在正常情况下，体内水分的出入量是平衡的。体内不储存多余的水分，也不能缺水。多余的水分即排出体外，缺水若不及时补充，就会影响机体机能。摄入水分不足或排出水分过多（如出汗、腹泻等）时，可使机体失水。失水影响生理机能（见表 9-8-1）。

表 9-8-1　失水对生理机能的影响

失水程度（占体重百分比）/%	机能影响
2	强烈口渴，不适感，食欲下降，尿少
4	不适感加重，运动能力下降 20%~30%
6	全身乏力，无尿
>8	烦躁，体温和脉搏增高，血压下降，循环衰竭以致死亡

研究结果表明，脱水对短时间力量运动项目如举重的运动能力无明显影响，但对亚极限运动和耐力项目有严重影响。

人体的需水量取决于排出水量。每日摄入的水量应与机体经过各种途径排出的水量保持动态平衡。一般每天由尿中排出的代谢废物和电解质的总量约为 40~50 g，肾脏为排出这些代谢废物至少需排尿 1500 mL。这是成年人一般情况下每天对水的最低生活需要量，为安全计以每日每千克体重供水 40 mL 为宜。高温、运动等出汗多时，供水量应相应增加。供水是否满足需要，可由体重、尿量和尿比重等判断。

水的来源包括直接饮入的液体、食物中含有的水分，以及蛋白质、脂肪和糖在体内代谢产生的水分（见表 9-8-2）。

表 9-8-2　成年人一日的水平衡

摄入方式	摄入量/mL	排出途径	排出量/mL
饮水或饮料	1200	肾脏（尿液）	1500
食物中所含水分	1000	皮肤（蒸发）	500
生物氧化产生的代谢水	300	肺部（呼气）	350
		大肠（粪便）	150
总量	2500		2500

第九节　食物纤维

一、概念与分类

食物纤维是指在人肠道内能耐受消化酶作用，但可被细菌酶分解的植物性物质。

食物纤维是一种大分子的多糖，可分为非溶性和可溶性两大类。非溶性食物纤维，是植物细胞壁的组成成分，主要有纤维素、半纤维素和木质素，来源于谷类和豆类种子的外皮，以及植物的茎和叶。可溶性纤维素存在于细胞间质，主要有果胶、藻胶和豆胶等。果胶来源于水果，藻胶来源于海藻，豆胶来源于豆类种子。

二、营养功用

（1）促进肠道蠕动，预防便秘。

（2）稀释致癌物质，减少致癌物质与肠壁的接触，有防癌作用。

（3）果胶与豆胶有降脂作用，可降低胆汁和血清中的胆固醇浓度，有防治胆石症和高胆固醇血症的作用。

（4）防止热量摄入超标，有利于减肥和控制体重。

三、供给量与来源

成人食物纤维的供给量为每天 4～12 g。适量选用粗杂粮和蔬菜、水果，不吃过分精制食物，一般均能满足。含食物纤维较多的食物有麦麸、米糠、鲜豆荚、嫩玉米、草莓、菠萝、花生、核桃等。蔬菜生食可增加食物纤维量。

食物纤维摄入过多，可影响钙、镁、锌等矿物质的吸收，这也应当注意。

第十章　医疗体育

章节导读

微信扫码
精讲视频
配套题库

2020年9月22日，习近平总书记在教育文化卫生体育领域专家代表座谈会上指出："体育是提高人民健康水平的重要途径，是满足人民群众对美好生活向往、促进人的全面发展的重要手段，是促进经济社会发展的重要动力，是展示国家文化软实力的重要平台。"医疗体育，又称"康复体育"，是运动医学的一部分，作为一种独特的康复与保健手段，日益受到人们的关注和重视。医疗体育的方法手段很多，基本上可归为医疗体操、医疗运动两类。医疗体育有相对应的实施原则及运动处方，像脊柱畸形这种常见的疾患可以用医疗体操来治疗。因此，医疗体育是越来越受人们关注和重视的一种锻炼手段，体现了体育活动具有医疗的性质，也是增强学生体质、提升生活质量的必要途径。

第一节　医疗体育概述

医疗体育简称体疗，是根据疾病特点采取体育手段或机体功能练习方法，以达到疾病预防、治疗、康复的一门应用性学科。

一、医疗体育特点

体疗与其他医疗方法比较，其特点是：

（1）体疗是一种主动疗法。进行体疗要求患者主动参加治疗过程，通过锻炼治疗自己的疾病，这样就有利于调动病人治病的积极性，促进机体康复。

（2）体疗是一种全身疗法。它除对局部器官起到锻炼作用外，通过神经、神经反射机制可改善全身机能，增强体质，提高抵抗力。

（3）体疗是一种自然疗法。它利用人类固有的自然运动作为治疗手段，不受时间、地点、设备等条件的限制，正确进行活动时，也不会产生副作用。

二、医疗体育的生理作用

体疗作用于病人机体，在全身治疗的基础上，各种不同的专门练习对个别器官、系统，以及创伤和病变局部起着相应的治疗作用。其主要生理机制如下：

1. 提高中枢神经系统的调节机能

高级神经中枢（大脑皮层）对全身的生理活动起着调节作用，但它又依靠接受周围各系统、器官的刺激冲动来维持正常机能。当人体患病或受伤后，被迫采取静养或长期卧床休息时，由于缺乏运动，运动器官及其他分析器传到大脑皮质的刺激冲动显著减弱，于是中枢神经系统，特别是大脑皮质的兴奋性明显减低，因而减弱了对全身器官系统的调节，造成机体内部以及机体与外界环境的平衡失调。针对这种情况，医疗体育通过适当的运动，能加强本体感受刺激，通过传入神经来提高中枢神经系统的兴奋性，改善大脑皮质和神经体液调节功能。由于神经系统调节功能得到改善，机体对外界环境的适应能力和对致病因素的抵抗力增强，从而提高了防病能力。

2. 改善血液循环和物质代谢

疾病影响某些内脏器官功能，加上缺乏运动，整个身体的机能活动处于很低水平，特别是血液循环和新陈代谢功能变得很差，不利于疾病痊愈和康复。体疗锻炼能通过神经反射和神经体液调节来改善全身血液循环和呼吸功能，改善新陈代谢和组织器官的营养过程，使整个功能活动水平提高，从而有利于病愈和康复。对于损伤局部，由于肌肉的活动能改善血液、淋巴循环，加强组织的营养代谢过程，因而能加速炎症产物的吸收和损伤局部淤血的消散，促进组织再生和修复过程。有人在动物实验中观察到：受伤的肌肉经过早期运动之后，肌肉的缺损部分完全由肌肉组织填充而愈合，并且恢复了肌肉的弹性功能；而另一些没有运动的动物在肌肉受伤后则由瘢痕组织代替，肌肉功能减弱。另一韧带切断实验的结果表明，虽损伤韧带都可愈合，但活动组韧带细胞及胶原纤维的排列有规律，似正常韧带结构，而固定组则细胞及胶原纤维排列零乱。在骨折病变的临床观察中，早期进行医疗体育者骨痂形成的时间比不进行功能锻炼者缩短三分之一，而且骨痂生长良好，新生骨痂较快地具有正常骨组织的功能。

3. 维持和恢复机体的正常功能

医疗体育有促进机体功能正常化的作用，表现在病人机体或某一系统功能受到障碍时，通过专门的功能练习，能使其恢复正常。例如，大脑损伤或病变引起肢体麻痹时，可以通过被动运动，或利用某些本体反射来恢复肢体的运动功能。溃疡病、高血压病等，大脑皮层存在病理兴奋灶时，用医疗体操，可以通过负诱导来消除病理兴奋灶，而使疾病痊愈。又如骨折固定后引起关节功能障碍的病人，进行医疗体育锻炼，可使局部血管扩张，血流加快，提高酶的活性，使肌纤维增粗，关节滑液分泌增加，改善软骨营养，并可牵伸挛缩和粘连组织，从而使肢体功能恢复。此外，医疗体育练习还能维持原有的运动性条件反射，消除或抑制病理性反射，因而有助于功能的恢复。

4. 发展身体代偿功能，增强机体免疫防卫系统

损伤或疾病可使身体某些器官功能发生严重损害，甚至完全丧失，但依靠代偿作用，机体能使这些受损器官的功能尽量恢复。医疗体育对发展身体的这种代偿功能有很大的作用。例如，肺叶切除术后的病人，经过长期的呼吸体操锻炼，能使呼吸肌和剩余的肺叶及健侧肺组织充分发挥作用来补偿被切除肺叶的呼吸功能。又如断肢移植手术后，经过反复的专门功能锻炼，可以形成新的运动技巧。

三、医疗体育的适应证与禁忌证

由于医疗体育具有预防治疗疾病及康复健身的作用，只要安排恰当，许多疾病都适宜进行体疗。下列各种疾病均宜采用。

（1）运动器官伤病：骨和关节损伤及其后遗功能障碍、颈椎病、肩关节周围炎、腰腿痛、脊柱畸形及扁平足等。

（2）内脏器官疾病：高血压、动脉硬化、冠心病、心肌梗死（恢复期）、慢性支气管炎、肺气肿、哮喘、肺结核、硅肺、溃疡病、内脏（肾、胃）下垂、习惯性便秘、子宫位置不正、盆腔炎等。

（3）代谢障碍疾病：糖尿病、肥胖症。

（4）神经系统疾病：各种原因（创伤性、炎症性、脑血管意外）所致瘫痪、神经衰弱、脑震荡后遗症等。

（5）手术后病人。

下列情况不宜进行医疗体育，为其禁忌证。

（1）疾病的急性或亚急性阶段。

（2）发热、全身状况严重、脏器功能丧失代偿期。

（3）运动过程中可能会发生严重合并症，如动脉瘤、血管和神经干附近有金属异物等。

（4）癌症有明显转移倾向时。

第二节　医疗体育的方法和手段

体疗的方法手段很多，基本上可归为医疗体操、医疗运动两类。有的将按摩、自然力锻炼、生物反馈训练疗法等也纳入体疗范畴之内。

一、医疗体操

医疗体操是根据伤病情况，为达到预防、治疗及康复目的而专门编排的体操运动及功能练习。它对损伤、手术后、瘫痪病人运动器官的功能恢复具有良好的作用，也可用于某些内科疾病的防治。医疗体操的特点是选择性强。准备姿势、活动部位、运动幅度、运动速度、动作的复杂性及肌肉收缩程度等，都可根据需要来选择。故可根据各种伤病的性质和病情有针对性地选择运动内容，可使其作用到全身，也可作用在局部关节、肌肉。运动量容易控制和掌握，因而容易做到个别对待。可用来恢复及改善速度、力量、耐力、协调性等各种不同身体素质。此外，医疗体操动作多样化，可以提升病人的情绪。医疗体操根据运动方式及目的不同，可分为下列数种：

1. 被动运动

被动运动是一种完全依靠外力帮助来完成的运动。进行被动活动的肢体肌肉应放松，利用外力固定关节的近端，活动关节的远端，根据病情需要尽量做关节各方向全幅度运动，但要避免动作粗暴。它适用于各种原因引起的肢体运动功能障碍，能起到放松痉挛肌肉，牵引挛缩的肌腱、关节囊和韧带，恢复和保持关节活动幅度的作用。

2. 助力运动

病人患肢尚无足够力量完成主动运动时，由医务人员、患者本人的健侧肢体或利用器械提供力量来协助患肢进行运动，称为助力运动。进行助力运动时，应以病人主动用力为主，外部阻力为辅，助力应与主动用力配合一致。避免以助力代替主动用力。随着肌肉力量不断恢复，逐渐减少助力部分。它适用于创伤后无力的肌肉，或不全瘫痪肌肉的功能练习，以及体力很差、虚弱的病人；也可用于关节活动幅度存在障碍时，用助力来帮助加大关节活动幅度。

3. 主动运动

主动运动是由病人主动完成的运动。可根据治疗需要，进行单关节的运动或多关节的联合运动，单方向的运动和不同幅度、不同速度的运动。主动运动又分为等张收缩运动，即可引起关节活动的肌肉收缩运动，又称动力性运动；等长收缩运动，即肌肉收缩而无关节活动，又称静力性运动，它能有效地增长肌力，特别适用于被固定的肢体进行肌肉力量训练；等速运动（亦称等动练习），是一种必须用专门器械进行的有效的发展肌力的练习。等张、等速练习又可分为向心收缩练习及离心收缩练习两种。另一种特殊的主动运动称为传递性冲动练习，是指通过意念，从大脑有节律地向肌肉主动传递神经冲动。传递性冲动练习广泛地应用于因偏瘫、截瘫和周围神经损伤等所致肌肉完全丧失功能时，一般与被动运动配合应用，能更有效地促进主动运动的恢复。

4. 抗阻运动

抗阻运动，即肢体主动克服外部阻力的运动。阻力可来自他人、自身的健肢或器械，如哑铃、沙袋、弹簧、橡皮筋及大型器械等。阻力大小根据病人肌肉力量而定，以经过努力能完成动作为原则。抗阻运动同样有等张、等长、等速及向心、离心之分。抗阻运动的作用是恢复和发展肌力，广泛用于各种原因所致的肌肉萎缩。在进行抗阻运动练习时，可采用渐进抗阻运动的练习方法。它是通过使肌肉循序渐进地在能够承受的最大负荷下做一定重复次数的等张收缩，从而较快地增强肌肉力量的一种练习方法。也可用等长收缩代替等张收缩，或者两者结合应用。渐进抗阻练习的原则是采用大负荷、少重复次数或短时间的练习。练习时随肌力的增长积极地增加阻力，但重复次数或持续时间保持不变。每一次练习时，各组练习的阻力也逐步增加，如第一组用可完成的最大负荷二分之一的重量，重复 10 次；第二组用最大负荷四分之三的重量，重复 10 次；最后一组用最大负荷重量重复 10 次。随肌力增长，应及时调整最大负荷的重量。

5. 本体促进法

本体促进法是通过刺激本体感受器而促进和加速机体神经肌肉系统的一种方法。如利用对动作施加阻力以加强肌肉收缩；利用牵张反射、反牵张反射、姿势反射，以及利用刺激视觉、触觉、听觉等感受器来加强运动。它是瘫痪病人在治疗中用于神经肌肉再训练的一种方法，尤其适用于肌力很弱、主动运动困难者，也可用于一些骨关节疾病和软组织损伤的康复治疗，以增强肌力和恢复关节活动范围。

6. 放松运动

放松运动是一种放松肌肉的运动。常用的是有节律而不用力的练习。例如摆动性放松练习和主动意识放松等。这类运动主要用于痉挛性瘫痪、高血压、哮喘等病症。肌肉用力收缩后及每次医疗体操结束前也应做放松运动，以利于肌肉疲劳的消除。

7. 矫正运动

矫正运动是用来矫正脊柱和胸廓畸形、扁平足及外伤引起畸形的一种运动。其主要方法是在有利于矫正畸形的预备姿势下，进行选择性增强肌肉的练习，以增强被畸形牵拉而削弱了的肌肉，加强能促进畸形矫正的肌肉群，同时牵伸由于畸形的影响而缩短的肌肉和韧带。

8. 协调运动

协调运动是恢复和加强协调性的运动。包括上下肢运动协调、四肢躯干的运动协调、左右两侧肢体对称或不对称的运动协调等。动作应为由简单到复杂，由单个肢体到多个肢体的联合协调运动。上肢和手的协调运动应从训练动作的精确性、反应速度以及动作的节奏性方面去锻炼；下肢的协调运动主要练习正确的步态和上下肢动作的配合、协调等。协调运动主要用于中枢和周围神经疾患及损伤患者。

9. 平衡运动

平衡运动是锻炼身体平衡能力的运动。运动中锻炼身体的支持面应由大逐渐到小，身体重心由低逐渐到高，由视觉监督练习逐步过渡到闭目练习。平衡运动直接作用于前庭器官，加强它的稳定性，可改善身体的平衡功能，常用于神经系统或前庭器官病变而引起的平衡功能失调。

10. 呼吸运动

常用的有一般呼吸运动、局部呼吸运动和专门呼吸运动3种。一般呼吸运动有单纯的呼吸练习、配合肢体躯干运动的呼吸等，在体疗中用来调节运动量，改善呼吸功能，促进血液循环，减轻心脏负担。局部呼吸运动是重点作用于某一侧或某一部分肺叶的呼吸练习，例如胸式呼吸主要作用于肺炎和肺上叶，膈式呼吸主要作用于肺底部和肺下叶，配合侧弯的呼吸重点作用于一侧的肺叶。专门呼吸运动有延长呼气和延长吸气的呼吸练习，在呼气时可配合发音或用手压迫胸廓来增加排气量。局部呼吸和专门呼吸运动主要用于慢性支气管炎、肺气肿、支气管哮喘和胸膜炎等呼吸系统疾病和胸腔手术后病人。

11. 器械运动

器械运动是借助器械进行的主动、助力、抗阻或被动运动。它利用器械的重量、杠杆作用、惯性力量和依托来增强肌力，扩大关节运动幅度，发展动作的协调性。使用器械还可以使体操动作多样化，提高病人锻炼的兴趣。医疗体操中常用的器械，有一类称为自由重物，如沙袋、哑铃、橡皮筋等；另一类为大型力量练习器，如联合练习器械、墙挂拉力器、滑轮训练器、肋木、单杠、双杠、吊环、行走梯、自行车、功率自行车、跑台等。一些日常生活用品，如毛巾、棍子、床单等也可用于进行体疗锻炼。

二、医疗运动

医疗运动是指将一般体育手段用于预防、治疗及康复的治疗性运动。常用的体育手段多为以有氧训练为主的耐力性项目。其活动量比一般医疗体操大些，对增强患者体质、发展心肺功能有较大的作用。适用于体力中等的慢性病患者和健康的中老年人。医疗运动是冠心病、高血压、糖尿病、肥胖症等患者的主要体疗手段。常用的方法有：

1. 走、慢跑、骑车、上下台阶

走、慢跑、骑车、上下台阶属于有氧训练范畴。走和跑通过调节速度、坡度、距离、时间等，骑车通过调节阻力大小及蹬车时间，上下台阶通过调节台阶高度、上下台阶频率及持续时间等来控制运动强度及运动量。锻炼时应使吸氧量达到一定水平（一般以最大吸氧量的40%~70%为安全有效强度的上下限），从而对心肺功能和新陈代谢起有效的锻炼作用。它对增进全身健康，防止过早衰老，防治高血压、冠心病、糖尿病等慢性疾病及“运动不足病”都有良好作用。

2. 游泳和划船

游泳和划船的特点为体力负担大，日光、空气、水等自然因素与肌肉活动同时发挥作用。从动作结构来看，游泳和划船主要是上肢肌肉和肩胛带的活动。游泳时下肢肌肉也参加活动，因此能加强四肢肌肉力量并改善关节的运动功能。此外，这两项运动对呼吸系统也有良好影响。广泛用于神经衰弱、脂肪代谢障碍和慢性支气管炎恢复期的病人。

3. 球类运动

常用的是羽毛球、乒乓球、高尔夫球、保龄球、门球、地掷球，以及篮球、排球中的某些动作（如投篮、传接球等）。球类运动是一种全身肌群几乎都参与活动的综合性运动项目，能活跃情绪，对神经系统、心血管系统和呼吸系统提出了较高的要求，适合于体力达到一定水平的人。

第三节　医疗体育的实施原则及运动处方

一、医疗体育的实施原则

（1）在参加医疗体育锻炼之前，必须进行体格检查，首先应由医生进行较全面的体检，确定病人身体发育和健康情况、疾病种类和性质、有无医疗体育禁忌证、是否适宜参加体疗锻炼。指导体疗人员应对病人做进一步体检，检查重点为心肺功能及运动器官功能。一般内科病人必要时应做心血管系统、呼吸系统机能检查。运动器官伤病患者重点检查肢体功能，如关节活动幅度、肌力及步态等，有些病例还需作神经系统检查。体格检查结果将成为制定医疗体育实施方案的依据。

（2）在制订医疗体育计划（或开运动处方）时，必须根据患者的性别、年龄、伤病情况、体格检查结果、锻炼的基础等而个别对待，因人而异，安排适当的体疗锻炼。如肢体功能障碍患者以医疗体操、功能锻炼为主；身体发育畸形患者以矫正体操为主；心血管系统疾病、代谢疾病患者以医疗运动为主，辅以我国传统体疗手段；呼吸系统疾病患者可采用呼吸体操；神经衰弱、溃疡病等患者，以我国传统体疗手段为主，等等。

（3）必须遵守循序渐进的原则，运动量要由小到大，动作由易到难，使身体逐渐适应。在开始进行锻炼时应有短期的试探时间，经过观察和实践确定锻炼方案。锻炼过程中随机能提高而逐渐调整运动量以取得最好效果，如突然加大运动量训练，有可能损害患者的机能，加重病情。

（4）坚持锻炼，持之以恒，才能使疗效逐渐积累。如心脏功能锻炼要 6~8 周后方可看出有所提高。

（5）锻炼过程中必须加强医务监督，密切观察病人的主、客观反应，特别要注意疾病症状的变化，发现不良反应要及时修改锻炼方法和调整运动量。锻炼后如出现某些反应，但在下次锻炼之前可恢复到原水平，可认为锻炼基本适应。还应进行定期检查，以了解和评定治疗效果。

（6）进行医疗体育的组织形式，一般有个别进行和分组进行两种。后者适宜用于疗养院、康复机构，以及大、中学校的保健班（特别组学生），可在医护人员或体育教师带领下将疾病性质、程度相近的病人编为一组，采用相近的锻炼方法和运动量，但仍应注意个别对待。

二、运动处方

1. 运动处方的概念

医生用处方的形式规定体疗病人和健身活动参加者锻炼的内容和运动量的方法称为运动处方。它是指导人们有目的、有计划、科学锻炼的一种方式。

一般运动处方多指以提高心肺功能为主要目的的运动处方。但实际上，进行肢体功能锻炼、矫正操锻炼等也应以处方形式规定锻炼内容及运动量。

2. 运动处方的种类

随着运动处方的不断完善，其应用范围日益扩大，种类也在逐渐增加。

按锻炼对象可分为两类：

（1）治疗性运动处方。用于某些疾病的创伤康复期的患者，使医疗体育更加定量化、个别化。

（2）预防性运动处方。用于健康的中老年人及长期从事脑力劳动、希望参加体育锻炼者，主要是预防某些疾病（冠心病、肥胖症等），防止过早衰老。

按锻炼器官系统可分为两类：

（1）心脏体疗锻炼运动处方。以提高心肺功能为主，用于冠心病、高血压、糖尿病、肥胖症等内脏器官疾病的防治、康复及健身。

（2）运动器官体疗锻炼运动处方。以改善肢体功能为主，用于各种原因引起的运动器官功能障碍及畸形矫正等。

3. 运动处方的内容

（1）运动的种类。应写明锻炼采用何种方法、手段，如采用医疗体操，应写明练习方法及动作要点。

（2）运动时应达到和不宜超过的运动强度。这是保证达到锻炼效果，预防发生意外事故所必须规定的。

（3）每次运动的持续时间。以心脏体疗锻炼为例，达到规定强度的持续时间一般应在15分钟以上。

（4）每周运动次数。一般以每周3~4次，即隔日1次为宜。

（5）注意事项。指出禁忌参加的运动项目、锻炼时自我观察的指标、出现异常时应停止运动的标准。

4. 心脏体疗锻炼运动处方的编制

为了保证安全，又能取得锻炼效果，在编制治疗性心脏体疗锻炼运动处方前，应由医生负责进行体格检查，并在医生的监督下，通过运动负荷试验对患者心脏功能进行评定。在国外常采用自行车计功器或跑台的递增负荷运动试验来测定出患者可能达到的吸氧量相应的“梅脱”（MET，每公斤体重，从事1 min活动，消耗3.5 mL的氧，其活动强度称为1 MET）。按照测定结果的高低，确定运动时应采用的强度及心率范围——靶心率。在此基础上编制运动处方。

经过体格检查证实为基本健康的中老年人及脑力劳动者，按以下原则为其编制预防性运动处方。

（1）运动种类。

按照锻炼者的年龄、性别、过去锻炼经历、主观愿望及客观条件，可选择医疗运动中走、慢跑、骑自行车（最好采用可加阻力的固定自行车）、游泳等耐力项目，也可选用球类运动及我国传统康复用手段进行锻炼。

（2）运动强度。

可用心率或耗氧量来控制运动强度。

① 用心率控制运动强度，即用靶心率来表示，通常用 10 s 的脉搏数来计算运动时心率。靶心率随年龄而变（见图 10-3-1），推算公式为

靶心率 =（220-年龄）×（70%~85%）

或

靶心率 = 170（或 180）-年龄。

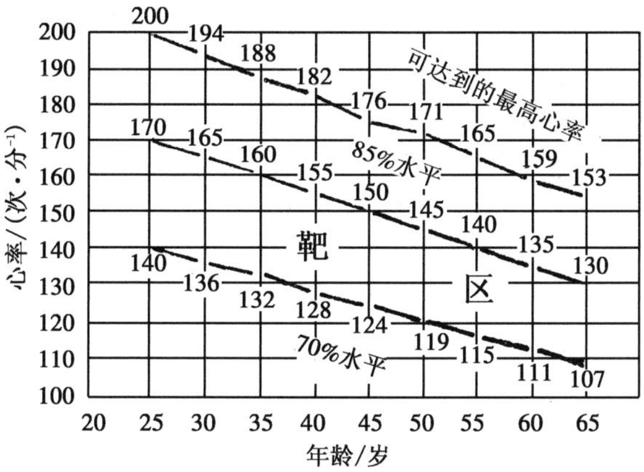

图 10-3-1 可达到的最大心率与靶区

② 用耗氧量控制运动强度。用耗氧量相当于最大吸氧量的百分数来控制运动强度。由于耗氧量与心率密切相关，又可用相应的心率来代表。大强度相当于最大吸氧量的 70%~80%，运动时心率达 125~165 次/分；中等强度相当于最大吸氧量的 50%~60%，运动时最高心率为 110~135 次/分；小强度相当于最大吸氧量的 40%以下，心率为 100~110 次/分（见表 10-3-1）。

表 10-3-1 常用运动强度指标

强度	最大吸氧量的百分数/%	梅脱	心率/（次·分$^{-1}$）				
			20—29 岁	30—39 岁	40—49 岁	50—59 岁	60 岁及以上
大	80	10	165	160	150	145	135
	70	7	150	145	140	135	125
中等	60	6.5	135	135	130	125	120
	50	5.5	120	125	115	110	110
小	40	<4.5	110	110	105	100	100

（3）每次运动的持续时间。

一般要求锻炼时达到靶心率以后，至少应持续 15 min。持续时间的长短与运动强度成反比：强度大，持续时间可相应缩短；强度小，持续时间应延长。其限度为最低 5 min，最长 1 h（运动员可更长一些）。锻炼时间与运动强度的配合可见表10-3-2。体力较差者应由低强度开始锻炼，体力较好者可用较高强度。运动量应由小到大。

表 10-3-2　锻炼强度与时间的配合

运动强度	最大吸氧量的百分数/%				
	5 min	10 min	15 min	30 min	60 min
大	70	65	60	50	40
中	80	75	70	60	50
小	90	85	80	70	60

（4）每周运动次数。

每周运动 3~4 次，隔日 1 次即可。研究结果表明，采用间歇训练法进行锻炼，6~7 周之后最大吸氧量有明显提高，但与每周练习次数无关（见图 10-3-2）。

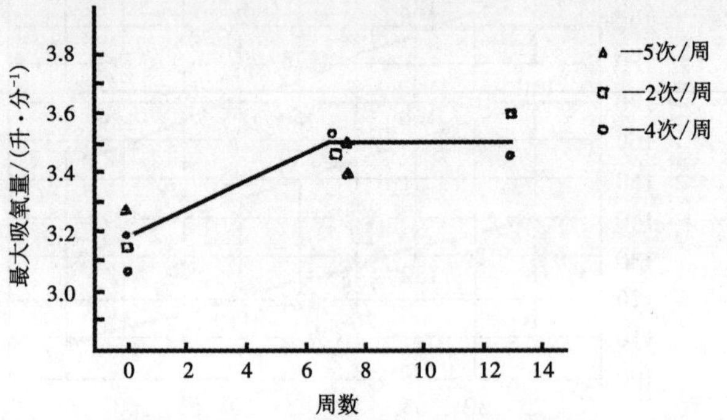

图 10-3-2　每周锻炼次数与效果的关系

常用医疗体育手段运动时的平均心率见表 10-3-3。

表 10-3-3　不同运动项目平均心率

运动项目	心率/（次·分$^{-1}$）	运动项目	心率/（次·分$^{-1}$）
简化太极拳	95~105	中距离慢跑	120~140
快速步行	100~110	乒乓球	95~126
中速游泳（100 m 自由泳）	105~108	长拳一套	150~170
广播体操	110~120	足球、篮球	140~180

第四节　几种常见疾患的医疗体操

一、脊柱畸形

脊柱畸形的原因很多，少数为先天性畸形或由脊柱本身的疾病所致，绝大多数是由不正确的姿势所引起的，如儿童读书、写字姿势不正确，单肩背书包，某些运动项目单侧用力或特定姿势要求，等等。脊柱畸形的矫正体操是预防、治疗脊柱畸形的一个重要手段。脊柱畸形最常见的有脊柱前凸、后凸及侧凸 3 种。后凸可发生于胸椎、腰椎或整个脊柱。前凸主要发生在腰椎。侧凸有“C”形和“S”形，可能发生在胸段、腰段或累及整个脊柱。

脊柱畸形因病期和病理不同，一般可分为 3 度。

第一度（早期）：在牵引脊柱时畸形可消失，多属机能性，是由肌肉无力、疲劳所致，用矫正体操治疗效果最好。通过增强肌力，恢复脊柱周围肌力的平衡，可使畸形在短期内得到矫正。

第二度（中期）：在牵引脊柱和悬吊时畸形不会消失，韧带和肌肉有缩短、变细的改变。矫正体操可逐步牵引挛缩的组织，有选择地加强躯干肌肉，增强脊柱活动性，使脊柱畸形在较长时间内逐渐得到矫正。

第三度（后期）：不仅韧带和肌肉有广泛的形态改变，而且骨和软骨也被涉及。矫正体操只能控制畸形的发展，增强肌力，预防劳损，减轻和缓解疼痛。

矫正体操的动作应严格按照畸形的部位和方向来编排。编排矫正体操的原则：增强凸出一侧已被拉长并衰弱的肌肉力量，牵引凹入一侧已缩短的肌肉和韧带，做与变形方向相反的运动。

在做矫正体操时，应比其他的医疗体操更多地利用各种器械，如体操棒、实心球、哑铃、肋木、单杠、吊环、梯子等。每次矫正体操课持续的时间根据年龄而定，幼儿为25~30 min，学龄儿童为40~50 min。每周可上2次，但每天都应做些专门练习。

（一）脊柱前凸矫正体操

脊柱前凸患者应做增强腹肌、臀肌，牵伸腰骶部肌肉、韧带的练习，以减少腰椎前凸和骨盆的前倾程度。如：

（1）仰卧，屈髋，两腿伸直或屈膝抬起、放下。

（2）仰卧，两腿伸直或屈膝、屈髋，做仰卧起坐。

（3）仰卧，两腿屈髋、屈膝，两手抱膝使膝靠近胸部或将两膝分别拉向两侧腋下，放下（见图10-4-1）。

（4）坐在椅子上，两腿屈曲抬起（见图10-4-2）。

（5）弓箭步压腿。

（6）仰卧在床上，臀部齐床沿，一侧下肢屈曲，双手抱膝，另一侧下肢下垂，利用重力后伸。停留十几秒，左右交换（见图10-4-3）。

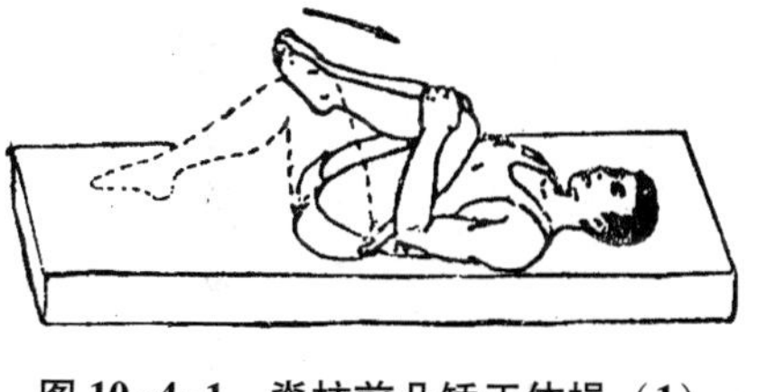

图10-4-1 脊柱前凸矫正体操（1）

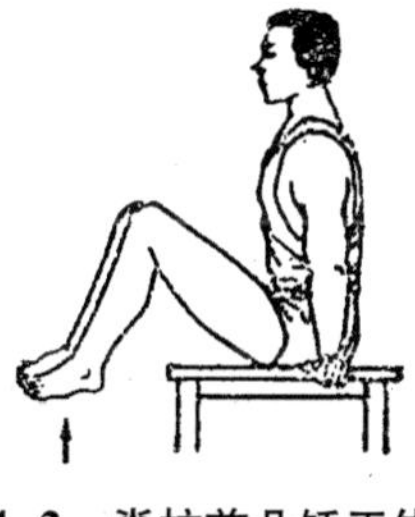

图10-4-2 脊柱前凸矫正体操（2）

（7）骨盆后倾练习。仰卧，两腿屈髋、屈膝，用力收腹，使腰部贴近床面，放松，反复练习（见图10-4-4）。为加大难度可由两腿伸直位开始练习。

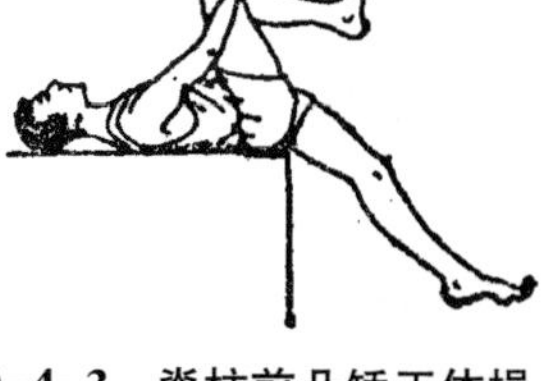

图10-4-3 脊柱前凸矫正体操（3）

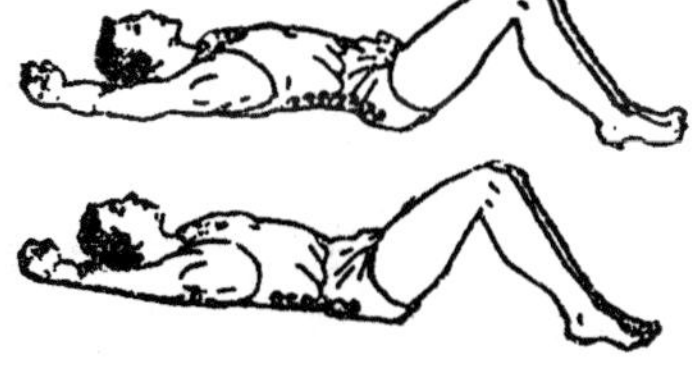

图10-4-4 脊柱前凸矫正体操（4）

（二）脊柱后凸矫正体操

脊柱后凸患者应做脊椎后伸、扩胸以及加强背肌肌力的练习。以上体后伸、挺胸、两臂上举或后伸、下肢后伸等练习为主。例如：

（1）站立位，抬头挺胸，同时两臂上举，或后伸，还原。

（2）坐在靠背椅上，抬头挺胸，或同时两臂上举，还原。

（3）仰卧，用双肘支撑床面，尽力抬高臀部（见图 10-4-5）或挺胸（见图 10-4-6）。

图 10-4-5　脊柱后凸矫正体操（1）

图 10-4-6　脊柱后凸矫正体操（2）

（4）俯卧，上体尽量抬起，两臂、两腿后伸，做船形运动（见图 10-4-7）。

图 10-4-7　脊柱后凸矫正体操（3）

（5）利用器械进行练习，如体操棒练习（见图 10-4-8、图 10-4-9）、头顶实心球行走（见图 10-4-10、图 10-4-11）、吊环悬垂练习（见图 10-4-12）等。

图 10-4-8　脊柱后凸矫正体操（4）

图 10-4-9　脊柱后凸矫正体操（5）

图 10-4-10　脊柱后凸矫正体操（6）

图 10-4-11　脊柱后凸矫正体操（7）

图 10-4-12　脊柱后凸矫正体操（8）

（三）脊柱侧凸矫正体操

脊柱侧凸患者应采用节段性侧弯的矫正体操，即令动作形成的侧凸与原有畸形侧凸的部位一致而方向相反，选用与变形方向相反的运动。由于脊椎侧凸的出现必然会伴随肩带、盆骨带的侧倾，故上、下肢的活动有助于矫正脊柱的侧凸。例如当左臂上举时，肩带必向右倾斜（左高右低），胸椎随之向左突出，可用来矫正胸椎右凸。而抬起左腿时，骨盆带向右倾斜，腰椎向右突出，故可用来矫正腰椎左凸。在矫正“S”形侧凸时，举起同侧上、下肢可避免矫正了一个侧凸而使另一侧凸加重。

以矫正脊椎“C”形右凸或合并腰椎左凸为例，练习时可举起左臂矫正胸椎右凸，同时抬起左腿矫正腰椎左凸。如：

（1）站立位，左臂上举，上体右侧屈（见图 10-4-13），或同时右腿向右半步，足尖点地（见图 10-4-14）。适用于矫正“C”形右凸。

图 10-4-13　脊柱侧凸矫正体操（1）

图 10-4-14　脊柱侧凸矫正体操（2）

（2）跪立位，左臂上举，上体右侧屈（见图 10-4-15），或同时右腿外展（见图 10-4-16）。适用于矫正“C”形右凸。

图 10-4-15　脊柱侧凸矫正体操（3）

图 10-4-16　脊柱侧凸矫正体操（4）

图 10-4-17　脊柱侧凸矫正体操（5）

（3）坐于凳上，同时举左臂、抬左腿（见图 10-4-17）。可用于矫正“S”形胸椎右凸、腰椎左凸。

（4）跪撑位，抬头挺胸，向前上方伸展（见图 10-4-18），或左腿后举（见图 10-4-19）。

图 10-4-18　脊柱侧凸矫正体操（6）

图 10-4-19　脊柱侧凸矫正体操（7）

（5）仰卧位，右臂放在体侧不动，左臂上举，挺胸（见图 10-4-20），或同时抬起左腿（见图 10-4-21）。

图 10-4-20　脊柱侧凸矫正体操（8）

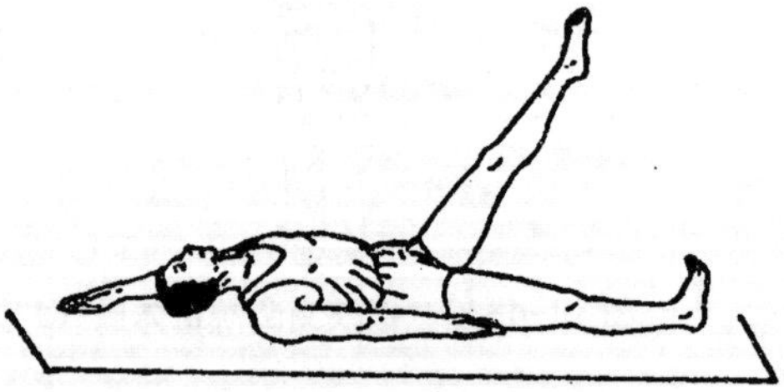

图 10-4-21　脊柱侧凸矫正体操（9）

（6）俯卧位，左臂前伸，“C”形畸形同时抬起右腿（见图 10-4-22），“S”形畸形，左臂向前上方伸展同时抬起左腿（见图 10-4-23）。

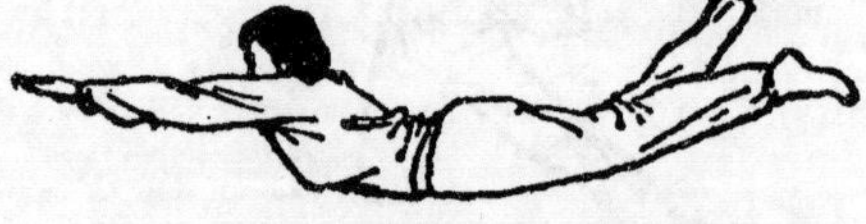

图 10-4-22　脊柱侧凸矫正体操（10）

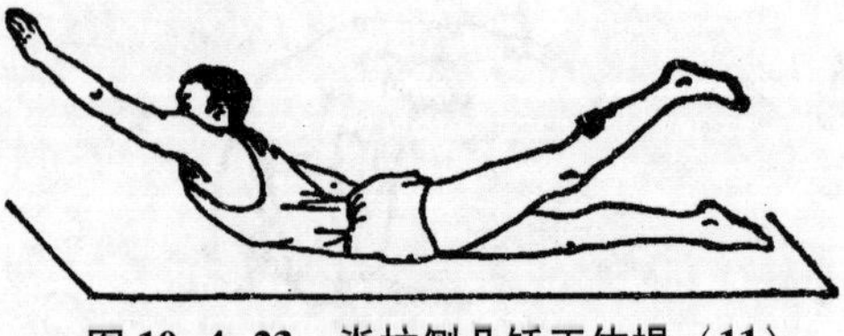

图 10-4-23　脊柱侧凸矫正体操（11）

（7）侧卧位，“C”形畸形患者右侧卧，胸段下垫枕头，两腿伸直，两臂上举，体右侧屈（见图 10-4-24）。“S”形畸形患者取左侧卧，腰段下垫枕头，矫正腰段左凸，左臂上举，上体右倾抬起，矫正胸段右凸（见图 10-4-25）；或右侧卧，胸段下垫枕头，左臂上举，上体右倾，同时左腿外展举起（见图 10-4-26）。

图 10-4-24 脊柱侧凸矫正体操（12）

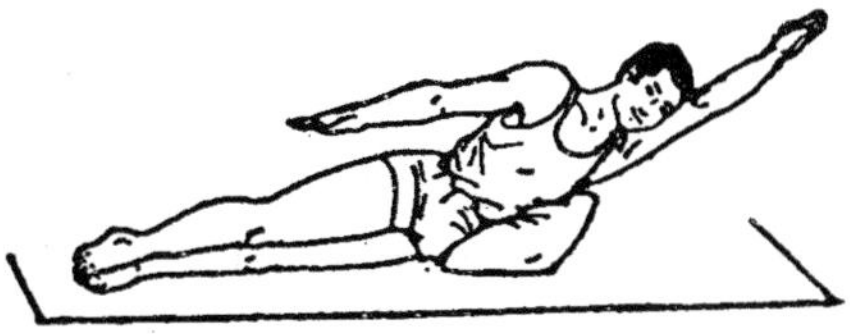

图 10-4-25 脊柱侧凸矫正体操（13）

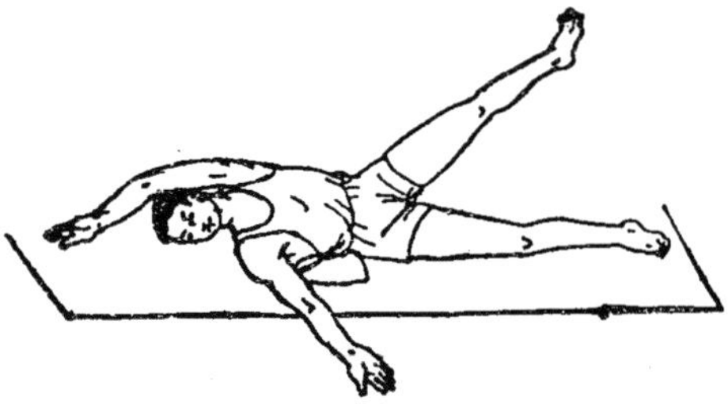

图 10-4-26 脊柱侧凸矫正体操（14）

图 10-4-27 脊柱侧凸矫正体操（15）

（8）利用器械的练习，如借助于立柱及保护带的练习（见图 10-4-27）、单杠悬垂练习（见图 10-4-28）及吊环上的练习（见图 10-4-29）等。

图 10-4-28 脊柱侧凸矫正体操（16）

图 10-4-29 脊柱侧凸矫正体操（17）

以上各种练习有部分为动力性的，有部分为静力性的。动力性练习每节可重复 10~12 次；静力性练习可停留 5 s 左右，放松，重复 5~10 次。

二、扁平足

扁平足是少年儿童常见的足部畸形，多为后天性。在少年儿童时期由于生长发育迅速，肌肉力量不能和身高体重的增长相适应，足部肌肉韧带无力、松弛，而引起足弓塌陷。多数人的扁平足并不引起症状，少数人会有下肢血液循环障碍、步行容易疲劳、足跖部疼痛等症状。检查时可发现足弓塌陷，足底肌肉、韧带松弛，甚至出现舟骨明显隆起。

少年儿童扁平足患者，进行矫正体操治疗有一定效果，进入成年时期再进行矫正，效果较差。

维持足弓的肌肉有胫前肌、胫后肌、腓骨长短肌、拇长屈肌、趾长屈肌及足底肌肉等。矫正体操的目的是增强这些维持足弓肌肉的力量，改善足弓的弹性，保护韧带免受过度牵伸，并同时矫正足过度外翻。上述肌肉多半跨过踝关节，故可采用踝关节各方向的运动来进行锻炼。如：

（1）坐于椅子上，做足跖屈、背屈、内翻、外翻运动。

（2）站立位开始，做足尖走、足跟走、足内侧走、足外侧走等练习。

（3）站立位，两足成轻度内八字，身体稍前倾，使重心落在足趾上，足背拱起 1~2 s，放松，重复 10~20 次。然后再拱起足背，维持到稍感疲劳，放松休息片刻，重复 2~3 次。

（4）基本同上，但用足内翻代替足背拱起。

（5）体操棒练习：坐位，用足底滚动体操棒（见图 10-4-30），在体操棒上行走（见图 10-4-31），两足踏体操棒做滑雪模仿练习（见图 10-4-32）等。

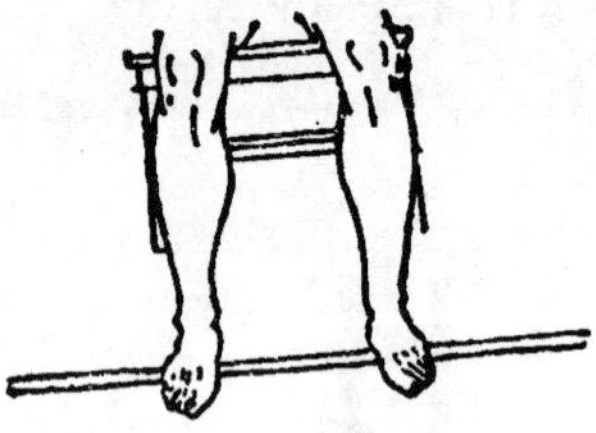

图 10-4-30　体操棒练习（1）

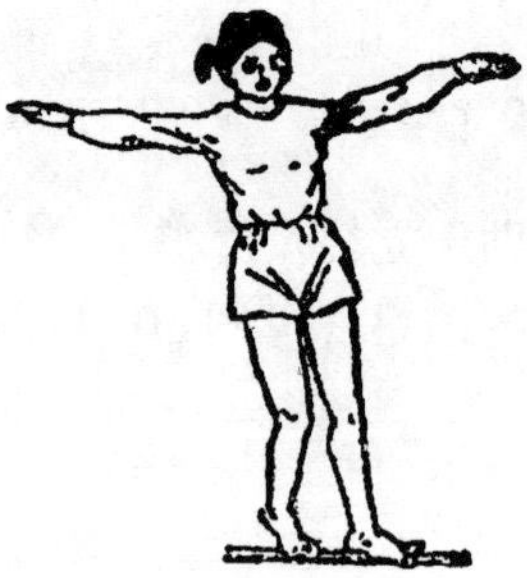

图 10-4-31　体操棒练习（2）

图 10-4-32　体操棒练习（3）

（6）实心球练习：用足滚动实心球（见图 10-4-33），双足站在实心球上做平衡练习（见图 10-4-34）。

图 10-4-33　实心球练习（1）

图 10-4-34　实心球练习（2）

（7）双人练习：两人面对面坐在垫子上，用足内侧角力（见图 10-4-35）。

图 10-4-35 双人练习

（8）在三角形斜板上步行（见图 10-4-36）。

（9）坐位，用足趾拾物（见图 10-4-37）。

（10）坐位，用足趾折叠毛巾（见图 10-4-38）。

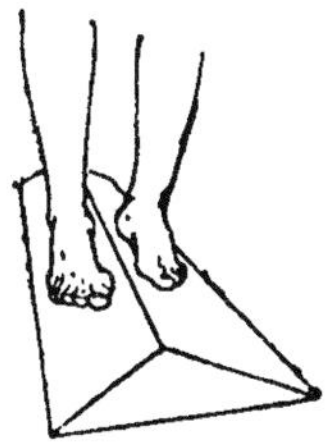

图 10-4-36 在三角形斜板上步行

图 10-4-37 用足趾拾物

图 10-4-38 用足趾折叠毛巾

扁平足矫正体操应每日或隔日练 1 次，坚持长期锻炼。

三、肩周炎及颈椎病

肩周炎、颈椎病在中老年人群中发病率较高。在疾病的慢性阶段，除作理疗、按摩、牵引等外，医疗体操可起到治疗、康复及巩固疗效的作用。现介绍两套具有良好效果的医疗体操，动作简单易行，可在家中进行锻炼。

（一）肩周炎医疗体操

利用体操棍、滑轮、肋木、床头、椅背等，用健侧上肢帮助患侧上肢做肩关节屈、伸、内收、外展、旋内、旋外等运动。

1. 体操棍运动

选择 1~2 m 长木棍一根，在健侧上肢帮助下进行下列肩关节运动。

（1）持棍上举，8~16 次。预备姿势为两手持棍（稍宽于肩）下垂于体前，分腿直立。两手持棍直臂上举，还原。

（2）棍后置运动，4~8 次。预备姿势同（1）。两臂经上举再屈肘置棍于颀后，两肩呈外展后张。

（3）持棍侧举，左、右各，4~8 次。预备姿势基本与（1）相同，但两手持棍两端（掌心相对）。一臂伸直经侧方上举，另一臂稍屈肘持棍向对侧上推（见图 10-4-39）。

（4）持棍后举，4~8 次。预备姿势为两手于体后持棍，分腿站立。两臂尽量后举，还原（见图 10-4-40）。

图 10-4-39　持棍侧举

图 10-4-40　持棍后举

图 10-4-41　持棍体后上拉

（5）持棍体后上拉，8~16 次。预备时健侧手在上（臂弯曲），虎口向下握棍，患侧手在下（屈肘）于体后虎口向上握棍。健侧臂逐渐伸直并向上拉棍，作用于患侧手臂，还原（见图 10-4-41）。

2. 滑轮运动

利用健侧手向上拉动患侧手，使患者肩关节做各种功能练习。

（1）前上举运动，15~30 次。两手握环，健侧臂在上，患侧臂在下。健侧手向下拉环，使患侧臂上举（见图 10-4-42）。

（2）肩外展运动，15~30 次。同（1），但健侧臂在侧上，患侧臂在侧下（见图 10-4-43）。

图 10-4-42　前上举运动

图 10-4-43　肩外展运动

（3）肩带固定下外展，15~30 次。同（1），但需用一固定带，将肩胛骨、锁骨固定（见图 10-4-44）。

（4）体后上拉运动，15~30 次。两手各握一环，健侧臂屈肘在上握环，患侧臂屈肘于体后握环，健侧手向下拉环，使患侧手随环上提（见图 10-4-45）。

3. 肋木运动

（1）手爬肋木运动，反复进行 10~15 次。面向肋木站立，两手从下到上逐格上移至最大范围，还原。

（2）悬吊运动，2~3 次。面向肋木，手臂尽量上举，握住肋木横杠。初练时做两膝屈曲下蹲式悬垂，逐步做到两足悬空。悬空时间逐渐延长。

图 10-4-44　肩带固定下外展

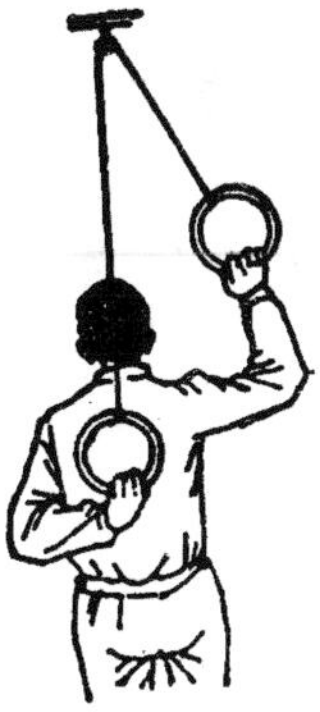

图 10-4-45　体后上拉运动

（3）挺胸拉肩运动，15~20 次。背向肋木站立，两手背后握肋木（手心向上）。两臂伸直，重心前移，挺胸，挺腰，使肩关节后伸拉开（见图 10-4-46）。

（4）背后握木下蹲运动，5~10 次。背向肋木站立，两肘屈曲，两手握肋木（手心向上，两手尽量靠近）。两手握木不动，屈膝下蹲，还原（见图 10-4-47）。

（5）侧举握肋木下蹲运动，5~10 次。同（4），但两臂侧举，掌心向下握肋木（见图10-4-48）。

图 10-4-46　挺胸拉肩运动

图 10-4-47　背后握木下蹲

图 10-4-48　侧举握肋木下蹲

图 10-4-49　甩球运动

4. 甩球运动

如无带球，可用网袋（内装0.5 kg沙）等物代替。患者手握带球，可在矢状面或额状面内做不同方向的绕环运动。次数由少到多，速度可逐渐加快（见图10-4-49）。

（二）颈椎病医疗体操

通过颈部、上肢、肩带的练习，增强颈肩部肌肉力量，平衡两侧肌张力，减轻肌痉挛症状，改善颈部功能。

1. 哑铃练习

哑铃重量因人而异，通过锻炼逐渐增加负荷。也可先做徒手练习。

（1）屈肘扩胸运动，12~16次。两手持哑铃下垂，分腿站立，然后两臂屈肘，同时后振扩胸，还原。

（2）斜方击出运动，左、右各6~8次。两手持哑铃屈肘，分腿站立。上体稍向左转，右手向左斜前方击出，还原。左、右交替进行（见图10-4-50）。

（3）侧方击出运动，左、右各6~8次。预备姿势同（2）。左手向左侧方击出，还原。左、右交替进行（见图10-4-51）。

（4）上方击出运动，左、右各6~8次。预备姿势同（2）。右手向上方击出，还原。左、右交替进行（见图10-4-52）。

图10-4-50 斜方击出运动

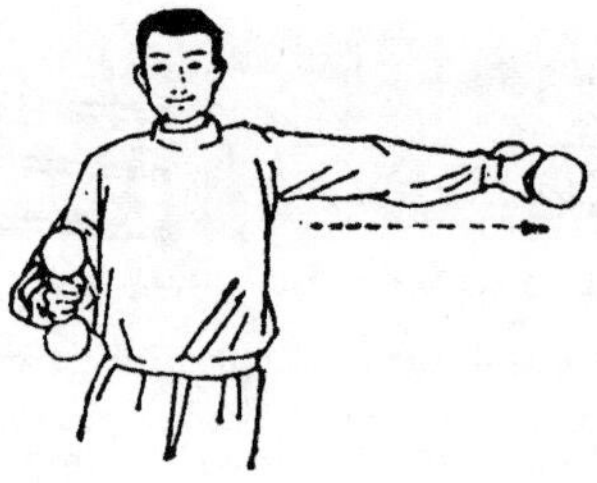

图10-4-51 侧方击出运动

图10-4-52 上方击出运动

（5）直臂外展运动，左、右各6~8次。两手握哑铃下垂，分腿站立。右臂伸直外展至90°角，还原。左、右交替进行。

（6）直臂前上举运动，左、右各6~8次。预备姿势同（5）。右臂伸直经前方至上举，还原。左、右交替进行。

（7）耸肩运动，10~12次。预备姿势同（5）。两肩用力向上耸起，向后旋，放下。反复进行。

（8）两肩后张扩胸运动，6~8次。预备姿势同（5）。两臂伸直外旋，两肩后张，同时扩胸，还原。

（9）直臂前后甩动，左、右各5~6次。两手握哑铃下垂，两腿前后分立。左右臂伸直交替同时前后甩动（见图10-4-53）。重复5~6次后，两脚互换站立位置，再甩动5~6次。

图 10-4-53　直臂前后甩动

2. 徒手练习

（1）与项争力，8~12 次。两肘屈曲，两手十指交叉置头后，两腿分立。头用力后仰，两手同时给头一定阻力（见图 10-4-54），放松。

（2）回头望月，左、右各 6~8 次。两腿分立，两臂自然下垂。两腿微屈，上体前倾 45°左右并向右后转体，头随之转向右后上方望月，左手上举置头后，右手放背后腰间，还原。左、右交替进行（见图 10-4-55）。

（3）托天按地，左、右各 8~10 次。两腿并立，两臂自然下垂。右肘屈曲，掌心向上提起，再翻掌向上托出，伸直手臂。左臂微屈，左手用力下按，头同时后仰，向上看天（见图 10-4-56），还原。左、右交替进行。

图 10-4-54　与项争力

图 10-4-55　回头望月

图 10-4-56　托天按地

（4）头部运动，每个动作各重复 4~6 次。两腿自然站立，两臂自然下垂，做颈部屈、伸、左右侧倾、左右旋转运动。对有活动障碍的方位，要反复做适应性加大范围的练习。

第十一章　大学生常见疾病的预防

章节导读

微信扫码
精讲视频
配套题库

2016年，习近平总书记在全国高校思想政治工作会议中指出，要坚持把立德树人作为中心环节，把思想政治工作贯穿教育教学全过程，实现全程育人、全方位育人，努力开创我国高等教育事业发展新局面。思想政治工作从根本上说是做人的工作，必须围绕学生、关照学生、服务学生，不断提高学生思想水平、政治觉悟、道德品质、文化素养，让学生成为德才兼备、全面发展的人才。高校思想政治工作关系高校培养什么样的人、如何培养人以及为谁培养人这个根本问题。因此对于大学生来说，了解在大学生活中出现的常见疾病十分必要。

第一节　常见内科疾病

一、急性上呼吸道感染

急性上呼吸道感染，简称上感，是鼻、咽、喉等部位的急性炎症的总称，是最常见的一种传染性疾病，大多数由病毒引起，少数由细菌所致。其发病不分年龄、性别、职业和地区。其发病率高，传染性强，但病程短，病情较轻，预后好，少数病人可能于好转后发生急性肾炎及风湿热等比较严重的并发症。因此，应积极预防，及时治疗。

人体上呼吸道由鼻、咽、喉3个不同的器官所组成。在正常情况下，经常会有一些细菌存在，呼吸时在吸入的空气中，也常会吸入一些病菌。如果身体抵抗力较强，人体就不会生病，但当人由受凉、淋雨、过度疲劳、营养不良、接触呼吸道传染病人或患有慢性疾病等引起全身或呼吸道局部防御功能障碍时，原来已存在于上呼吸道的病菌或外界侵入的细菌可迅速繁殖，引起疾病。

上呼吸道感染有70%～80%是由病毒引起的。如鼻病毒、副流感病毒、埃可病毒、柯萨奇病毒、腺病毒等。细菌感染可直接感染或继发于病毒感染之后，以溶血性链球菌最为多见，其感染主要表现为咽炎或扁桃体炎。本病全年均可发病，以冬春季较多，一般为散发，气温突变时易引起流行。可通过含有病毒的飞沫或被污染的用具传播。

根据病毒对呼吸道感染的解剖部位不同引起的炎症反应，临床上可表现为鼻炎、咽炎、喉炎等。如初期有咽部干痒或灼热感，数小时后出现打喷嚏、鼻塞、流清水鼻涕，然后发展为全身不适、发热、发冷、头痛，进而出现咳嗽、咳痰，胸痛等。如果治疗不及时，可能会并发鼻窦炎、中耳炎、扁桃体炎等疾病。

急性上呼吸道感染，如为病毒感染，目前尚无特效抗病毒药物，以对症或中医治疗为常用的措施。如为细菌感染，可选用适当抗生素来治疗。对于高热患者，除用退热药退热外，最好用物理降温方法，以防退热太急骤，引起虚脱。比如用冷水、冰块冷敷或用温水、酒精擦浴等。由于发热的病人消耗大量能量和水分，因此要多饮水，补充清淡易消化并有营养的食物。

要经常坚持户外活动，不断地加强机体对外界环境的适应能力，增强神经系统和身体各器官的机能，促进体内新陈代谢，提高身体的抵抗力，使身体能适应自然环境的骤变。每次活动后要注意保暖，预防着凉。要保持室内卫生，经常打开门窗，通风换气。患有感冒的同学尽量少到公共场所，减少传染他人的可能。外出或上课时应自备手帕或手纸，打喷嚏或咳嗽时要赶紧避开别人，或用手帕遮盖口鼻。不要随地擤鼻涕。

二、急性扁桃体炎

急性扁桃体炎在大学生中极为多见，多为溶血性链球菌引起。如果事先有感冒，可能为病毒后继发性细菌感染。其传染源为病人及带菌者，其传播方式主要是空气飞沫传播，即早期链球菌扁桃体炎病人的口咽部、鼻和唾液中含有大量细菌，通过谈话、咳嗽和喷嚏飞沫传给他人。

急性扁桃体炎预后良好，但易反复发作，可形成慢性病症。可并发风湿热、心肌炎、急性肾炎等症。

急性扁桃体炎起病急骤，伴有畏寒或寒战，体温迅速上升至 39 ℃以上，咽痛明显，吞咽时加剧，同时伴有四肢酸痛、乏力、头痛，以及恶心、呕吐、腹泻等症状。检查可见扁桃体显著充血、肿大，表面或陷窝内可充满黄白色点状脓性分泌物，有时可融合成片，颈部淋巴结肿大并有压痛。发热一般持续 4~6 天，采用抗菌药物后病程明显缩短，体温于 24~48 h 恢复正常。扁桃体炎症也迅速消退。

化验室检查，周围血常规白细胞总数和中性粒细胞均有增加，白细胞总数在 $1.2\times 10^9 L^{-1}$以上，抗“O”增高，咽拭子可有溶血性链球菌及其他细菌生长。高热期内，可出现短暂的轻度蛋白尿。

防治措施：用青霉素或红霉素控制感染有很好的效果。磺胺对已确立的链球菌感染无效，但可预防感染的发生。对高热病人应鼓励多饮水，以利于细菌的毒素排出。卧床休息，增加营养。每 2 h 用温的生理盐水含漱，可减轻咽痛。对已形成慢性病灶的扁桃体炎患者，在炎症消退后，可考虑手术切除。

三、肺　炎

肺脏是人体直接与外界接触最密切的内脏器官，全身血液亦流经肺脏，因此易受病原微生物的侵袭而导致肺部炎症。能引起肺炎的病原体很多，在大学生中仍以细菌性肺炎，主要是肺炎链球菌致病者最为常见。近年来，由于抗菌药物的广泛使用，临床上以轻型或不典型肺炎较常见，而发展到大叶性肺炎已不多见。

本病发病以冬季和初春为多，这与呼吸道病毒流行有一定关系。患者常为原先健康的青壮年人，男性较多见。多数患者先有轻度上感或者受寒、醉酒或淋雨、疲劳，使呼吸道防御功能受到损害，机体抵抗力减弱，从而引起发病。常见症状为：起病急骤，80%有突然恶寒、寒战，随即发热，体温很快升高至 39~40 ℃，呈稽留热，持续 1 周左右，伴有头痛、肌肉酸痛、呼吸增速、脉速而充实。早期即可有胸痛，为尖锐的刺痛，咳嗽和深呼吸时加重，因而呼吸浅而速，并常采取患侧卧位。如果炎症侵犯膈面胸膜，疼痛可放射到同侧下胸部、腹部或肩胛部。此点应注意不要当成急腹症。患者咳嗽频繁。开始为刺激性干咳，继而咳出白色黏液性痰，逐渐呈黏液脓性痰，或混有少量血液或铁锈色痰。如病变广泛可因缺氧引起气急和紫绀。由于细菌感染的毒性作用，部分患者可出现明显的消化道症状，如恶心、呕吐、腹胀、腹泻甚至黄疸。严重感染可发生神志模糊、烦躁不安、嗜睡、谵妄、昏迷等神经症状。

检查可发现病人呈急性病容，皮肤干燥，呼吸浅而快，口角和鼻周围出现单纯性疱疹。早期胸部体征不明显，大多数病人经过早期诊断和及时治疗可在2~3天内未完全实变时即开始消散而没有典型的胸部体征。X线检查，在发病早期表现为肺纹理增多，或局限于一肺段的淡薄均匀阴影。实变期可见到大片均匀致密阴影。经有效抗菌治疗后肺部炎症在数日后开始消散，最后在2~3周内完全消散。

防治措施：一般应卧床休息，注意保暖，适当饮水，鼓励进食易消化、营养丰富的食品，进食少量，可静脉输液。注意可能发生的休克，有明显胸痛者可给少量止痛剂，高热时最好做物理降温，如冰袋敷前额、酒精擦身等。咳嗽、咳痰可用止咳祛痰药。

根据病情程度，给予抗菌药物治疗，青霉素常为首选，如患者过敏，可用红霉素及复方新诺明等药物。疗程不少于1周。体温下降后3~5天停药。平常应加强身体耐寒锻炼，提高身体素质，预防上呼吸道感染，避免醉酒、受寒和过度疲劳。

四、慢性胃炎

慢性胃炎是一种常见病，其发病率在各种胃病中居首位。它是一种胃黏膜慢性非特异性炎症，是胃黏膜上皮遭到反复损害之后，由黏膜特异的再生能力导致黏膜发生了改变，最终导致不可逆的固有腺体的萎缩，甚至消失。根据胃镜和组织病理学上的观察，慢性胃炎可分为慢性浅表性胃炎、慢性萎缩性胃炎。

慢性胃炎的发病原因较多，可能与长期服用对胃有刺激性的食物（如烈性酒、浓茶、咖啡、辣椒、花椒和芥末等调味品）、吸烟过度、长期内服各种药物（如阿司匹林、消炎痛、激素、钾片等）、饮食习惯不良、暴饮暴食等多种综合因素的作用有关。此外，也可能与免疫因素、上呼吸道的慢性炎症、胃酸缺乏或营养缺乏、胆汁反流、胃黏膜淤血等因素有关。

慢性胃炎起病缓慢，但可长期反复发作。临床上多数患者无明显症状，一般多在受凉、疲劳、情绪波动、饮食不当时发作，发作时多为消化道症状。主要症状为上腹正中部饭后饱胀感或胃疼痛，嗳气，食欲减退，恶心、呕吐等。萎缩性胃炎除上述症状外，还表现有贫血、消瘦、乏力、腹泻等。慢性胃炎的诊断不能单凭病人的自我感觉和体格检查下结论。X线钡餐造影对部分病人的诊断有帮助，但可能没有什么异常发现，而必须依靠胃镜检查和胃黏膜的活组织检查，才能确诊。

防治措施：慢性胃炎的预防主要是去除各种致病因素。如戒烟忌酒，避免刺激性食物，改变饮食的习惯，要定时进食、少吃多餐，养成细嚼慢咽的习惯，多吃清淡的容易消化的和营养比较丰富的食物，待身体的抵抗力逐渐加强，病情自会慢慢好转。

目前对于慢性胃炎无特效的治疗药物。一般无症状或症状轻微者可以不必用药，对症状明显者应积极治疗。浅表性胃炎可按照溃疡病的处理原则治疗，萎缩性胃炎因胃酸减少或缺乏，影响消化，可以补充一些稀盐酸及胃蛋白酶。

五、消化性溃疡

消化性溃疡是一种常见的慢性消化系统疾病。它的形成和发展均与胃液中的胃酸和胃蛋白酶的消化作用有关，所以称为消化性溃疡。由于大约90%的消化性溃疡发生在胃及十二指肠，故通常又称为胃及十二指肠溃疡。其以中、青年发病为多（约占79%），男性发病高于女性，大约高出3倍，尤其是十二指肠溃疡更明显。

胃黏膜是保护胃的天然屏障，人的机体具有一系列保护性机理，在神经、内分泌的调节下构成一系列的防御环节。因此，在正常生理情况下，人体既能保证消化功能的完成，又能保护胃、十二指肠不受损害。但当损害因素增加或保护因素削弱时，损害就会出现。溃疡病的确切病因至今未明，但肯定是诸多因素所致。对大学生来说，重要的是精神因素、饮食因素和不良习惯。现代医学认为其是一种心身疾病。

精神因素包括3个方面：一是竞争心理很强而过于控制自己的这方面性格特征；二是生活过于紧张，甚至在休息和休假时也不能很好地松弛；三是强烈的心理挫折，产生焦虑或忧伤情绪，往往起到触发的作用。上述因素常导致胃壁血管痉挛、局部黏膜组织缺血而形成溃疡。

饮食因素包括：饮食不节、暴饮暴食——破坏了胃酸分泌的节律性；进食生、冷、硬不易消化食物；大量酗酒——导致胃黏膜物理性和化学性损害。

吸烟者的溃疡病发病显著地高于不吸烟者，并妨碍溃疡的愈合，这是因为吸烟可以刺激胃酸的分泌，损伤胃黏膜而致病。某些药物，如消炎痛、阿司匹林、激素，以及氯化钾、铁合剂等都有使溃疡复发或恶化的倾向。近来研究发现，幽门螺旋杆菌感染与溃疡病有密切关系。

溃疡病的发生可能与遗传因素有关，尤其是20岁以前发病的溃疡病患者，常有家族史。有人统计，溃疡病人中20%～50%有家族史，其发病率为一般人群的2.0～2.5倍，尤其是十二指肠溃疡，有家族史的为一般人的3倍。许多临床调查研究结果表明，十二指肠溃疡患者中血型为O型者比较常见；国外报告，O型者溃疡的发病率为A，B，AB型者的1.4倍。

溃疡病的主要症状是腹部疼痛，位于上腹部正中或偏右侧；疼痛的特点和饮食有密切关系，有明显的节律性，即胃溃疡的疼痛一般发生在饭后，而十二指肠溃疡的疼痛常发生在空腹时（饭前或夜晚）。还有明显的周期性，即数周或数月发作一次，持续数日或数周。有一半以上病人有明显的季节性，疼痛多在初春或秋冬季节发生。疼痛的性质，随着病变的轻重和个人耐受性的不同，可以有各种各样的特点，如胀痛、烧灼痛、钝痛、饥饿痛等。摄食或服用抗酸剂可以暂时缓解疼痛。其他症状如嗳气、反酸、烧心、呕吐等胃肠道症状。

诊断：根据本病的慢性病程、周期性发作、节律性上腹部疼痛、季节性出现以及可用食物及抗溃疡药物缓解等典型消化性溃疡症状，通常可作出临床诊断。再加上X线钡餐及胃镜检查阳性可以确诊。纤维内镜检查对于消化性溃疡的诊断和良、恶性溃疡的鉴别诊断的价值优于X线钡餐检查。

溃疡病的严重性在于并发症。有20%～25%的患者并发大出血，表现为呕血或黑便，呕出的血呈咖啡样；排出的黑便呈发亮的柏油样。出血量过大可出现头昏、眼花、心悸、出汗和口渴等症状。出血量小时，患者可毫无症状，仅在化验大便时发现潜血阳性。

若溃疡加深，胃肠壁变薄，饱餐、劳累、情绪紧张或因剧烈呕吐与咳嗽使腹内压骤然增高时，就可能引起胃、十二指肠穿孔。其后果是引起急性弥漫性腹膜炎，若不及时治疗，可危及生命。出血和穿孔也可以发生在毫无溃疡病症状或病史的患者。

此外，十二指肠溃疡可以并发幽门梗阻，胃溃疡可以发生癌变。

防治措施：消化性溃疡的内科治疗原则是①消除症状；②促进溃疡愈合；③防治并发症；④预防溃疡复发。要将整体治疗和局部治疗相结合，要做长期治疗打算。患病后要增强防治溃疡者的信心和积极性，与医生密切配合以达到治疗目的。目前市场上治疗溃疡病的药物有近百种，但在治疗溃疡过程中，一定要根据胃镜检查结果，根据胃病程度及胃酸浓度高低来选择用药。要做到合理地使用药物，否则不但不能使溃疡愈合，反而会加重病情。

六、病毒性心肌炎

病毒性心肌炎是病毒直接侵犯心肌，破坏心肌细胞代谢，影响心肌血液供应，并在局部产生毒素，造成心肌损害的结果。

病毒性心肌炎多见于青少年，一年四季都可发病，但以秋冬季节多见。病人一般先有上感症状，如发热、咽痛、流涕、咳嗽等，经 1~4 周才出现心悸、气短、心前区闷痛、呼吸困难等心功能减退的症状。严重者可发生心律失常、心源性休克，甚至有心脏骤停、猝死等危及生命的可能。至于心外表现，若病毒同时侵犯其他器官，也可相应地表现，如肝炎、脑炎等。

急性病毒性心肌炎是一种比较麻烦的病。目前国内外都还没有特效的治疗方法，疗程长。因此，及时而正确的诊断非常重要。凡已明确诊断为病毒性心肌炎的同学，一定要住院治疗。一是要治疗原发病，如上感；二是要针对心脏病变采取措施，防止出现心力衰竭。还要积极与医生配合，听从医嘱，接受治疗。可是，有些大学生患者却难以做到，直到出现不良的后果，才追悔莫及。须知心肌炎的不良结果，可能影响一生。千万不要为短期的学习成绩的进展，拒不听从医生劝告，做出不当的抉择。在病程的急性期应卧床休息，限制活动，以减轻心脏负担。治疗可给予促进心肌代谢和供给能量的支持药物，如有心律失常或心力衰竭及其他并发症，均应按不同情况及时有效地处理。在急性期大多数学者主张应用广谱抗生素以防继发感染。

患病期间，要注意营养和治疗性饮食。食品要容易消化而富含维生素和蛋白质、富含镁和钾。有心力衰竭者应用低盐饮食。

七、高血压病

血压是血液在血管内流动对血管壁所产生的一种压力。临床上所谓血压，是指心脏收缩和舒张期间的肱动脉这个外周动脉测定的压力。医生记录时将较高的收缩压值写在上面，将较低的舒张压值写在下面，例如 16/11 kPa（120/80 mmHg），血压用千帕斯卡（kPa）来表示。任何人如果没有血压，血液就无法在体内循环。

按 1978 年世界卫生组织建议，我国规定，凡血压不低于 21/12.5 kPa（160/95 mmHg）为高血压，不高于 19/12 kPa（140/90 mmHg）为正常血压，介于其间为临界高血压。

一般人常把高血压和高血压病混淆起来，认为只要发现高血压，就是高血压病或者简单地把高血压病称为高血压。实际上高血压仅仅是一个症状，高血压可由多种疾病引起，如由肾脏疾病、内分泌病、妊娠等引起。这种高血压是由其他疾病引起的一种症状，临床上称为继发性高血压，又称症状性高血压，占 10%左右。另外，有 80%左右的高血压病人即使用现代最精密的检查方法也找不出血压升高的原因，所以称为原发性高血压，现科学家认为其是一种独立的疾病，因此，又称为高血压病。

在我国，高血压既是一种常见病，又是心、脑血管疾病最常见最重要的致病因素之一。据统计，我国高血压患病率为 3%～9%，其中 20—25 岁的青年人的患病率为 1%～3%。应该指出，青年性高血压病目前有越来越多的发展趋势。

高血压的病因未明，现已发现与发病有关的因素有：①年龄，患病率有随年龄增长而增高的趋向；②家族与遗传，调查发现半数高血压患者有家族史；③职业与环境，凡注意力高度集中、过度紧张的脑力劳动，对视听觉过度刺激的工作环境，均易使血压增高；④食盐，研究表明，在摄入盐量过多的地区，高血压发生率高；⑤肥胖、吸烟、大量饮酒，均易使血压增高。

高血压病初起时，除了血压升高外，往往没有什么不适，随着病情的进展，可能出现头痛、头晕、注意力不集中、易疲劳，同时血管收缩或动脉硬化以致肢体供血不足引起肢体麻木、肌肉酸痛。高血压进一步发展可以出现心脏、肾脏及脑症状。

对原发性高血压，根据有无心、脑、肾、眼底等器质性损害及轻重程度分三期。第一期：临床无心、脑、肾及眼底器质性损害。第二期：主要指心、脑、肾或眼底有器质性改变，但脏器代偿功能良好。第三期：心、脑、肾及眼底除可出现器质性损害外，常出现脏器的代偿功能不全。

防治措施：高血压病的发生和发展与大脑皮层功能紊乱以及身体内部各脏器间的平衡失调有关，所以治疗高血压病不能单独依靠降低血压的药物，必须采取调整大脑皮层功能和机体内部的不平衡、降低血压、巩固疗效 3 个方面同时兼顾的综合性疗法。

因为大脑皮层过度紧张疲劳是高血压病发生和发展的一个重要因素，所以消除这种因素是很重要的。要合理安排生活，保持环境安静，避免能引起中枢神经不良的刺激因素；要有足够的睡眠时间，有利于维持高级中枢的功能；要积极参加体育锻炼，防止体重超重，可减少或避免高血压的发生；饮食不宜过咸，多进食富钾的食物；生活中应限制烟酒、咖啡等嗜好品；要加强预防保健工作，定期进行体检，对有高血压家族史而本人血压曾经有过增高记录者，应定期随诊观察，这样有利于为他们提供早期发现早期治疗的机会。

现代医学认为，高血压病是一种典型的心身疾病。不单是生物学因素，而是其与社会心理因素共同发生作用，对高危人群应重视社会康复和心理行为康复。

八、心律失常

心脏自律性异常或激动传导障碍均可引起心动过速、过缓或心律不齐、早搏，统称为心律失常。

1. 心脏的自律性与传导性

心脏内的特殊传导组织含有自律细胞，能通过其本身的内在变化而自动地、节律地发生兴奋，被称为自律性。传导性是指兴奋（动作电位）沿着细胞膜向外扩布的现象。

正常情况下，心脏的节律是窦性节律，因为窦房结是心脏内兴奋和搏动起源的正常部位。窦房结自动地、节律地发出的兴奋向外扩布传导，依次兴奋心房、房室交界、房室束支、浦肯野纤维和心室肌。

2. 心电图检查的意义

人类心脏在收缩、舒张的同时，会引起身体各部分产生电位的改变。应用特别的电流计——心电图机，将这种电位的变化记录下来，便是心电图了。

心电图是检查心脏兴奋的产生、传布是否正常的有用工具，可协助医生诊断某种心脏疾病。但是，心电图检查的结果，必须请医生结合临床其他资料，进行综合分析，才能克服片面性。

尽管心电图对心脏疾病的诊断有重要意义，但必须指出，心电图的正常范围较大，若将一些少见的正常变异误认为病态，可使被检查者精神紧张，造成所谓医源性心脏病。另外，有不少心脏疾病，心电图检查可能完全正常，也就是说，正常的心电图又不足以表明心脏无病。心电图的异常变化可见于几种不同的心脏病，需要医生鉴别其属于何种性质的心脏病。

3. 心脏过早搏动

在医学上，可按照心脏的自律性及传导障碍划分心律失常的类型。早搏是最常见的一种心律失常。每个人一生中几乎都发生过早搏。个体对早搏敏感性不同，或早搏发作程度不同，则会出现不同的感觉。有些人尽管早搏频发却可以毫无感觉，仅在健康检查时才发现，也有的人在医生未诊断之前毫无不适，一旦知道有早搏后，显得十分紧张。

早搏有良性早搏和病理性早搏。因此，有早搏不一定就是心脏病。良性早搏可见于健康人，常由劳累、失眠、精神紧张、情绪激动、嗜酒、抽烟、喝浓茶或咖啡、用脑过度等诱发，其特点是安静时早搏多，运动后反而减少甚至消失，对血流动力学影响不大。对这类早搏，就不必忧心忡忡，若紧张担忧过度，会诱发心脏神经官能症而影响学习。病理性早搏是指由某些疾病引起的早搏，常见于病毒性心肌炎等心脏病。这种早搏的特点是频发而持久，运动后早搏增多。可引起血流动力学障碍。这种情况，必须及时请医生诊治。

九、急性肾小球肾炎

急性肾小球肾炎是急性起病，以血尿、蛋白尿、少尿，常有高血压、水肿，甚至氮质血症为临床特征的一组疾病。发病机理为，在患扁桃体炎之后或在上呼吸道感染后2周左右，致病的溶血性链球菌的某些成分作为抗原诱导体内免疫反应形成免疫反应复合物，沉积在肾小球基底膜上，由复合物反复生成并不断被局部的浸润白细胞及单核细胞所清除引起肾小球炎症反应而致病。本病大多发生在潮湿、天气易变的季节，以青少年多见。

急性肾炎40%~70%的病例，以肉眼血尿为首发症状，尿液呈洗肉水样或酱油样，多于数天内消失。同时伴有少尿及水肿，水肿多出现于面部，尤以眼睑为甚，严重时可波及全身，常于晨起时发现。因为有水钠潴留，患者可出现中等程度的血压升高，血压多在 18.6~22.6 kPa（140~170 mmHg）/12~14 kPa（90~110 mmHg）。全身症状有乏力、厌食、恶心、腰部疼痛等。

实验室检查：尿常规为镜下血尿、蛋白尿、少数白细胞及管型。在急性期多有抗溶血性链球菌素“O”滴定度增高。

急性肾小球肾炎治疗主要是彻底治疗感染病灶，常用的药物是青霉素，连续 10~14 天。要卧床休息到浮肿、高血压等症状消失。饮食上在急性期控制水分和盐的摄入，当血中有氮质滞留时应限制蛋白质饮食，成人每日为 30~40 g；无氮质滞留时每日蛋白质摄入量也不宜过高，以免加重肾脏负担。

急性肾炎的预后大多良好，90%以上可完全康复。一般水肿 1~2 周后开始消退，2~3 个月可完全恢复正常。若 1 年以上尚未恢复正常，则有转变成慢性肾炎的可能性。

预防方面在于增强体质，积极预防各种感染性疾病，注意卫生，特别是控制链球菌感染，消除反复发作的局部感染病灶。

十、尿路感染

泌尿系统的肾盂、输尿管、膀胱和尿道统称为尿路。这些部位如果发生感染性病变，或在尿内持续有细菌快速繁殖，则称为尿路感染。

尿路感染详分为上尿路感染（肾盂肾炎、输尿管炎）和下尿路感染（膀胱炎、尿道炎）。下尿路感染可单独存在，而肾盂肾炎则一般都并发下尿路炎症，临床上有时不易严格区别。

尿路感染是常见的泌尿系统疾病，在感染性疾病中，其常见性仅次于上呼吸道感染，占第二位。学生中女性的尿路感染发病率为 1.2%，而男性仅为 0.03%，这是由女性泌尿生殖系统结构上的特点所致。女性的尿道与男性不同，只有 3~4 cm 长，而且宽。尿道括约肌的机能较差，尿道附近为阴道和肛门，尿道口易感染。据调查，在 100 个少女中就有 2 个患尿路感染；结了婚的妇女，100 人中有 6 人发生尿路感染。

在尿路感染中，最常见的致病菌是革兰氏阴性杆菌，其中有 60%~80%由大肠杆菌引起；其次是副大肠杆菌、变形杆菌等。

绝大多数尿路感染是由细菌经尿道上行至膀胱乃至肾盂而引起感染。在正常情况下，这些细菌进入尿道、膀胱并不都能引起尿路感染。主要是由于尿路有抗感染的能力，如尿液能冲走绝大部分细菌；男性排尿终末期有少量前列腺液排入尿道，它具有杀菌作用；尿液偏酸性，内含高浓度尿素和有机酸，均不利于细菌的生长。

当机体抵抗力下降或尿道黏膜有轻度损伤（月经期、性生活，以及尿酸过浓、导尿、尿路器械检查）时，细菌便可上行侵入膀胱。细菌侵入膀胱后 30%~50%可经输尿管上行到达肾盂，并通过肾乳头管沿着集合管上行播散。另外，尿路任何一部分如果有梗阻，例如尿路结石，泌尿系统的先天畸形、狭窄、肿瘤，男性前列腺肥大，均可引起排尿不畅、尿流缓慢而使细菌大量繁殖，引起感染。

当尿路感染急性发作时，患者往往有发热、寒战，体温可达 39~40 ℃，同时出现尿频、尿急、尿痛等尿路刺激症状，有尿道烧灼感，甚至出现脓尿和血尿。病人自觉疲乏、无力、腰部一侧或双侧酸痛，腰痛有时沿腹部两侧向小腹放射，有一种绷紧的疼痛感。腰部叩击痛明显。部分病人两肋胀满，口苦、咽干、恶心、呕吐。

化验会给诊断带来很大的帮助，小便常规检查，一般以白细胞增多为主，可发现脓细胞。尿中红细胞和蛋白质的数量较少，但个别病人有时有蛋白质和红细胞呈现。凡尿细菌培养呈阳性，可确诊为尿路感染。假如病人尿路感染症状较明显，如膀胱刺激症状、腰痛、发热等较典型，再加上尿中白细胞增多或有脓细胞，便可初步拟诊为尿路感染，但确诊仍有赖于尿细菌培养。

防治措施：尿路感染治疗并不困难，但彻底根治或一劳永逸的治疗都不容易。因此，对上尿路感染，必须要有足够剂量、足够疗程的彻底治疗；而对下尿路感染则可采取短程治疗甚至单次治疗。但着重在于持之以恒的预防，把预防工作做好，才能防止复发。首先，要保持一定的尿量。尿量多，尿流就急，细菌在尿路中就会被大量的尿液冲出体外而无法停留。夏天天气热、出汗多，若无足够的饮水量，尿量减少，致尿液浓缩，尿流缓慢，细菌就易于在尿路中生长繁殖。因此，要想有足够的尿量来冲洗尿路，就应该多饮水。有些患者怕尿频不敢饮水，怕尿时疼痛而控制饮水。其实，越是少喝水，症状越不容易改善。若服磺胺药，多饮水也可以减少磺胺结晶的形成。多饮水还有利于肾内补体的产生，增强肾和机体的免疫功能。其次，要注意个人卫生，勤洗澡，勤换衣服。经检测表明：常患尿路感染的人尿道周围上皮细胞的细菌黏附数显著高于对照组，所以外阴部、尿道口的清洁是重要的。尤其是女性在月经期更应注意卫生，以免引起上行感染，预防尿路感染。最后，应寻找尿路感染的易感因素，以确定尿路是否有梗阻或畸形，以及对治疗与发病有关的一些疾病，如盆腔炎、附件炎、肾结核等。对于其他易于诱发尿路感染的情况，如月经、妊娠、过度疲劳或抵抗力低下时，可短期或间歇预防性服药，也可以预防复发。

第二节　常见外科疾病

一、急性阑尾炎

急性阑尾炎是大学生中常见的急性外科疾病。患者能否早日康复，取决于能否及时发现和治疗。如果延误诊治，可引起严重的并发症，甚至死亡。

急性阑尾炎，主要是由阑尾壁受到细菌感染所致的急性炎症。细菌可以从阑尾直接侵入、从阑尾外侵入和通过血液感染。

阑尾为一管腔狭窄、开口细小的盲管，极易因粪块（粪石）、寄生虫、异物等阻塞而导致阑尾引流不畅；胃肠道功能紊乱，刺激阑尾壁肌肉、血管痉挛，妨碍阑尾的血液循环；外伤及全身性感染引起血液供应不足；等等。这些因素均可以引起阑尾发炎。

腹痛是急性阑尾炎最早和最重要的症状。典型的急性阑尾炎腹痛，起始于脐周或上腹部（胃区），若干小时后，转移并固定于右下腹部。腹痛为阵发性或持续性。患者同时可伴有恶心、呕吐、食欲不振和体温升高。体温一般不超过 38.5 ℃。也有不发烧的患者。如果体温超过 38.5 ℃，则视为病情严重者。检查时，可见患者步行时取弯腰，右侧倾斜，右手扶压右下腹部的姿势。触摸右下腹部有压痛、肌紧张或反跳痛。

化验检查，多数患者的血白细胞及分类增高。尿液中可见少量红、白细胞，也可正常。X 光透视，右下腹部可见结肠充气。

急性阑尾炎如果不及时诊治，可以随病情进一步发展导致化脓性阑尾炎、阑尾穿孔、弥漫性腹膜炎等。

以上叙述是典型的症状和体征。还有 1/3 的阑尾炎患者，腹痛起始就在右下腹部，而没有前述的“转移并固定于右下腹痛”。而右下腹痛还有许多其他疾病，有类似阑尾炎的临床表现，应注意鉴别。例如右下肺炎或胸膜炎，右侧输尿管结石，急性胆囊炎、胆石症，胃十二指肠溃疡穿孔，右侧卵巢囊肿蒂扭转或黄体破裂，等等。因此，疑为急性阑尾炎患者，不宜留在宿舍和家中，否则容易延误诊治。

急性阑尾炎治疗的最有效手段是进行手术治疗，切除发炎的阑尾。手术不大，多数在 1 周后可以出院。由于患者本人机体状况或其他原因不能手术的，必须在医护人员严密观察下抗炎治疗，以后再酌情进行手术治疗。

二、皮肤及皮下组织的化脓性感染

皮肤及皮下组织的化脓性感染是常见的外科感染性疾病。常见有疖、痈、皮下脓肿和急性蜂窝织炎等。这些疾病如果处理不当，会造成毒血症等全身性化脓性感染，危险性很大。

疖、痈、皮下脓肿和急性蜂窝织炎都具有急性化脓性感染的共同特点，即红、肿、热、痛四大局部表现。有时还可出现发烧等全身症状。疖的脓头都是单个的，多见于头、面、颈、背、臀部位。痈是蜂窝状的多头的疖，好发于颈后和背部。皮下脓肿表现为鼓隆的包块，局部皮肤有红、肿、热、痛。将两手的食指放在脓肿上，一指轻轻按压，另一指能感到液体传导的力。这就是所谓波动感，说明包块内有脓液。急性蜂窝织炎是皮下蜂窝组织的急性化脓性炎症，表现为一种没有脓头的局部红肿，与正常皮肤的分界线不清。

治疗上述感染时应注意：疖初起时，可以用碘酒反复涂抹患处数次，多能消散。但已破溃的疖，以及痈、蜂窝织炎和皮下脓肿，则需医生处理，因为涉及抗生素的选择和使用，以及局部外科处置，如切开排脓。面部的疖和痈，尤其位于鼻根至侧嘴角的所谓“危险三角区”内的疖和痈，必须按重症对待，因为三角区的静脉与颅内静脉多处交通，易造成颅内感染。因此应避免吃硬食，禁止多说话，更不能挤压，要大剂量应用抗生素，不宜采用手术治疗。

预防皮肤化脓性感染，要注意个人卫生，经常洗澡，特别是盛夏，要勤换内衣、勤理发等。同时，要加强锻炼身体，增强抵抗力。已患疖要及时治疗，以防感染扩散。

还有一种皮肤的急状感染也比较常见，这种疾病叫丹毒，它蔓延很快，但很少有组织化脓。

丹毒好发于下肢和面部，病人常有发热、头痛等全身症状，局部表皮鲜红，边缘清楚，略隆起，附近淋巴结肿大疼痛。本病痊愈后容易复发。治疗需要应用抗生素。

三、痔、肛裂、脱肛

1. 痔

痔是成年人中常见的疾病。俗话说：“十人九痔。”而且随着年龄的增长，痔的发病率有增高的趋势。痔是曲张静脉引起的团块，并因此产生出血、栓塞或团块脱出。患者常因其症状而影响劳动和日常生活。

痔根据其所在部位分内痔、外痔和混合痔。外痔位于肛门边缘之外，可以看见，也能摸到，一般并无不适，只是大便后不易拭净。但在炎症或血栓形成时会有明显的疼痛和水肿。内痔位于肛门内，平时毫无症状，患者起初并不知晓，直至便血发生。便血常发生在疲劳、大便干燥或酒后。血色鲜红，不与粪便混合，出血量不等：早期多在擦拭手纸上发现血迹，以后在便后滴血，甚至喷射状出血。混合痔多由内痔发展而成。除出血外，主要症状是排便后坠出肛门外；原先可以自行缩回，以后常需用手托回，最后一用力就会坠出，非常痛苦。大学生中最常见的是内痔出血。偶有血栓性外痔。

无症状的外痔可以置之不理。血栓性外痔引起的肿痛，可用热水坐浴，每日2次，促使血栓吸收，同时外用止痛药膏，口服通便药。如果积极治疗，7~10天会痊愈。内痔出血时，应到医院就诊，排除外直肠内肿瘤的可能性以后，再采取有效的治疗。通常用痔疮膏或栓收敛出血部位的黏膜。内服或外用药物保持大便润滑。出血较多的，可听从医生意见采用注射治疗，使内痔硬化和萎缩。混合痔常常需要手术治疗。

痔的发生率很高，但如能注意预防可以防止或延迟其发生，或者使之保持静止而无症状。首先要防止便秘和排便时间过长，即使经过痔的治疗和手术，不良的大便习惯仍会使痔复发。因此，每天要定时去厕所，形成定时排便的良好习惯。其次是多吃纤维性食物、水果，多饮水。从事久坐或久站专业工作的要坚持跑步等锻炼。保持肛门清洁，便后温水清洗，对防止痔的生成和发展有好处。

2. 肛　裂

肛裂是指肛管部位由反复损伤和感染引起的皮肤全层裂开，以致形成溃疡，经久不愈。病因与便秘有关。肛裂的症状是出血和疼痛。出血在大便时发生，血量不多，疼痛以大便时和便后的疼痛为主，通常持续0.5 h至2 h。大便愈干燥，肛裂的症状愈重。

肛裂的预防措施与痔相同，早期采取这些措施，并在排便后坚持热水坐浴，有可能使新鲜肛裂愈合。病史较久、症状较重者，应到医院诊治，必要时需做手术治疗。

3. 脱　肛

脱肛，确切地说是直肠脱垂，是指直肠壁部分或全层脱出于肛门。直肠脱垂的原因是，习惯性便秘、长期腹泻引起的腹压增加推动松弛的直肠向外脱出，或者长期营养不良、久病、神经麻痹引起的肛提肌无力和肛括约肌失禁，等等。长期反复的脱垂，会使直肠黏膜患有慢性炎症损伤、溃疡等。严重时会造成肛门口的嵌顿而坏死。

直肠脱垂初起时，病人只感到排便时有肿物脱出肛门外，便后自行复回，并无疼痛不适感。以后脱垂逐渐加重，出现便后下坠和排便不尽感，且便时脱出肿物增大，必须用手推回肛门内。甚至严重时咳嗽、喷嚏、举重物，直肠即可脱出。当脱出的直肠被嵌顿时，可见局部水肿，呈暗紫色，甚至出现坏死。

严重的直肠脱垂要手术治疗，同时消除产生脱垂的因素。轻症患者应注意清洁肛门部位，可局部外用消炎药。

预防直肠脱垂要防止便秘，及时治疗腹泻，注意丰富营养、加强身体锻炼等。

四、疝

任何脏器或组织离开了原来的部位，通过人体正常的或不正常的薄弱点或缺损进入另一部位，就形成了疝。很多部位可以发生疝，但以腹壁疝最为常见。腹壁疝是指腹腔内脏器通过腹壁的缺损或薄弱点而突出腹腔之外所造成的肿物。如不及时治疗，会发生梗阻、缺血甚至坏死。

腹壁疝发生的原因是先天或后天的因素造成了腹壁的薄弱点，当剧烈咳嗽、便秘等使腹内压力增高时，将腹内脏器通过薄弱点推出腹壁外。

疝的内容多为小肠。由于小肠肠腔含气，常在按压和还纳时出现咕噜声，故俗称小肠疝气。腹壁疝的种类繁多，有脐疝、腹股沟疝、股疝、切口疝等。根据病情轻重又将腹壁疝分为单纯疝、嵌顿疝、绞窄疝。大学生中最常见的是男生的单侧腹股沟斜疝。腹股沟位于大腿弯上方。在男性胎儿发育时，腹膜随着睾丸下降到阴囊的过程而形成鞘突，后者在婴儿出生时多已闭合。男婴啼哭时腹内压增高，小肠就很易通过这种缺损而突出，形成腹股沟斜疝，向下向内走行，逐渐坠入阴囊。由于疝颈较窄，有的腹股沟斜疝刚出现，便被紧紧卡住。不仅肠腔被压得闭合，造成梗阻，而且连供应肠壁的血管也被阻断了血流，这就是绞窄疝。其严重的结果是肠坏死，所以需要急诊治疗。但多数婴儿时期发生的腹股沟疝未发生绞窄，有的一直未经治疗，直至大学时期。一般表现为：平卧后疝气的肿物就消失，起立或浮动后肿物就出现并降至阴囊。

由于存在着腹壁缺损，腹股沟斜疝未经手术是无法治愈的，而且越拖延，疝气越小，手术的难度就越大，术后复发的可能性也越大。疝修补手术比较简单，术后 7~10 天便能开始恢复学习生活。但术后 3 个月内应避免剧烈活动，以防疝气复发。值得重视的是，如果原先平卧后能消失的疝气不再能消失，或者进一步出现局部疼痛，要立即到医院就医。因为可能已有嵌顿疝或绞窄疝发生。

五、精索静脉曲张

精索静脉曲张是由静脉回流不畅引起的。多见于 20—30 岁的青年男性。精索静脉是由来自睾丸及附睾的多支静脉汇合而成。右侧精索静脉汇入下腔静脉，左侧汇入左肾静脉，因此精索静脉曲张绝大多数见于左侧阴囊内。

本病一般平时无症状，在长久站立或重体力活动后感到患侧阴囊下坠和胀痛。站立位可见患侧阴囊松弛，表面弯曲静脉扩张，触摸可感觉蚯蚓状的曲张静脉。平卧后，上述表现均可消失，站立时再度出现。

无症状或轻度的精索静脉曲张患者，可将内裤的裤腰提起，以兜起阴囊。这样静脉回流得以改善。严重的精索静脉曲张会影响睾丸血液循环，使之萎缩进而影响生育。因此应到医院外科就诊，行手术治疗。

六、包茎和包皮过长

包茎是包皮口狭窄或包皮与阴茎头粘连，使包皮不能上翻外露阴茎头。包皮过长是包皮覆盖于全部阴茎头和尿道口，但仍可上翻。成人包茎和包皮过长易发生局部细菌感染，使尿道外口狭窄，导致排尿困难。

包茎多为先天性，但也有因炎症或创伤引起粘连而形成后天性粘连性包茎。婴儿的包茎和儿童的包皮过长都是正常的。但经过发育过程到青春期前阴茎头应逐渐外露。否则就要引起重视。

包茎、包皮过长，易在包皮下积聚包皮垢或包皮结石，易发生细菌感染，引起阴茎头包皮炎。炎症的粘连影响包皮松动，甚至导致尿道外口狭窄。包皮垢的慢性刺激和阴茎头包皮炎的反复发作，常是引起阴茎癌的重要因素。包皮口较紧者，如将包皮勉强上翻而不及时复位，会发生嵌顿性包茎，使包皮和阴茎头的血液循环受阻，发生淤血、水肿、疼痛，甚至坏死。

患包茎的大学生应及早去医院治疗，实行包皮环切术。这是一个小手术，无须住院，能根治本病。包皮过长而包皮口较松的，若能在洗澡时经常把包皮上翻后洗净，而不让包皮垢蓄积，则不一定非手术不可。随着青春期阴茎的继续发育，程度较轻的包皮过长有可能逐步改善甚至消失。包皮过长而包皮口较小的，在上翻包皮洗涤时，一定及时下翻复位，避免嵌顿性包茎而行急诊手术。如果包皮过长而难以保持清洁，应同样采取包皮环切术治疗为宜。

七、慢性前列腺炎

慢性前列腺炎的发病常无法统计，因为典型症状的人在检查时可无异常，而检查有明显异常者可无任何症状。但慢性前列腺炎在大学生中确有发生。

根据发病原因可将慢性前列腺炎分为慢性前列腺病和慢性细菌性前列腺炎两种。慢性前列腺病的症状主要是会阴部隐隐不适，轻度尿频、尿痛及性机能减退。通过前列腺按摩，取前列腺液检查，查不到病菌，高倍镜下可见为数10个以上的白细胞，而卵磷脂小体数量减少。慢性细菌性前列腺炎一般没有症状，只在引起尿路感染后有尿频、尿痛、夜尿等，此外还可有倦怠、低热、食欲不振等全身症状，取前列腺液检查可查到病菌。

慢性前列腺炎的治疗方法很多。首先应建立有规律的生活习惯，从事适当体育锻炼，避免长时间骑车。要忌酒和刺激性食物。局部治疗可采用热坐浴，前列腺按摩有助于炎性分泌物的排出，每周一次，6次为一疗程。治疗期间可小量长期应用抗生素。

某些患者对前列腺炎的症状关注过甚，导致伴有神经衰弱症状，如头痛、失眠、抑郁等，对治疗非常不利。因此，患者应将注意力集中到正常的学习生活中，以达到身心健康的全面改善。

八、乳腺增生症

在女大学生中，常有因乳房胀痛，又触及疙瘩而恐患乳腺癌者。其实，如同子宫一样，女性的乳腺每月也对雌激素和黄体酮的先后刺激做出反应，时而增大，时而缩小。如此反复多年后，许多女子的乳腺便形成了一些结节，这就是乳腺增生。这些结节一般不止一个，大小不等，触摸感觉质韧而不硬，不与皮肤及深部肌肉相粘连。当月经临近时，结节往往增大，并出现不同程度的乳房胀痛。而月经结束后，结节随之缩小，乳房胀痛也减轻以至消失。

上述的胀痛和结节正是乳腺增生的典型症状。乳腺增生一般不发生癌变，但有一种囊性增生有癌变的可能。不过女大学生中很少有囊性增长这样明显的乳腺增生病变。绝大多数处于最轻的乳腺上皮增殖和小叶增生阶段。乳癌一般发生于中老年妇女，常表现为无痛性肿物，质硬，持续生长。若对乳房内肿物性质不明确，应到医院就诊。

在发病数年内，多数乳腺增生患者的疼痛会自行缓解，因而无须治疗。对于胀痛较明显者，可用宽松的乳罩托起乳房，夜晚也不能解除。饮食中注意避免含有甲基黄嘌呤的咖啡、可可、茶、巧克力等，不少患者的疼痛可因此减轻。疼痛较重者，可用甲基睾丸素等药物治疗，但长期服用会出现男性化倾向。分娩和授乳后，不少患者的乳腺结节会缩小或减少。绝经后，许多患者的结节几乎消失。

九、乳房纤维腺瘤

乳房纤维腺瘤是乳房的良性肿瘤。一般认为与雌激素作用活跃有关。好发于性功能旺盛期的18—25岁。

纤维腺瘤一般不疼，多为单发，呈圆球形或卵圆形，表面光滑，活动度大，质地坚韧，边界清楚，生长缓慢，但妊娠时可加快生长速度。

乳房的纤维腺瘤虽为良性，但有恶变的可能性，因此最好行手术切除。早期手术，切口不会很大。术后常规将切下的肿瘤送病理检查，以排除恶性病变。若为恶性，应再行根治手术。

十、烧伤（包括烫伤）

烧伤是高温或化学物质作用于人的体表而造成的一种损伤。烧伤不仅是皮肤损伤，还可深达肌肉、骨骼，严重者能引起一系列的全身反应，如休克、败血症等。大学生生活中常见的烧伤原因是开水、烫粥、强酸或强碱等。原因不同，但病理改变和治疗原则却具共性。

估计烧伤面积和深度，是判断烧伤的程度和制定治疗方案的重要依据。

以患者的手为准，五指并拢时，其手掌面积占全身总面积的1%。用这种方法来计算面积不大的烧伤，比较简便。对于大面积烧伤应采用我国的成人新九分法，即将全身体表分成11个9%：头、面、颈为9%，双上肢为2×9%，躯干前后包括外阴为3×9%，双下肢包括臀部为5×9%+1%。

烧伤深度的估计一般采用三度四分法，即一度、浅二度、深二度和三度烧伤。如果烧伤部位只是轻微红肿、干燥而无水疱，就是一度烧伤。若有水疱，水疱剥脱后创面潮红，水肿明显，痛觉敏感，就是浅二度烧伤。如果不发生感染，一般2周左右愈合，不留瘢痕，但短期内有色素沉着。若水疱剥脱后创面苍白，间有红色斑点，痛觉迟钝，便是深二度烧伤。它常发生感染，迁延不愈。如果不发生感染，多在3~4周内愈合，常留瘢痕。若烧伤部位的皮肤蜡白、焦黄甚至炭化，毫无痛觉，触之较硬而无弹性，干燥而无水疱，就是三度烧伤。坏死的皮肤（称焦痂）要3~4周才脱落，很易感染。除小面积三度烧伤外，一般均需植皮方能愈合，愈后有瘢痕，甚至变形。

根据烧伤的面积和深度，将其轻重程度划定如下：轻度烧伤为面积在10%以下的一、二度烧伤；中度烧伤为面积在11%~30%的一、二度烧伤或面积在10%以下的三度烧伤；重度烧伤包括面积在31%~50%的一、二度烧伤，面积在11%~20%的三度烧伤，或面积不足30%的一、二度烧伤，但有休克、严重创伤、化学中毒或重度呼吸道烧伤；严重烧伤为面积在51%~80%的一、二度烧伤或面积在21%~50%的三度烧伤；特重烧伤为面积在80%以上的一、二度烧伤或面积在50%以上的三度烧伤。

小面积的一度烧伤可自行局部处理，如被开水烫伤后，要立即用自来水冲洗至不痛为止。如果不起水疱，不上药也可以。但如有水疱或以后出现水疱，应到医院处理。因为二度烧伤处理不当会引起感染而留下瘢痕。头、面、眼、耳、鼻、呼吸道、手和会阴部的烧伤，为特殊部位的烧伤，无论烧伤面积及深度如何，均应到医院诊治。

化学烧伤发生后，应立即用大量清水冲洗。若明确引起烧伤的化学试剂成分，可在大量清水冲洗后，采用中和剂，但如果不能确认成分，不可轻易用药中和。水冲洗后立即送往医院。

大面积烧伤急救和转运是大学生应该掌握的常识。在烧伤现场，如果身上着火，要立即脱去着火的衣物或就地打滚，切勿奔跑而使身上的火焰更旺。同时切勿叫喊而造成呼吸道烧伤。也不要用手扑打身上的火焰而引起手部烧伤。用自来水持续冲洗烧伤部位，可以止痛。千万不要在烧伤创面上乱涂药，以免造成医治的障碍。如果已有水疱，应尽量保护以免破裂而致感染。不要匆忙脱去衣袜而误把水疱弄破。应抓紧时间送往医院。转运大面积烧伤患者，应采取脚在前、头在后的方向；上下楼梯时，头部要低于足部。

预防烧伤的关键是提高安全意识。在易发生烧烫伤的场所，如食堂、浴池、锅炉房、实验室等，更应提高警惕。实验操作要严格遵守安全守则。要了解灭火常识及发生火情的自救知识。

十一、擦伤、裂伤、切割伤和戳伤

1. 擦　伤

擦伤是皮肤受到粗糙面剧烈摩擦而造成的表皮损伤。创面有擦痕、小出血点和组织液渗出。有时创面有尘土、碎屑等异物存留。处理关键是清洗创面，除去异物。清洗液可用生理盐水、3%双氧水、红汞、肥皂水甚至自来水，这要视当地条件和创面污染程度而决定。创面异物必须除去，特别是脸部尤须清除干净。需要时可用2%普鲁卡因或0. 5%利多卡因等局麻剂湿敷15 min后，用小刷蘸肥皂水刷去异物。然后涂以红汞等消毒剂。创面尽量暴露而不加包扎。

2. 裂　伤

裂伤是因摔跌着地或钝器打击而造成的皮肤和皮下组织裂开。创缘多不整齐，创口周围组织也受到暴力打击的破坏，创口内可有异物。裂伤常发生在头部或前额。

3. 切割伤

切割伤为刀刃或玻璃片等锐器切割所致，创缘整齐，多呈直线，出血较多，但创口周围组织的损伤较轻。深的切割伤可切断大血管、神经、肌腱等组织。

除了又小又浅的切割伤可自行处理外，一般的裂伤和切割伤须由医生处理，且多须清创缝合。就医之前的首要问题是止血。大多数出血可用局部加压止血法。即用无菌纱布、干净手帕或毛巾盖在伤口上用手压住。头皮血管丰富，裂伤出血较猛，但加压止血也常有效。止血后立即送往医院。对于严重出血，应按急救章节中止血方法处理。

4. 戳　伤

戳伤也称刺伤，为细长而尖锐的东西刺入人身所引起。刺伤创口一般不大但较深。出血不多，但可伤及深部组织（如肌腱）。刺入物还可能折断，留在伤口内。另外，这种损伤还有发生破伤风的可能性，因此要到医院诊治。

十二、冻 伤

冻伤是人体受低温侵袭后发生的损伤。其发生除受冷冻作用，还与潮湿、局部血液循环不良或抗寒能力降低等因素有关。冻伤严重者同样会引起组织坏死，甚至危及生命。

冻伤按轻重可分为冻疮、局部冻伤和全身冻伤（又称冻僵）3 种。

冻疮在一般的低温（3~5 ℃）和潮湿的环境即可发生。它常在不知不觉中发生，部位多在手、足及耳廓等处，且有复发的特点，寒冷使局部组织缺血缺氧导致局部发红或发绀、肿胀、发痒或刺痛。严重者可引起水疱、溃烂、结痂等。

局部冻伤是在缺乏防寒措施的情况下，耳鼻、面部或肢体受到冷冻作用（多在冰点以下）而发生的。其病变大多比冻疮严重，可能造成残废。伤部皮肤苍白、冰冷、疼痛麻木，复温后伤部表现与烧伤相似。可分四度。一度为皮肤浅层冻伤，微肿、紫红、痒、痛等表现，一两周内可消退。二度为皮肤浅层与局部深层的冻伤。除上述表现，有水疱出现。三度为皮肤全层和皮下组织都被冻伤。皮肤由苍白变成黑色，感觉消失，冻伤周围组织可出现水肿、水疱和剧痛。此时易感染，愈后有瘢痕。四度是指冻伤损害达肌肉甚至骨骼。伤部的感觉和运动功能完全消失，呈灰暗色。这种冻伤往往留下残疾。

全身冻伤是人体受严寒侵袭，全身降温造成的损伤。伤员大多呈现全身僵硬，故又称冻僵。主要表现为体温下降，感觉迟钝，四肢乏力，最后神志不清，呼吸循环衰竭。

冻疮等一度冻伤的治疗可用酒精、万金油、冻伤膏涂擦，也可每日用姜片涂擦 2~3 次，同时加强保暖。二度、三度、四度及全身性冻伤应立即送往医院治疗。

运送冻伤患者时，要使患者脱离寒冷环境，进行全体保暖，给予热饮或含酒精的饮料。对受冻的部位用温水迅速复温，即把冻伤处浸入 37~40 ℃温水内约 20 min。没有温水，就把冻伤肢体放在健康人腋下或大腿间。对于冻僵者，要特别注意心区的保暖，有条件可给予呼吸兴奋剂及强心剂。

预防冻伤，首先要防寒，皮肤暴露部分要适当保护，减少散热，同时服装和鞋袜大小松紧要合适，以免影响血液循环。其次要防潮，因潮湿可加速体热散发。要保持衣物的干燥。户外工作要注意活动，以促进血液循环。另外，要加强营养，增强体质，以具备抵抗寒冷的能力。

第三节 皮肤科常见病

一、皮肤霉菌感染

皮肤霉菌感染又称癣。常见的有足癣、手癣、股癣等。由于霉菌生存力较强，寄生于人体和动物可保持生存能力多年。即使随着病皮离开人体后，有合适的温暖潮湿的环境仍可存活数月至数年。因此，皮肤霉菌病容易广泛传播。

1. 足癣和手癣

足癣俗称脚气，是真菌感染中发病率最高的一种。夏季成人发病率可达 60%。不但可以传染自己，还可以传染他人，是手癣、股癣的根源。

此病病程缓慢，有不同程度的瘙痒，夏季较重，治愈后可再感染。一般表现为3种类型，3种类型常同时存在，而以某型为显著。

（1）水疱型。趾间、足缘或足底出现米粒大小的深在性水疱，可疏散或成群分布、疱壁厚、内容清澈、不易破裂，数日后干燥脱屑相互融合形成多房性水疱，撕去疱壁可显示蜂窝状底及鲜红色糜烂面。

（2）擦烂型。常见于第三、四趾及第四、五趾缝间，由于该部位皮肤紧密接触，又比较湿润，因此有利于真菌繁殖，引起局部皮角质层浸软、发白。走动的不断摩擦，使发白的表皮剥落，露出鲜红色糜烂面。

（3）鳞屑角化型。常表现为足底、足缘和足跟部皮肤角质增厚、粗糙、脱屑。鳞屑可呈片状或小点状，反复脱落和新发，其下的皮肤正常或微红。冬季气候干燥，趾缝间或足跟部皮肤可发生裂隙；夏季天热，由于真菌活动又产生水疱。

手癣多是由足癣感染而来，常由搓足引起。由于双手暴露在外，又经常洗涤，通风干燥好，故发病率较足癣低，且不易发生浸渍擦烂。主要表现为水疱型和鳞屑型。

手癣病程非常缓慢，多年不愈。夏季损害范围扩大较明显。冬季气候干燥时则粗糙加重，可于指端及关节活动部位发生裂隙，疼痛而影响工作。

手足癣的治疗以外用药为主。根据不同表现类型选用适当抗癣药物。擦烂型首先选用粉剂。水疱型一般选用液体搽剂。鳞屑角化型以软膏霜剂为主。不少人治疗手足癣不坚持用药，而没有彻底治愈或屡屡复发，认为癣是难治之症。这是错误想法，彻底治愈后方能停药。治疗期应注意清洗换下的袜子，可用开水烫和药皂洗，赤脚穿的拖鞋也同样处理，以防治愈后再感染。

预防手足癣的方法：不用别人或公用的脚布、脚盆、浴巾和拖鞋。洗脚后擦干趾间，足汗较多的人应穿透气的鞋子，并可擦足粉，以保持足部干燥。鞋袜要经常更换并保持干燥。已患足癣者避免搓足以免染上手癣。

2. 股　癣

癣发生在大腿内上侧或臀沟处称为股癣。常发生于腹股沟与外阴相连的皱褶处。由于患部多汗、潮湿，有利于霉菌的生长，故发展较快。

由于患股癣的部位经常因走路而受到摩擦，故瘙痒明显。外观上，陈旧损害区为色素沉着和苔藓样改变。新起损害区则为鲜红色。

股癣的治疗需在医生指导下应用抗霉菌制剂。若发展到外阴部，则不能用高浓度具有刺激性的药物，如水杨酸等。可用霜剂。治疗要彻底。同时注意清洗内裤。

预防股癣要注意个人卫生，保持易患处清洁干燥，勤换内裤。

二、痤　疮

痤疮是青春期常见的一种慢性毛囊和皮脂腺炎症，俗称“青春美丽痘”。好发于面部，有粉刺、丘疹、脓疮、结节、囊肿及瘢痕等多种损害，给青春期的大学生带来诸多烦恼。

目前认为本病是由雄性激素激发引起，多见于15—30岁的青年男女，有皮脂过多现象，毛孔多粗大。初起为粉刺，可分黑头与白头两种。粉刺在发展过程中，可演变为炎性丘疹、脓疱、结节、囊肿、瘢痕等。病程缓慢，时轻时重，常持续到中年，病情才逐渐缓解而痊愈，留下或多或少的凹状萎缩性瘢痕或疙瘩性损害。

治疗痤疮应少吃脂肪、糖类和刺激性食物，常用温水、肥皂水洗涤患处。切忌用手挤压患处并避免使用油性化妆品和服用碘化物、溴化物及皮质类固醇等药物。

轻症不需治疗或仅需局部使用消炎、杀菌药物，重症应配合医生治疗。

三、传染性软疣

传染性软疣俗称水瘊子，是由病毒引起的传染性皮肤病。它的传染途径是直接接触传染。

本病多见于儿童和青年。初发为粟粒大小至绿豆大小半球形丘疹，呈灰白、乳白、微红或正常皮肤色。中央有脐窝，可从中挑出或挤出白色乳酪状物质。丘疹数目多少不等，分布不均，不融合，自觉微痒。好发于躯干、四肢、眼睑等处。病程缓慢，一般6~9个月自行消退。但个别延至4~5年或更长。

治疗不需要全身用药，局部治疗即可，通常挖去软疣内容物，破坏兜囊，并用液体石炭酸或5%碘酊点入兜囊内。

预防传染性软疣应注意集体生活勿共用浴巾，衣物应经常清洗并在阳光下晒干。已患病者避免搔抓，以防软疣扩散至其他部位。

四、疥　疮

疥疮是动物性皮肤病的一种，是由疥螨引起的传染性皮肤病。它易在集体和家庭中流行。人的疥疮主要由人疥螨引起，由人与人直接传染，如同卧或握手等。但也可由被褥、衣服等间接传染。

疥螨常侵犯皮肤薄嫩部位，故好发于指缝、腕部曲侧、肘窝腋窝、女性乳房、脐周、腰部、下腹部、股内侧、外生殖器等部位，多对称发生。皮疹主要为丘疹、水疱、隧道及结节。自觉剧痒，尤以夜间为甚。由于搔抓，出现抓痕、结痂、湿疹样变或引起继发感染，发生脓疱、毛囊炎、疖、淋巴结炎甚至肾炎等。

治疗一般外用10%硫黄软膏。治疗前先用热水和肥皂洗澡，然后擦药，自颈以下，先擦皮损，后及全身，每日1~2次，连续3~4日为一疗程。擦药期间，不洗澡，不更衣，以保持药效，彻底消灭皮肤和衣服上的疥螨。疗程结束后，换用清洁衣被。

预防疥疮要注意个人卫生，发现患者应立即隔离治疗。勿与未治愈的患者接触，包括握手。患者穿过的衣服、使用过的被褥等必须经药物处理、开水烫洗或在阳光下暴晒。

第四节　眼科常见病

一、沙　眼

沙眼是一种常见的慢性传染性结膜炎，因患者的睑结膜面粗糙如沙粒而得名。沙眼后期将导致角膜损伤，严重影响视力。因此，沙眼是致盲的眼病之一。

沙眼由一种叫衣原体的微生物感染引起。沙眼通过被病眼分泌物污染的水或洗脸用具等媒介传染，也可以通过污染的手指造成交叉感染。

沙眼病变较轻的可能没有症状，只是检查发现睑结膜表面由于形成滤泡而变得粗糙不平，形似沙粒。较重的出现异物摩擦感和大量黏性分泌物，伴有畏光和流泪。但无论病情轻重，患者的泪水和分泌物都有传染性。如果反复感染，病情进一步发展，睑结膜出现瘢痕，可引起倒睫，产生持续的异物感，并可磨损角膜，引起角膜溃疡，造成角膜混浊，甚至失明。

治疗沙眼的眼药很多，如氯霉素、利福平、酞丁胺等眼药水，四环素、红霉素眼膏等都有效。关键是坚持用药。严重倒睫可做纠正术。发生角膜溃疡更应立即就医，尽可能减小对视力的损害。

预防沙眼的关键是注意个人卫生。大学生集体生活，不能共用毛巾及洗脸盆。要经常洗手，改掉用手或衣襟等揉眼的不良习惯。

二、急性卡他性结膜炎（红眼病）

急性卡他性结膜炎，俗称红眼病。是由细菌引起的常见传染性眼病。多见于春夏季，传染后数小时即可发病。在大学生中极易造成流行蔓延。

急性卡他性结膜炎以显著的结膜充血和黏液脓性分泌物为主要特点。患者表现为眼部刺痒、畏光流泪、有异物感、分泌物多、眼皮浮肿、睁眼困难等症状，常常一觉睡醒上、下眼皮被分泌物粘在一起。

急性卡他性结膜炎治疗不难。病程1~2周，一般都能恢复正常。局部用抗生素眼药水和眼膏。必要时口服抗生素。滴眼药前最好用生理盐水洗净分泌物。滴眼药水要频繁，一般半小时点一次，病情重者选用两种抗生素眼药水交替滴眼。临睡前要涂一次眼膏。如果眼部浮肿明显，可以冷敷。但不要包扎或遮盖眼，以免妨碍分泌物排出。

预防急性卡他性结膜炎的方法与预防沙眼的方法相同。只是流行期间尤须注意。与病人接触后一定要洗手。同时要加强游泳池管理，禁止红眼病患者入内，游泳后应滴氯霉素眼药水以防传染。

三、麦粒肿

麦粒肿，俗称“针眼”，为大学生中常见的眼病。它是由眼睑腺体感染引起的急性炎症。

患病者起初眼睑局部红肿，有硬结及压痛。数日后，眼睑出现黄色脓点（外麦粒肿脓点在睑缘皮肤上，内麦粒肿脓点在睑结膜面），约5~7日脓肿成熟，多数可自行排脓而自愈。

治疗上早期局部热敷及滴用抗生素眼药水。重者可口服抗生素以控制炎症扩散。脓肿成熟后，可切开排脓。未成熟前，切忌过早切开，也不能挤压，以免炎症向眶内或颅内扩散，引起更严重的感染，危及生命。对于反复发作的病人，应加强锻炼，增强机体抵抗力。

四、霰粒肿

霰粒肿又叫睑板腺囊肿。由睑板腺排出管堵塞、分泌物滞留、刺激管壁引起组织增生，形成囊肿。

本病发展缓慢，无自觉症状。检查时可摸到眼睑皮下小硬结，不与皮肤粘连。病变结膜面有紫红色充血。因本病不是由感染引起的化脓性炎症，所以眼睑皮肤无充血，无压痛，可与麦粒肿相区别。

霰粒肿小者无须处理，大者可行刮除术。术后反复发病者，要做活体病理检查，以排除其他病变。

五、眼部异物

进入眼部的异物多为尘沙，偶尔也有小飞虫。突然有异物感时，轻翻开下眼皮，如果见到异物，可用干净手帕一角轻轻拭出，若有消毒纱布更好。如果见不到异物，就要翻转上眼皮，让患者向下看，来寻找异物。如果仍不能找到，最好到医院就诊。千万不要自己揉眼，因为如果异物停留在角膜上，揉眼会损伤角膜。一旦取出异物，患者立即感到舒适。

有些眼病如沙眼、倒睫、红眼病、结膜结石、角膜炎等也可以产生眼部异物感，但不是突然发生，且伴有其他表现，需要尽快找医生诊治，不得延误。

第五节　耳鼻喉科常见病

一、急性中耳炎

急性中耳炎是大学生中常见的耳病。它通常由感冒引起，若处理不及时，会造成听力受损。

中耳是一个含气的腔，它与外界相通，是咽鼓管与鼻咽部的交通。因此，咽鼓管起到维持中耳内气压平衡的作用。但它同时又是病原体进入中耳的门户。发生在中耳的急性炎症称为急性中耳炎，分为非化脓性和化脓性中耳炎两种。

急性非化脓性中耳炎的发生是因咽鼓管的堵塞，造成了中耳负压，使鼓膜内陷，毛细血管内液体渗入中耳腔，形成渗出性中耳炎。而阻塞咽鼓管的病因除感冒时咽鼓管发炎肿胀使管腔变窄或堵塞外，鼻息肉、鼻咽部肿瘤等均可引起。

急性非化脓性中耳炎的症状主要是耳闷、耳鸣、听力减退和头部沉重感。这些症状可在擤鼻后稍有好转，随即依然如故。中耳积液时，耳内有水动感。

出现上述症状应及时就医。治疗上常用血管收缩剂（如麻黄素）滴鼻。使鼻咽部和咽鼓管黏膜消肿，恢复咽鼓管通畅，让空气进入中耳，促使中耳内渗出液吸收。若效果不明显，可采用咽鼓管吹张法，或者进一步治疗。若咽鼓管阻塞并非感冒引起，则要治疗原发病因，否则听力会长期受损。

急性化脓性中耳炎是化脓菌侵入中耳所致。侵入途径一是经咽鼓管，二是通过鼓膜外伤感染。

发病后的症状初为耳内闭塞发胀感，继而剧烈耳痛。常有低音耳鸣及听力减退，并伴有发热。随病情进展，上述症状逐渐加重，鼓膜穿破后，发现脓性分泌物流出。

若及时治疗，流脓多能停止，鼓膜穿孔多能愈合，听力可恢复。延误治疗则流脓不止，穿孔不愈可发展为慢性化脓性中耳炎。治疗上包括病因治疗、控制感染及保持引流通畅。往往需要在全身使用抗生素的同时，局部外用药。必要时进行鼓膜切开促使排脓。

预防急性中耳炎，要防治感冒、鼻炎等上呼吸道感染。擤鼻涕时不可过于用力，以免造成咽鼓管功能障碍。另外，避免鼓膜外伤。鼓膜外伤未愈或有陈旧性穿孔者不宜游泳。洗澡洗头时应避免水流入外耳道。

二、外耳道疖肿

外耳道局部化脓性炎症称为外耳道疖肿，其多为外耳道皮肤毛囊感染所致。常见的原因是，外耳道发痒挖耳，损伤了外耳道皮肤而引起感染。

本病主要症状是耳痛。由于外耳道皮肤很薄，与皮下的骨膜、软骨膜紧紧相连，皮肤神经分布也较多。因此，疖肿压迫神经末梢，会引起剧烈疼痛。咀嚼及牵拉耳廓时疼痛难忍。由于疖肿部位不同可出现外耳局部肿胀。疖肿阻塞外耳道可影响听力。

治疗要用抗生素控制感染。同时保持外耳清洁，患病期间避免外耳道进水。

三、鼻窦炎

鼻窦是鼻腔周围含气的骨性空腔，左右成对。有上颌窦、额窦、筛窦和蝶窦4对，各窦均开口于鼻腔。它们的存在对共鸣、减轻头部重量、分散咀嚼应力具有重要作用。

鼻窦炎是发生在鼻窦腔黏膜的炎症。如果治疗不当，炎症会发展到眼眶内甚至颅内，引起眶周脓肿、脑膜炎等疾病。鼻窦炎分为急性和慢性。

1. 急性化脓性鼻窦炎

急性化脓性鼻窦炎发生在上颌窦最多，蝶窦最少。发病原因很多，大多数是由伤风感冒，也就是急性鼻炎继发引起的。还有邻近器官病灶感染扩散所致。如上颌窦底部与牙齿关系密切，若牙齿发炎，可引起牙源性上颌窦炎；游泳姿势不当，污水直接经鼻腔进入鼻窦，将病菌带入，从而导致发炎；鼻外伤，细菌由伤口侵入感染；全身性因素，如体质虚弱、营养不良、疲劳过度，尤其是慢性病人，抵抗力低下，容易发生鼻窦炎。

急性化脓性鼻窦炎的表现通常是原感冒症状加重，同时出现全身症状：畏寒、发热、食欲不振和全身不适等。典型局部症状以鼻塞、脓涕和头痛三大症状为主。鼻塞为持续性，患侧明显。脓涕为黏液性，量多而不易擤出，并可带少量血性涕。头痛是鼻窦炎常见症状，由脓性分泌物蓄积，鼻窦黏膜肿胀压迫刺激神经末梢所致。发炎部位不同，头痛位置也不同。上颌窦、额窦等前组鼻窦发炎所引起的头痛多在头颅表面。后组筛窦及蝶窦发炎引起头颅深部疼痛。急性上颌窦炎为前额部痛，可能出现面颊部和上颌磨牙疼痛。急性额窦炎为前额痛，且有明显的时间规律，晨起即头痛，逐渐加重，中午最重，午后减轻，晚间消失，次日又同样发作。指压眼眶内上角顶部有明显压痛。急性筛窦炎，痛在两眉间，患侧内眦部有压痛，炎症较重时，在内眦部或上眼睑有红肿。急性蝶窦炎，一般单独发病少，常在头顶部、后枕部作痛，可放射至颈部和眼球后。

在急性鼻炎病程后期出现特殊的头痛症状，应考虑本病的可能。

治疗原则为消除病因，消炎、消肿，保证引流通畅，防止转变为慢性及产生并发症。在全身应用抗生素的同时，局部采用热敷、红外线等理疗措施，以促进血液循环，并可根据鼻窦的不同部位，采用相应的体位引流。患上颌窦炎时，采用侧卧位，使患侧上颌窦在上方；患额窦炎则头位直立，这样可使鼻窦内脓性分泌物引流出来。

预防本病，首先要锻炼身体，预防感冒，及时治疗鼻炎。其次，擤鼻勿太用力，适当应用血管收缩剂滴鼻，以改善鼻腔通气引流。还要及时治疗牙病，减少邻近器官感染机会。

2. 慢性化脓性鼻窦炎

慢性化脓性鼻窦炎较急性者多见，且常继发于急性化脓性鼻窦炎以后。可单发于某一鼻窦，若各窦均发炎，称全鼻窦炎。

慢性化脓性鼻窦炎的全身症状不明显，偶有头昏、易倦、精神不振等。局部症状以鼻塞、多涕、头痛三大症状为主。其中多涕为慢性的主要特点。鼻涕可为黏脓性或脓性涕。前组鼻窦炎可由鼻前孔擤出鼻涕，后组鼻窦炎可经吸入口腔而吐出。鼻塞可因暂时排出鼻涕而缓解。头痛一般为钝痛和闷痛，不如急性者严重。可有暂时性嗅觉减退。咳嗽低头、弯腰用力、吸烟、饮酒等会不同程度地引起头痛加重。

治疗慢性化脓性鼻窦炎除用滴鼻药、鼻窦穿刺引流外，还可采用负压置换疗法，即排出鼻腔内脓涕，置换入药物。长期治疗效果不佳的，还可考虑施行鼻窦清理术。

四、鼻出血

鼻出血又称鼻衄，是大学生中常见的一种症状。轻者仅涕中带血迹，重者可因出血过多引起休克，反复出血还可导致贫血。

鼻出血可以由鼻腔局部病变所致，也可以由全身性疾病引起。有时是严重的全身性疾病的症状之一。由鼻腔疾病（如鼻外伤、异物、鼻内炎症）引起的，多为单侧鼻孔出血。全身性疾病（如血液疾病、维生素缺乏、急性传染病等）引起的鼻出血，多为双侧。

五、慢性咽喉炎

慢性咽喉炎是指鼻咽、口咽及咽喉部的慢性炎症。其多由屡发急性咽炎引起。鼻与鼻窦疾病所致的长期经口呼吸，鼻部分泌物的长期刺激，扁桃体的慢性炎症，烟酒过度或嗜食辛辣食物，干热、扬尘的工作环境，长期吸入化学烟雾及有害气体，均可导致本病的发生。

慢性咽喉炎的症状多为咽部不适，发干、有异物感或轻度疼痛，可有干咳或清嗓动作，同时，咽部分泌物多；检查可见咽喉部暗红色充血。

治疗以局部治疗为主，可采用含漱等局部消炎、清洁，以及改善血运的方法。同时除去病因。

预防慢性咽喉炎，要做到避免各种不良因素对咽喉部的刺激。要戒烟戒酒，改善工作环境，同时要补充营养，改善健康状况，预防急性上呼吸道感染。

第六节　口腔科常见病

一、龋　齿

龋齿，也叫蛀齿，是一种常见的口腔疾病，俗称“虫牙”。成人恒齿患龋率约为50%，儿童乳牙患龋率几乎达到90%。龋齿的存在，不仅影响牙齿的功能，而且常常作为一个原始病症而造成其他部位的感染，对人体的健康危害很大。

通常认为患龋齿与细菌、食物、机体抵抗力等有关。当全身和牙齿的抗龋力降低时，又忽视了口腔清洁，食物残渣在牙缝或牙面，经细菌作用而破坏牙釉质和牙本质，并形成空洞，造成龋齿。

患龋齿时，牙齿硬组织的形、色、质都会发生改变。最初，牙釉质由半透明逐渐变成黄褐色，进而病变部位的牙釉质变软，以致形成空洞。牙釉质被破坏时患者可无感觉，发展到牙本质时，对冷热有疼痛反应，发展到牙髓腔而引起牙髓炎时，会有阵发性剧烈疼痛。牙髓坏死后，疼痛随之消失，但龋病可继续发展，使牙冠大部破坏，形成残冠或残根。因此，患龋齿的牙痛了几天后不再疼痛，并非牙病好了，不及时治疗，会引起更坏的后果。

龋齿易发生在牙面的隐蔽部位。这些部位常是隐藏细菌和食物残屑的地方。患龋率最高的是恒牙列的下颌第一磨牙，其次是下颌第二磨牙。患龋最少的是下前牙。龋齿的好发牙面以牙的咬面居首位，之后是邻面和颊面。

全身因素会使龋齿的致病条件发生变化，因此龋齿的发展过程快慢不等，可静止，可治疗后再发。

龋齿治疗最好在釉质龋阶段进行早期充填（补牙），这时治疗简单、痛苦小。如果已有空洞，对冷热刺激有疼痛反应，治疗仍不算晚。但如果发展到牙髓炎，不受刺激而自发性剧痛时，治疗就较复杂，常需多次复诊，而且治疗后这种牙齿易断裂。如果牙齿大部分已破坏，无法治疗，只好拔掉。

预防龋齿应从消灭致龋细菌存在的环境、限制糖食、增强牙的抗龋能力着手。首先，注意口腔卫生，养成早晚刷牙的习惯。其次，吃糖后漱口，晚上最好不吃糖。据统计，用含适量氟化物的牙膏刷牙可增强牙的抗龋能力，对保护牙齿是有帮助的。同时需要定期预防检查，及时发现龋病及早治疗。

二、牙周炎

牙周炎是发生在牙齿周围支持组织的炎症。它是一种慢性的破坏性疾病，发病率较高。病情严重者，会使牙齿松动而失去其功能。

牙周炎的发病原因较复杂。全身因素可能是营养代谢障碍、内分泌紊乱、自主神经功能紊乱、精神因素等造成牙周组织抵抗力下降。局部因素与细菌作用、牙石刺激关系密切。

本病炎症由牙龈开始，进程缓慢，无疼痛症状。初为牙龈红肿、出血，进而牙周袋形成，牙龈溢脓，破坏了牙周膜。牙槽骨吸收，牙齿失去支持，松动而咀嚼无力或不能咀嚼。

牙周炎治疗原则主要是消除病原因素，防止病程进展。早期治疗可使组织恢复到健康状态。

预防牙周炎要保持口腔清洁。采用正确的刷牙方法，不仅能除去菌斑、食物碎屑，同时对牙龈进行了适当的按摩，能促进血液循环，增强牙龈的抗病能力。

三、智齿冠周炎

智齿是指口腔两侧上下最后一颗臼齿，就是从正中的门牙往里数两边上下的第 8 颗牙齿，为第三磨牙。它萌生较晚，一般在 17—22 岁。

发生冠周炎的通常是下颌智齿。这是由于人类的下颌骨在进化过程中发生退化和缩短，没有发育成足够的牙槽骨容许下颌智齿的正常萌出，常常造成智齿部分萌出而位置不正。智齿牙冠常向第二磨牙倾斜，且部分被牙龈覆盖，形成一又深又窄的盲袋，其中有食物残渣和细菌，不易清除。在咀嚼食物时，覆盖智齿的牙龈又易被咬伤而发生溃疡和糜烂。因此，智齿冠周炎在大学生中发病率较高。智齿冠周炎多发生在口腔卫生不良和身体抵抗力下降的时候。发病初，患牙局部牙龈肿胀疼痛，咀嚼、吞咽时加重。随着病情发展可伴有畏寒、高烧、患侧面部肿胀、颌下淋巴结肿痛等，十分痛苦。发生上述情况，应立即就诊口腔科，消炎治疗后，如果智齿位置尚正，并有对口牙，则可不拔去患齿，只消除盲袋，否则应拔掉该智齿，以免冠周炎复发。拔除后不必装配假牙。

四、口腔黏膜溃疡

口腔黏膜溃疡又叫口疮，是长在口腔内黏膜上的小溃疡。此病好发于年轻人，且常因其反复发作的特点，给人的日常生活及工作带来烦恼。

这种病的真正病因尚不明确，有人认为与免疫系统机能降低有关。但许多因素可诱发其发病，如消化不良、便秘、感冒、疲劳过度、精神紧张、月经周期失调等。

口腔黏膜溃疡多发生在嘴唇的黏膜面、颊黏膜和舌头上。初起时常为一小的红色疱疹，随后扩大为直径 2～3 mm 或更大的溃疡。溃疡表面呈灰白或浅黄色，有剧烈的烧灼痛，咀嚼和接触咸味食物时加重。病程一般为 7～10 天，可自愈而不留瘢痕。但容易复发，一处好后，另一处又发生，间隔时间长短不同。

口腔黏膜溃疡发生后，不少病人因剧烈疼痛而急于求治，而且每次得到的治疗方法多种多样，如西医采用的表面麻醉剂、局部消毒收剑剂、维生素和各种含片，以及中医采用的清热解毒剂加穴位针刺等。这些只能说有效或有减轻疼痛的作用，但都不是特效。此病是可以不治自愈的，但需要一定的时间。

预防本病的关键在于防止复发。要总结自己的病因，尽可能有针对性地消除精神负担，调整生活规律，避免疲劳过度，加强锻炼身体，提高肌体的抵抗力。同时注意口腔卫生，这样将使复发的可能性减少，或延长每次发作的间隔时间。据报道，用提高机体免疫力的生物剂治疗，能明显减少复发的次数。

第十二章　运动损伤预防和处理

章节导读

2017年8月27日，习近平总书记在会见全国体育先进单位和先进个人代表时强调：“加快建设体育强国，就要坚持以人民为中心的思想”。大学体育作为体育的重要组成部分之一，在加快建设体育强国的进程中具有非常重要的作用。加快建设大学体育，也要坚持以学生为中心的思想。虽然运动损伤是大学体育教学中一种不可避免的情况，但是通过向大学生介绍运动损伤的基本概述、预防方式及处理方法，可以有效地减少运动损伤的出现，进而贯彻落实以学生为主体的中心思想。

第一节　运动损伤防治概论

一、概　述

运动损伤是指在体育运动过程中所发生的各种损伤。它的发生与运动训练安排、运动项目与技术动作、运动训练水平、运动环境与条件等因素有关。

运动损伤学是运动医学的重要组成部分，它研究运动损伤的预防、治疗和康复，通过总结运动损伤发生的原因、治疗效果和康复时间等，为改善运动条件、改进教学和训练方法、提高运动成绩提供科学依据和指导。

运动损伤的影响是严重的，它使运动员不能参加正常的训练和比赛，妨碍运动成绩的提高，缩短运动寿命，严重者还可导致残废，甚至死亡。对一般体育爱好者来说，运动损伤将影响其健康、学习和工作，给广大群众造成不良的心理影响，妨碍体育运动的正常开展。因此，运动损伤的预防比治疗更为重要。对预防运动损伤的意义有充分的认识，认真进行调查研究，及时总结经验教训，掌握运动损伤的发生规律，做好预防工作，能最大限度地减少或避免运动损伤，从而保证体育教学和训练的正常进行。

二、运动损伤的分类

常用的运动损伤分类方法有以下几种：

1. 按照受伤的组织结构分

按照受伤的组织结构分包括皮肤损伤、肌肉与肌腱损伤、关节损伤、滑囊损伤、骨损伤、骨骺损伤、神经损伤和内脏器官损伤等。

2. 按照伤后皮肤或黏膜的完整性分

（1）开放性损伤。伤处皮肤或黏膜的完整性遭到破坏，有伤口与外界相通。如擦伤、刺伤、裂伤及开放性骨折等。

（2）闭合性损伤。伤处皮肤与黏膜仍保持完整，无伤口与外界相通。如挫伤、肌肉拉伤、关节扭伤、腱鞘炎与闭合性骨折等。

3. 按照伤情轻重分

（1）轻伤。伤后能按原计划进行训练。

（2）中等伤。伤后不能按原计划训练，需停止患部练习或减少患部的活动。

（3）重伤。完全不能训练。

4. 按照损伤病程分

（1）急性损伤。指一瞬间遭受直接暴力或间接暴力造成的损伤。

（2）慢性损伤。指局部过度负荷、多次微细损伤积累而成的劳损，或由急性损伤处理不当转化而来的陈旧性损伤。

三、运动损伤的发生与运动项目的关系

运动损伤的发生与专项技术要求有密切的关系，因而不同的运动项目各有不同的损伤易发部位及专项多发病。如体操易伤肩、腰、膝、腕，标枪易伤肩、腰，篮球、排球易伤膝，跨栏易伤大腿后肌（见表 12-1-1，表 12-1-2）。

表 12-1-1 各种运动项目运动创伤部位统计表（2724 例）

外伤部位	运动项目																							
	体操	跳跃	投掷	短、中长跑	跨栏	竞走	全能	篮球	足球	排球	手球、棒球、垒球	摔跤	击剑	举重	游泳	自行车	摩托车	射击	跳伞	登山	冰上	舞蹈	其他	总计	百分比/%
手腕	67	10	9	7	0	1	3	20	6	9	6	1	2	17	2	5	0	0	0	0	1	0	0	166	6.09
肘部	34	3	30	5	0	0	4	1	5	2	1	4	0	1	0	0	1	0	8	0	0	0	0	99	3.64
肩部	86	5	54	7	1	0	4	12	4	11	16	4	0	15	3	1	1	0	4	0	2	0	0	230	8.44
踝部	38	38	7	42	10	4	6	55	11	7	6	4	4	6	1	2	3	0	14	0	2	0	0	260	9.55
足部	34	53	7	92	21	6	20	31	9	9	6	2	0	2	2	2	2	0	1	1	1	0	0	301	11.05
膝关节	76	95	31	95	19	22	28	163	37	43	12	7	8	27	12	7	3	4	0	8	7	0	0	704	25.85
大腿、臀	22	34	9	87	20	7	12	15	11	5	5	1	1	5	3	0	1	0	3	0	1	0	0	242	8.88
小腿	24	35	2	87	8	6	11	18	6	6	8	1	2	2	2	2	0	0	2	1	1	1	0	225	8.26
腰部	127	51	58	42	13	4	11	74	11	19	14	3	5	33	5	2	2	0	3	1	2	0	3	483	17.73
腹部	3	2	2	2	0	0	1	4	0	0	0	0	0	0	0	0	0	0	0	0	0	0	0	14	0.51
总计	511	326	209	466	92	50	100	393	100	111	74	27	22	108	30	21	13	4	35	11	17	1	3	2724	100.00

表 12-1-2　各种运动项目的运动创伤性质统计表（2724 例）

创伤性质	运动项目																							
	体操	跳跃	投掷	短、中长跑	跨栏	竞走	全能	篮球	足球	排球	手球、棒球、垒球	摔跤	击剑	举重	游泳	自行车	摩托车	射击	跳伞	登山	冰上	舞蹈	其他	总计	百分比/%
肌肉筋膜损伤	85	74	50	136	28	11	25	78	19	24	21	8	2	20	5	1	1	0	7	1	4	0	0	600	22.03
肌腱及腱鞘损伤	71	47	21	74	17	6	12	21	10	6	8	5	5	17	1	2	2	0	0	1	1	0	0	327	12.00
韧带及关节囊损伤	96	76	34	49	14	6	11	87	25	14	17	0	8	18	5	3	1	2	10	0	2	0	0	478	17.55
滑囊炎	14	6	8	11	5	6	11	9	2	5	2	2	0	1	0	0	0	0	0	0	2	0	0	84	3.08
肩袖损伤	56	3	40	6	0	0	0	7	6	0	8	2	0	7	0	0	1	0	3	0	0	0	0	139	5.10
髌骨软骨病	20	35	15	38	10	3	7	83	23	11	5	6	0	10	7	2	1	2	0	6	1	0	0	285	10.46
膝半月板损伤	20	9	3	11	1	1	1	22	6	11	3	3	3	7	0	0	1	0	0	1	0	0	0	103	3.78
膝脂肪垫损伤	4	10	1	7	1	8	3	6	1	3	1	2	0	3	0	1	0	0	0	0	1	0	0	52	1.91
疲劳性骨膜炎骨折	16	25	1	65	5	3	9	14	5	2	2	1	0	0	1	2	0	0	0	1	0	0	0	152	5.58
脊椎棘突骨膜炎	47	14	12	7	0	1	2	14	7	0	1	1	1	9	0	0	2	0	0	0	0	0	0	118	4.33
创伤性骨关节炎	10	3	4	7	0	0	3	14	2	6	1	0	2	1	0	2	3	0	5	0	2	0	0	65	2.39
骨折	22	3	5	6	0	0	1	7	1	8	0	1	1	6	0	3	1	0	1	1	0	1	0	68	2.50
脱臼	6	0	1	0	0	0	0	1	0	3	0	0	1	2	0	0	0	0	1	0	0	0	0	15	0.55
椎间盘突出症	4	1	2	1	1	0	0	4	0	2	1	0	0	3	1	0	0	0	0	0	0	0	0	20	0.74
跟骨损伤	1	3	1	8	0	0	2	0	1	1	0	0	0	0	0	0	0	0	1	0	0	0	0	18	0.66
其他	39	17	12	39	10	5	13	26	3	4	4	1	2	4	2	5	0	0	7	0	4	0	3	200	7.34
总计	511	326	210	465	92	50	100	393	111	100	74	32	25	108	22	21	13	4	35	11	17	1	3	2724	100.00

为什么会这样呢？主要与两个潜在因素有关：一是运动项目的特殊技术要求；二是身体某些部位存在一定的生理解剖弱点。当这两方面不相适应时，将发生运动损伤。例如，篮球运动员最易伤膝，因为篮球的一些基本动作都要求膝于半屈曲位（130°~150°角）屈伸、扭转与发力，而膝的这个角度恰恰是它的解剖弱点，关节稳定机能相对减弱，使关节有轻微的内外旋、翻余地，因而很易扭伤。又如，体操经常要做悬吊、大幅度的转肩动作等，肩部所承受的牵拉力很大，而在完成这些动作时肩关节的稳定性要靠肩袖等肌肉群维持，久之易出现肩袖炎。

四、运动损伤的原因

（一）缺乏必要的运动损伤知识

运动损伤的发生与体育活动组织者、指导者、参加者缺乏必要的预防运动损伤知识有关。由于缺乏基本知识，不善于对学生进行安全教育，不懂得采取各种行之有效的预防措施，在发生损伤后不会分析原因，不会总结经验教训，导致伤害事故时有发生。

（二）训练水平不够

一般身体素质训练、专项技术训练、战略战术训练及心理品质培训不够与运动损伤的发生有密切关系。一般身体素质不良时，肌肉力量和弹性较差，反应迟钝，关节灵活性和稳定性也较弱，因而容易受伤。专项技术训练不够时，往往动作要领掌握不好，存在缺点和错误，这类不佳的技术动作，极易违反身体结构、机能特点和运动时的生物力学原理，因而容易发生损伤。战略战术训练不够而致伤的，虽较少发生，但易被忽视，如耐力运动中的速度分配不当，赛车比赛时超越时间限制、地点选择不合理而造成的损伤。此外，对运动员的心理品质培养和训练不够，运动员缺少勇敢顽强、坚毅果断、胜不骄败不馁的品质和自控能力，也是致伤原因。

（三）教学、训练和比赛活动安排不当

1. 准备活动问题

如未做准备活动或准备活动不充分，就开始正式活动；准备活动量过大；与专项内容结合不好；准备活动过程违反循序渐进的原则，一开始速度过快、用力过猛。

2. 运动量过大

运动量安排不当，尤其是运动量过于集中，使局部负担量过大，是在运动训练，特别是专项训练中损伤的主要原因。针对第三届全运会武术运动员及第五届全运会击剑运动员的损伤调查结果均表明，局部负担量过大是损伤的各项原因中的第一位。

在一般体育教学课中，同样存在局部负担量过重的问题，如某中学一次体育课，安排的第一项是田径的推铅球，第二项为排球的基本技术训练、传球及封网练习，第三项是体操的单杠练习。当进行单杠练习时，不少学生已感到上肢疲乏，不能很好地完成动作，其中一学生终因上肢无力而从杠上脱手摔倒，造成前臂骨折。从表面看，这次课的内容丰富，运动项目多样化，但实际上所有内容对上肢肩带的负担都很重，造成局部负担过度，导致严重事故发生。

3. 组织方法上有缺点

在组织教学、训练过程中，不遵守训练原则，不从实际出发，没有充分认识到不同的年龄、性别，其解剖、生理、心理特点不同，即使年龄、性别相同，不同个体的身体发育、健康状况及身体素质、运动能力及技术水平也存在很大的差异，而是千篇一律对待。在运动安排上，不是从小到大，从简单到复杂，循序渐进，逐步提高。

在教学或训练过程中，尤其在进行器械练习时，缺乏必要的保护。如一个教师负责的学生过多，男教师对高年级女学生保护不便，对技术和素质差的学生未给予得力的保护，等等。此外，运动条件差而没有明显的场地分区、教学时示范动作不正确、比赛路线的选择及项目的次序安排不当、比赛时间临时改变等，都可导致运动损伤。

（四）运动参加者的生理、心理状态不良

如睡眠或休息不好、患病受伤或伤病初愈、疲劳和身体机能下降等。实践证明，疲惫的机体，其力量、精确度和协调机能均显著下降，甚至技术熟练的运动员，在这种情况下，也可能发生运动技术上的错误，引起损伤。此外，随着生理机能的下降，警觉性和注意力减退，机体的反应迟钝，也是造成损伤的因素。

运动员的心理状态与损伤的发生也有密切关系。如运动员心情不好，情绪不高，对训练和比赛缺乏自觉性和积极性，思想就不集中，也兴奋不起来，在这种情况下运动，

必然容易受伤。而急躁情绪，急于求成，信心不足，缺乏勇气，胆怯犹豫，自控能力差，赛前过于紧张，场上心慌意乱，损伤的发生率也是较高的。此外，好表现自己，好胜心强，好奇心大，忘乎所以，不顾主客观条件的可能性，盲目或冒失地进行运动，也易发生损伤。

五、运动损伤的预防原则

（1）积极开展预防运动损伤的宣传教育工作。

（2）加强身体全面训练，提高机体对运动的适应能力。对不同的运动项目注意加强易伤部位及相对薄弱部位的训练，提高机能，是一种预防运动损伤的积极手段。

（3）合理安排教学、训练和比赛。教学、训练计划的制订和执行应合乎训练原则。教师应认真钻研教材，要了解每次训练课及训练中易发生损伤的技术动作，事先做好准备及采取相应措施，施教时倍加注意。要认真做好准备活动，内容和量应根据所要进行活动的性质、运动员个别情况及气象条件而定。准备活动结束与正式运动的间隔时间以 1~4 min 为宜，一般做到身体发热、微微出汗即可，冬天量可大些。要合理安排运动量，尤其要注意运动器官的局部负担和伤后的训练安排，防止局部负担过重。遵守比赛规程和规则，加强裁判工作，少年儿童不宜过多参加比赛。

（4）加强运动中的保护。运动中适当的保护与帮助可加强运动员信心，避免一些意外事故的发生。保护在竞技体操中尤为重要。体育运动参加者应学会自我保护的方法，如自高处落地时必须双腿屈膝并拢；当重心不稳快摔倒时，立刻低头，屈肘团身，以肩背着地顺势翻滚，切忌直臂撑地。运动员还必须学会各种保护支持带的正确使用。

（5）加强医务监督，建立和健全自我监督制度。严格实施场地、设备卫生监督，场地、器械和防护用品要定期进行卫生安全检查，对已损坏的场地器械应及时维修，维修前一律禁止使用。禁止穿不合适的服装（包括鞋）进行活动。

第二节　组织损伤的病理学简介

一、组织损伤的形态变化

1. 萎　缩

发育正常的器官、组织或细胞的体积缩小称为萎缩。而器官、组织的萎缩可伴有细胞的数目减少，代谢减弱、功能降低。

萎缩有生理性和病理性两种。与运动损伤有关的主要是废用性萎缩（病理性），如骨折后固定所引起的肢体肌肉及骨组织萎缩。废用性萎缩一般都是可复性的，但如病因不除，病变继续加重，萎缩的细胞可逐渐消失。

2. 变　性

变性是细胞新陈代谢障碍引起的一类形态变化。表现为细胞或细胞间质内出现一些异常物质或正常物质的数量显著增多。

变性的细胞仍有生命力，但功能低下。多数变性是可恢复的，如病因不消除，变性继续加重，则可发展成坏死。

3. 坏　死

机体的局部组织、细胞的死亡称为坏死。它是一种不可恢复的病变，已坏死的组织不能自行修复，机体将通过各种方式将其清除，被清除后形成的缺损，则通过邻近健康组织的再生来修复。

在多数情况下，坏死是由变性逐渐发展而来的，但在某些情况下，由于致病因素极为强烈，坏死可很快发生。坏死的最常见原因为局部缺血、生物因素或理化因素。

二、炎　症

1. 炎症的基本病变

炎症是机体对致炎因子的损伤作用而产生的一种以防御为主的病理过程。致炎因子有生物性的、化学性的、物理性的等。运动损伤的致炎因子一般是机械力引起的无菌性炎症。任何炎症的局部组织中都存在着变质、渗出和增生这一基本病理改变。在不同的炎症和炎症阶段，三者的程度和组成方式不一样。

变质是指炎症局部组织损伤后在形态上发生各种变性、坏死，并伴有局部的物质代谢改变。渗出是炎症局部的血管障碍和血液成分从血管中逸出，并导致组织水肿。渗出液中含有白细胞和巨噬细胞，有利于坏死组织的分解和清除。增生指炎症区域的纤维母细胞、结缔组织、毛细血管内皮细胞及淋巴细胞的增生。

2. 炎症的局部表现和全身反应

炎症过程中局部的征象为红、热、肿、痛和功能障碍。

红：是动脉充血的表现。

热：由炎症区域血流量增多和代谢旺盛、产热增加所致。

肿：由充血、炎症渗出物聚积所致。慢性炎症时，局部的肿胀主要是局部组织增生。

痛：炎症时所释放的化学物质刺激，局部张力的增加，压迫和牵拉感觉神经末梢而引起疼痛。

功能障碍：炎症时由渗出物造成的机械性阻塞、压迫和疼痛等可造成不同程度的功能障碍。

如果机体所受伤害严重，炎症明显时，则出现全身症状，如发热、白细胞增多等。

3. 炎症的分类

按照炎症病程的缓急、长短，可将炎症分为三类：

急性炎症：起病急，局部或全身症状明显，病程经过较短（几小时或几天，一般不超过两周）。局部病变常以变质和渗出为主，炎症区域内有大量的白细胞浸润，外周血液中的白细胞总数也增加。

慢性炎症：起病较缓，局部与全身症状常不明显，炎症的经过较长（几个月到几年），炎症区病变以变性增生为主。

亚急性炎症：病程介于急性和慢性之间。

三、组织的修复与再生

修复是机体的一种防御机能，是指致伤因素所引起的组织缺损得以修补、恢复的过程。修复是通过组织的再生而实现的。

（一）再　生

组织和器官可因各种原因损伤而产生组织和细胞的缺损。组织缺损后由邻近健康的细胞分裂增生来完成修复的过程，称为再生。

再生可以是完全性的，即再生的组织在结构和功能上与原来的组织完全一样；也可以是不完全性的，即缺损的组织不能完全由结构和功能相同的组织来修补，而是以肉芽组织代替，形成瘢痕。肉芽组织是由邻近的健康组织生长出的，由新生的纤维母细胞和毛细血管构成，并有丰富的白细胞和单核细胞，能吞噬细菌和清除异物。肉芽组织填补伤口后，其中毛细血管逐渐减少，纤维母细胞转变为纤维细胞，胶原纤维逐渐增多，最后血管退化消失，局部为胶原纤维所代替，肉芽组织机化，形成瘢痕。

损伤后能否完全再生取决于组织的再生能力及损伤的程度。人体各种组织具有不同的再生能力，其中结缔组织、小血管和骨的再生能力较强，肌肉、软骨、神经组织的再生能力较弱。组织的再生能力又与伤员的全身和局部状况有关：从全身来看，年龄小、营养足、身体机能状态好，则组织再生能力较好，反之则较差；从局部来看，血液供应好，则组织再生能力较好，否则较差。

（二）骨折愈合

骨组织再生能力很强，骨折后通过骨膜细胞的再生可以完全恢复正常的结构与功能。骨折愈合的过程可以分为以下几个阶段（见图12-2-1）。

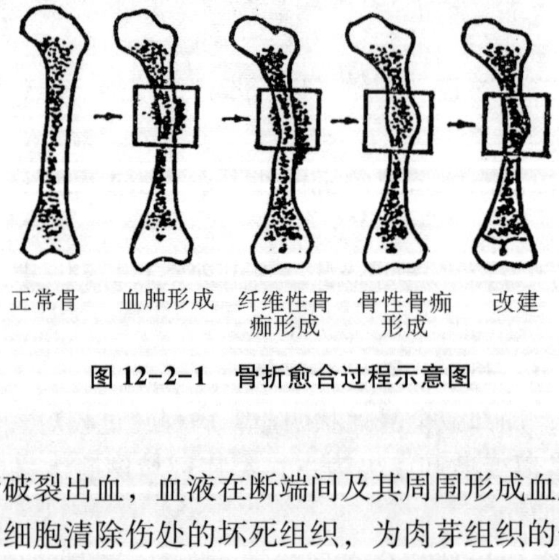

图12-2-1　骨折愈合过程示意图

1. 血肿期

骨折时，局部血管破裂出血，血液在断端间及其周围形成血肿，继之凝固，局部出现炎症反应，渗出的白细胞清除伤处的坏死组织，为肉芽组织的长入创造条件。

2. 纤维性骨痂期

骨折一两天后，在血肿分解产物的刺激下，骨膜处的骨母细胞、纤维母细胞和毛细血管再生，组成肉芽组织，向血凝块中长入，逐渐将其取代，形成纤维性骨痂，将两断端联结起来，此期2~3周。

3. 骨性骨痂期

在纤维性骨痂形成的基础上，骨母细胞分泌大量骨基质，沉积于细胞间，形成骨样组织。以后骨母细胞发育成熟成为骨细胞，骨基质钙化，形成骨性骨痂。此时，骨折的两断端已牢固地结合在一起，并且有支持负重功能，但骨小梁排列较疏松，故仍比正常骨脆弱，此期4~8周。

4. 骨痂改建期

根据功能的需要，梭形膨大的骨性骨痂可发生改建。多余的骨痂逐渐被吸收消失，不足部分长出新的骨痂，骨小梁逐渐恢复正常的排列方向，骨髓腔重新开放，经过一定时间可完全恢复正常骨的结构和功能。

在骨折愈合过程中，正确复位与固定是骨折愈合的重要条件，但患肢长期固定不活动可使血液循环减弱，影响愈合。因此，在治疗康复过程中既要注意保持局部的相对固定，又要重视全身和患肢肌肉、关节的适当活动，才能促进骨折的良好愈合，以期达到结构和功能的完全恢复。

第三节　运动损伤的急救

在运动现场，一旦发生损伤，如能进行迅速而正确的急救处理，不仅对救护伤者生命、减轻痛苦和预防并发症等具有重要意义，而且可以为下一步治疗创造良好条件。

一、休　克

休克是指人体受到强烈的有害因素作用而发生的一种急性循环功能不全综合征。

1. 原因和原理

运动损伤中并发的休克多为外伤性休克，首先是由损伤引起的剧烈疼痛所致，多见于脑脊髓损伤、骨折、睾丸挫伤等。由于神经作用使周围血管扩张，有效血容量相对减少。其次为出血性休克，由于损伤引起大量出血（如腹部挫伤、肝脾破裂时的腹腔内出血），血容量突然降低，有效循环量不足所致。最后还有心源性休克、中毒性休克、过敏性休克等。休克发病的原理是微循环内血液灌流障碍导致有效血循环量不足，全身组织、器官缺血缺氧，功能障碍。

2. 征　象

病人一般表现为虚弱、表情淡漠、反应迟钝、面色苍白或紫绀、四肢厥冷、脉搏细速、尿量减少和血压下降［收缩压降至 11 kPa（80 mmHg）汞柱以下，脉压小于 2.7 kPa（20 mmHg）］等。休克严重时可昏迷，甚至死亡。部分病人在休克初期血压可正常或略高，但过后必将出现血压特别是脉压的降低，所以不能因暂时的血压正常而忽视休克的存在。

3. 急　救

使患者安静平卧或头低脚高仰卧位（呼吸困难者不宜采用），保暖，但不要过热，以免皮肤血管扩张，影响生命器官的血液灌注量和增加氧的消耗。保持呼吸道通畅。昏迷患者，头应侧偏，并将舌牵出口外，必要时可给氧或行人工呼吸。可针刺或按摩人中、百会、涌泉、内关、合谷等穴。针刺时宜用强刺激手法。对骨折者应进行必要的急救固定，如有伤处出血，应及时采用适当的方法止血，疑有内脏出血者应迅速送医院抢救。疼痛剧烈时应给镇痛剂和镇静剂，以减轻伤员痛苦，防止加重休克。

休克是严重而危险的病理状态，在急救的同时，应迅速请医生或及时送医院治疗。

二、出血和止血

血液从破损的血管流出，称为出血。

（一）出血的分类

根据受伤血管的不同，出血可分为：

（1）动脉出血。血色鲜红，呈喷射状流出，出血速度快，出血量多，危险性大。

（2）静脉出血。血色暗红，缓慢不断地流出，危险性小于动脉出血。

（3）毛细血管出血。血色鲜红，血从伤口慢慢渗出，常能自行凝固，基本没有危险。

根据出血的流向可分为：

（1）外出血。身体外表有伤口，可直接见到血液从伤口流到体外。

（2）内出血。身体表面没有伤口，血液由破裂的血管流向组织间隙（皮下组织、肌肉组织），形成淤血或血肿；流向体腔（胸腔、腹腔、关节腔等）和管腔（胃肠道、呼吸道），形成积血。流入体腔或管腔的内出血，不易发现，容易发展成大出血，故要特别注意。

（二）止血法

成人体内总血量约为本人体重的 1/11，当骤然出血达总血量的 1/3 时，就有生命危险，所以及时止血非常重要，现介绍几种外出血的止血法。

1. 抬高伤肢法

将肢体抬高，使出血部位高于心脏，从而使出血部位的血压降低，减少出血。此法适用于四肢毛细血管及小静脉出血，在其他情况下仅为一种辅助方法。

2. 加压包扎法

有伤口的先用消毒的敷料盖上，后用绷带加压包扎。用于小静脉和毛细血管出血。

3. 加垫屈肢止血法

前臂、手和小腿、足出血时，如果没有骨折和关节损伤，可将棉垫或绷带卷放在肘或膝关节窝上，屈曲小腿或前臂，再用绷带呈“8”字形缠好（见图 12-3-1）。

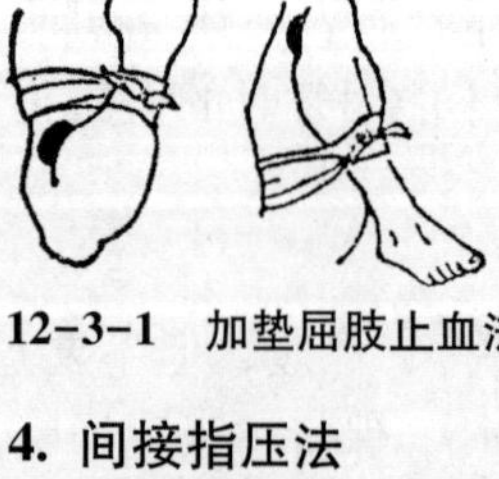

图 12-3-1　加垫屈肢止血法

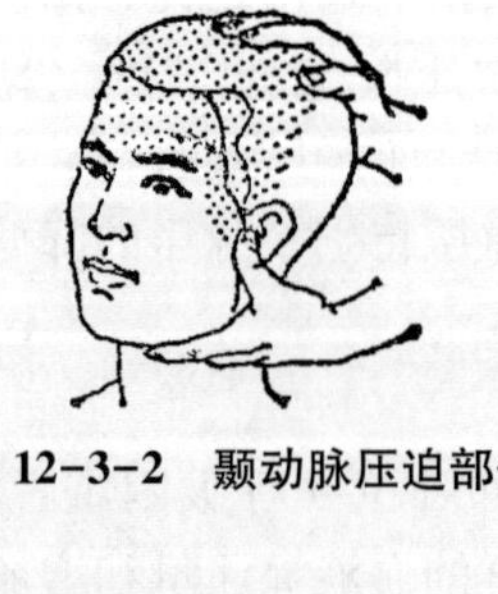

图 12-3-2　颞动脉压迫部位

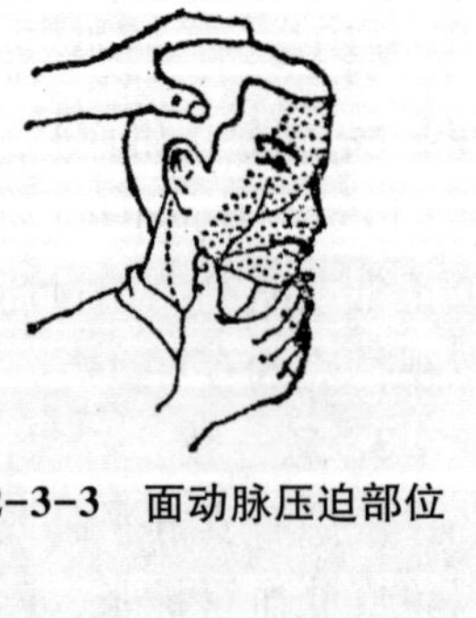

图 12-3-3　面动脉压迫部位

4. 间接指压法

用手指把身体浅部的动脉压在相应的骨面上，可暂时止住该动脉供血部位的出血，用于动脉止血。

（1）头部出血。头部前面额、颞部出血，要压迫颞动脉。压迫点在耳屏前方，用手指摸到搏动后将该动脉压向颞骨面（见图 12-3-2）。

（2）面部出血要压迫面动脉，压迫点在下颌角前面约 1.5 cm 的地方，用手指摸到搏动后正对下颌骨压迫（见图 12-3-3）。

（3）上肢出血。肩部和上臂出血可压迫锁骨下动脉。压迫点在锁骨上方、胸锁乳突肌外缘，用手指将该动脉向后正对第一肋骨压迫（见图 12-3-4）。前臂出血可压迫肱动脉，使患肢外展，用四指压迫上臂内侧（见图 12-3-5）。手指出血可压迫指动脉。压迫点在第一指节根部两侧，用拇食两指相对夹压。

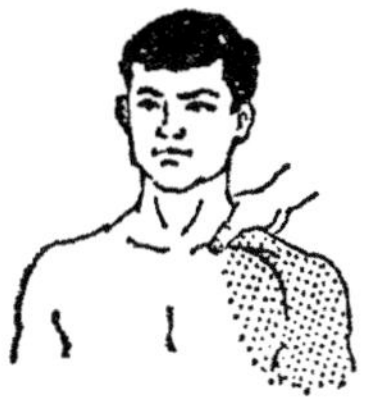

图 12-3-4　锁骨下动脉压迫部位

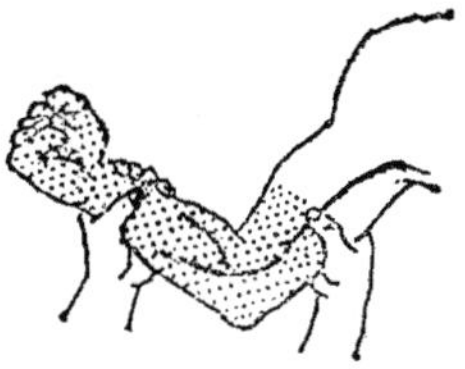

图 12-3-5　肱动脉压迫部位

（4）下肢出血。大腿、小腿部出血，可压迫股动脉。压迫点在腹股沟皱纹中点搏动处，用手掌或拳向下方的股骨面压迫（见图 12-3-6）。足部出血可压迫胫前动脉和胫后动脉。用两手的拇指分别按压内踝与跟骨之间和足背皱纹的中点（见图 12-3-7）。

图 12-3-6　股动脉压迫部位

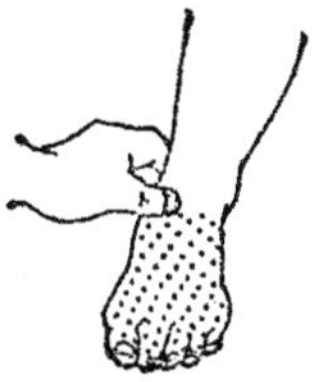

图 12-3-7　胫前、后动脉压迫部位

间接指压法简单易行，但因手指容易疲劳不能持久，只能作为临时止血，随后改用其他止血方法。

三、绷带包扎法

及时正确的包扎能起到保护伤口，压迫止血，支持伤肢，固定敷料、夹板的作用。一般用的绷带有卷带和三角巾。

包扎时伤员位置要适当舒适，包扎过程中尽可能不改变伤员位置。动作应力求熟练柔和，不要触碰伤口。包扎须松紧适合，过紧会妨碍血液循环，过松将失去包扎的作用。卷带包扎一般从伤处远心端包到近心端，包扎四肢时，应使指、趾端外露，以便观察。包扎结束后末端用别针或粘膏固定，或把卷带末端纵行剪开，缚结固定，结不要打在伤处。

（一）卷带包扎法

1. 环形包扎法

环形包扎法适用于包扎额部、手腕和小腿下部粗细均匀的部位。包扎时把带头斜放，用手压住，将卷带绕肢体包扎一圈后，再将带头的一个小角反折过来，然后继续绕圈包扎，后一圈盖住前一圈，包扎 3~4 圈即可（见图 12-3-8）。

2. 螺旋形包扎法

螺旋形包扎法用于包扎肢体粗细差不多的部位，如上臂、大腿下段和手指等处。包扎时以环形包扎法开始，然后将卷带向上斜形缠绕，后一圈盖住前一圈的 1/3~1/2（见图 12-3-9）。

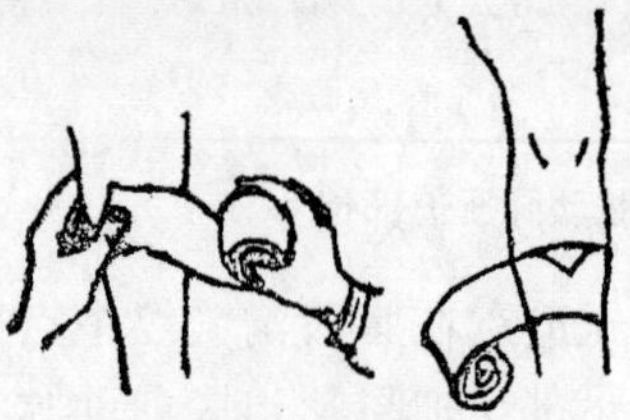

图 12-3-8 环形包扎法

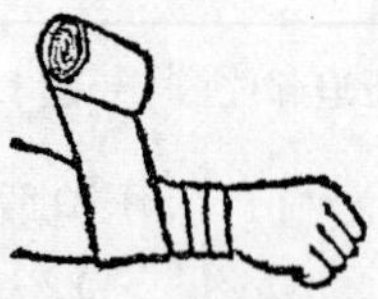

图 12-3-9 螺旋形包扎法

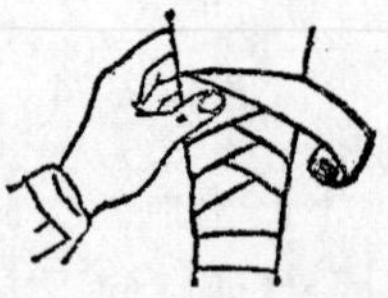

图 12-3-10 转折形包扎法

3. 转折形包扎法

转折形包扎法亦名反折螺旋形包扎法，用于包扎前臂、大腿和小腿等粗细相差较大的部位。包扎时以环形包扎法开始，然后用一个拇指压住卷带，将其上缘反折（避开伤处），压住前一圈的 1/3~1/2，每圈的转折线应互相平行（见图 12-3-10）。

4. "8"字形包扎法

适用于包扎关节部位，包扎方法有下列两种：

（1）从关节部位开始，先采用环形包扎法，然后将卷带斜形缠绕，一圈绕关节的上方，一圈绕关节的下方，两圈在关节凹面交叉，反复进行，逐渐离开关节，每圈压住前一圈的 1/3~1/2（见图 12-3-11），最后在关节的上方或下方以环形包扎法结束。

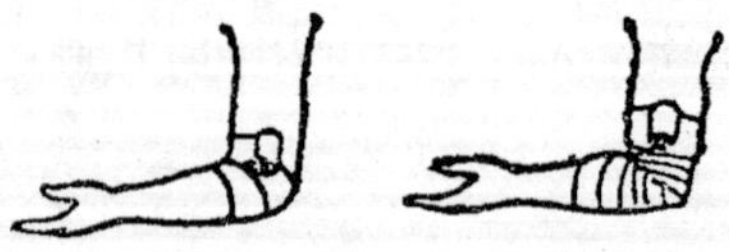

图 12-3-11 "8"字形包扎法（1）

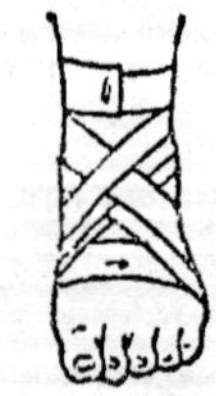

图 12-3-12 "8"字形包扎法（2）

（2）从关节下方开始，先采用环形包扎法，然后由下而上、由上而下地来回做"8"字形缠绕，逐渐靠拢关节，最后以环形包扎法结束（见图 12-3-12）。

（二）三角巾包扎法

将 1 m 见方的白布沿对角剪开即成两条大三角巾，小三角巾是大三角巾的一半。依三角形命名，三角巾也有顶角、底角、斜边和底边等名称。三角巾包扎方法很多，现仅介绍下列两种前臂悬挂法。

（1）大悬臂带用于上肢损伤，但锁骨和肱骨骨折不能用。将大三角巾顶角放在伤肢肘后，一底角置于健侧肩上，肘关节屈曲 90°放在三角巾中央，下方底角上折，包住前臂，在颈后与上方底角打结。最后把肘后的顶角折在前面，用别针固定［见图 12-3-13（a）］。

（2）小悬臂带用于锁骨和肱骨骨折。先将大三角巾叠成四横指宽的宽带，中央放在伤侧前臂的下 1/3 处，两端在颈后打结［见图 12-3-13（b）］。

（a）大悬臂带　　（b）小悬臂带

图 12-3-13　三角巾前臂悬挂法

四、关节脱位

关节脱位是指关节面失去正常的联系，也称脱臼。根据脱位的程度可分为半脱位和完全脱位。前者关节面部分错位，后者是关节面完全脱离原来位置。由暴力作用引起的关节脱臼，可伴有关节囊撕裂、关节周围的软组织损伤，严重时还可伤及神经或伴有骨折。

1. 原　因

运动中发生的关节脱位，一般是由间接外力所致，如摔倒时手撑地可引起肘关节脱位或肩关节脱位。

2. 征　象

（1）受伤关节疼痛、压痛和肿胀。主要是关节脱位时伴有软组织的损伤、出血或周围神经受牵扯而引起。

（2）关节功能丧失。受伤的关节完全不能活动。

（3）畸形。关节脱位后，肢体的轴线发生变化，整个肢体常呈一种特殊的姿势，与健侧不对称，如肩关节前脱位时的方肩畸形（见图 12-3-14），有的可伴有肢体的缩短。

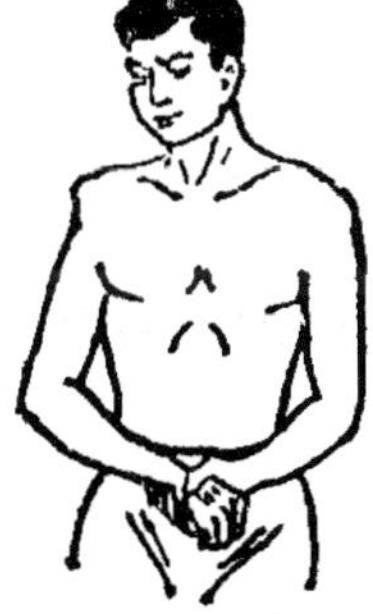

图 12-3-14　肩关节脱位时方肩畸形

（4）X线检查。可明确脱位的情况及有无骨折发生。

3. 急　救

在没有整复技术时，不可随意做整复手术，以免加重损伤。此时应立即用夹板和绷带在脱位所形成的姿势下固定伤肢，保持伤员安静，尽快送医院处理。

肩、肘关节脱位时的固定方法：

（1）肩关节脱位时，取三角巾两条，分别折成宽带，一条悬挂前臂，另一条绕过伤肢上臂，于肩侧腋下缚结。

（2）肘关节脱位时，用铁丝夹板弯成合适的角度，置于肘后，用绷带缠稳，再用小悬臂带挂起前臂。如无铁丝夹板，可直接用大悬臂带包扎固定。

五、骨　折

骨的完整性遭到破坏的损伤叫骨折。

（一）骨折的种类

（1）闭合性骨折。骨折处皮肤完整，骨折端不与外界相通。

（2）开放性骨折。骨折端穿破皮肤，直接与外界相通。这种骨折容易感染，发生骨髓炎与败血症。

（3）复杂性骨折。骨折后，锐利的骨断端刺伤了主要的组织与器官，可发生严重的并发症。

（二）原　因

（1）直接暴力。骨折发生在暴力直接作用的部位。如足球运动中，运动员的胫骨受到对方足踢而发生胫骨骨折。

（2）间接暴力。骨折发生在接触暴力较远的部位。如摔倒时手撑地而发生锁骨骨折。

（3）强烈的肌肉收缩。如提起杠铃时突然的翻腕动作，可因前臂屈肌强烈收缩而发生肱骨内上髁撕脱骨折。

（4）应力性骨折。由骨膜反复受到牵拉，或骨质长期受到较大的支撑面的反作用力的作用而引起。如长跑运动员下肢及体操运动员上肢的应力性骨折（疲劳性骨折）。

（三）征　象

（1）疼痛。骨折当时疼痛较轻，稍停即加重，常可引起休克。

（2）肿胀及皮下淤血。由于软组织损伤和血管破裂，局部可出现肿胀、皮下淤血。

（3）功能丧失。骨完全断裂，失去杠杆和支持作用，加上疼痛，功能因而丧失。

（4）畸形。骨折处由于外力和肌肉痉挛，断端可发生移位，与对侧相比，可有成角、旋转或变短等畸形。

（5）压痛和震痛。骨折处有明显压痛，有时在远离骨折处轻轻震动或捶击，骨折处也可出现疼痛。

（6）假关节活动及骨擦音。完全骨折时局部可出现类似关节的活动，移动时可产生骨摩擦音。

（7）X线检查。可确定是否有骨折及骨折的情况。

（四）骨折的临时固定

骨折时，用夹板、绷带把折断的部位固定、包扎起来，使伤部不再活动，称为临时固定。

骨折临时固定的目的是限制骨折断端的活动，避免断端损伤周围血管、神经和其他组织，减轻伤员的疼痛，同时便于转送医院。

1. 固定的原则和方法

（1）固定前不要无故移动伤肢。为了暴露伤口，可剪开衣服、鞋袜，不要脱，以免因不必要的移动而增加伤员的痛苦和伤情。对于大腿、小腿和脊柱骨折，应就地固定。

（2）伴有出血和伤口者，固定前先止血，包扎伤口；伴有休克者，应先抗休克。

（3）夹板和肢体之间要有垫衬物，空隙地方要填紧；夹板的长度和宽度要合适，长度须超过骨折部的上、下两个关节。

（4）露出伤口的骨片，不要放回伤口内，以免把感染带入深部，也不可任意去除。

（5）固定时先固定骨折部上下，再固定上下两关节。

（6）四肢固定要露出指（趾）端以便观察。如发现肢端麻木、疼痛、发冷、苍白或紫红，均表示固定过紧，肢体的血液循环不畅，须立即松开，重新固定。

（7）固定后伤肢要保暖。

2. 各部位骨折的临时固定

（1）上肢骨折临时固定。

锁骨骨折固定法：用三条三角巾折成宽带，两条做成环套于肩，另一条在背部将两环拉紧打结（见图 12-3-15）。为避免腋下组织受压，应在两腋放置棉垫等松软物。最后以小悬臂带将伤侧患肢挂起。

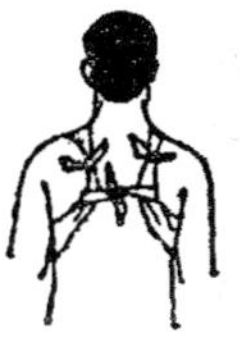

图 12-3-15　锁骨骨折固定法

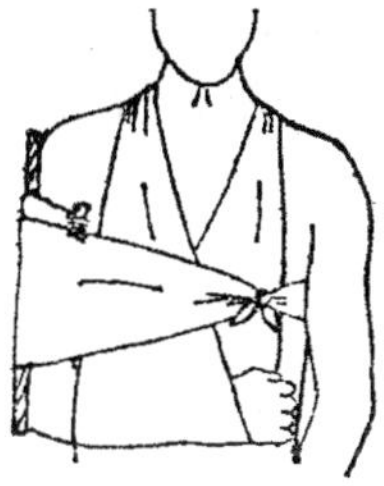

图 12-3-16　肱骨骨折固定法

图 12-3-17　前臂骨折固定法

肱骨骨折固定法：取一合适夹板，置于伤肢外侧（最好内侧同时置放一块），用叠成带状的三角巾固定骨折的上下两端，再用小悬臂带将前臂吊起，最后用三角巾把伤肢绑在躯干上加以固定（见图 12-3-16）。

前臂骨折固定法：伤员前臂的掌背侧各放一块夹板，用三角巾宽带绑扎固定后以大悬臂带悬挂胸前（见图 12-3-17）。

（2）下肢骨折临时固定。

股骨骨折固定法：将 5~8 条三角巾，折叠成宽带，分段放好。取长夹板两块，分别置于伤肢的外侧和内侧。外侧夹板自腋下至足底，内侧夹板自腹股沟至足底。放好后用上述宽条固定夹板，在外侧做结（见图 12-3-18）。

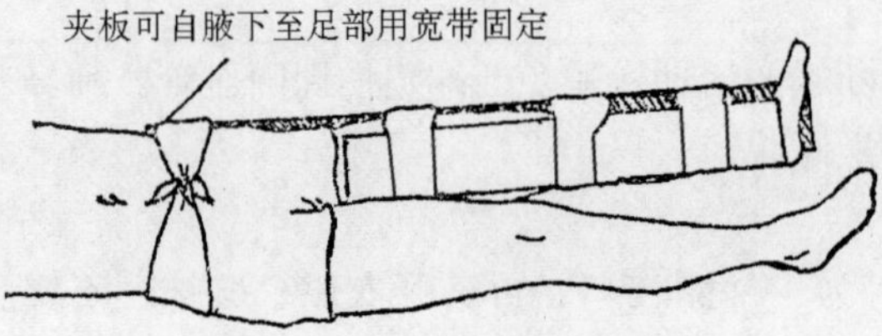

图 12-3-18 股骨骨折固定法

图 12-3-19 小腿骨折固定法

小腿骨折固定法：夹板两块，一块在外侧，自大腿中部至足部，另一块在内侧，自腹股沟至足部，然后用 4~5 条宽带分段固定（见图 12-3-19）。

髌骨骨折固定法：先缓缓将小腿伸直，在腿后放一夹板，其长度自大腿至足跟，用 3 条三角巾宽带，分别于膝上、膝下和踝部固定（见图 12-3-20）。

足骨骨折固定法：除去鞋，在小腿后面放一直角形夹板，然后用宽带固定膝下、踝上和足部（见图 12-3-21）。

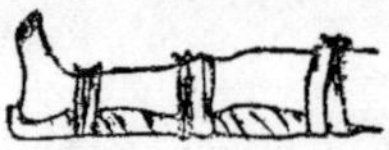

图 12-3-20 髌骨骨折固定法 图 12-3-21 足骨骨折固定法

（3）脊柱骨折临时固定与搬运。

搬运胸腰椎骨折病人时，必须由 3~4 人同时托住头、肩、臀和下肢，把伤员身体平托起来，放上平板担架，最好使伤员俯卧后搬运（见图 12-3-22）。绝对不能抱头、抬脚，以免脊柱极度弯曲，加重对脊髓的压迫和损伤。

颈椎骨折时，应由 3 人搬运，其中一人专管头部的牵拉固定，使头部与身体成直线位置不摇动，将伤员仰放在硬板床上（见图 12-3-23）。在颈下放一小垫，不用枕头，头颈两侧用沙袋或衣服垫好，防止头部左右摇动。

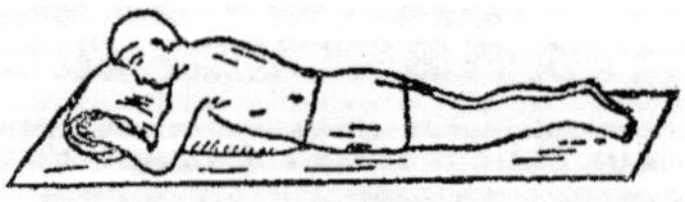

图 12-3-22 胸腰椎骨折的卧式

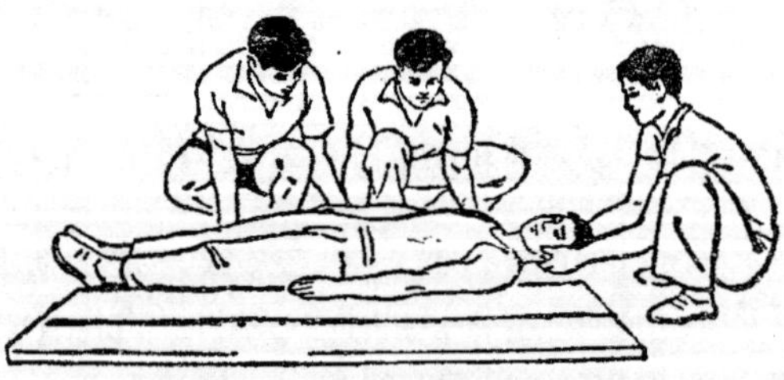

图 12-3-23 颈椎骨折的搬运

六、人工呼吸和胸外心脏按压

在一些体育运动的严重意外事故中，如溺水、外伤性休克等，可能出现呼吸和心跳骤然停止。如不及时抢救，伤员会很快死亡。人工呼吸和胸外心脏按压为现场复苏急救的重要手段。

（一）人工呼吸

人工呼吸系借人工方法来维持机体的气体交换，以改善缺氧状态，并排出二氧化碳，为自主呼吸的恢复创造条件。

人工呼吸的方法很多，现介绍口对口人工呼吸法，此法简便有效，而且可以同时进行胸外心脏按压（见图 12-3-24）。施行时，使伤员仰卧，松开领口、裤带和胸腹部衣服，清除口腔内异物。急救者一手的掌尺侧置于病人前额，使其头部后仰，以拇指和食指捏住病人鼻孔，以免气体外溢。另一手置于病人颈后，将颈向上托起，保持气道通畅。然后深吸气，张嘴去套住病人的嘴并紧贴住向里吹气。每次吹气量应为 800~1200 mL，吹气按每分钟 16~18 次的频率进行。

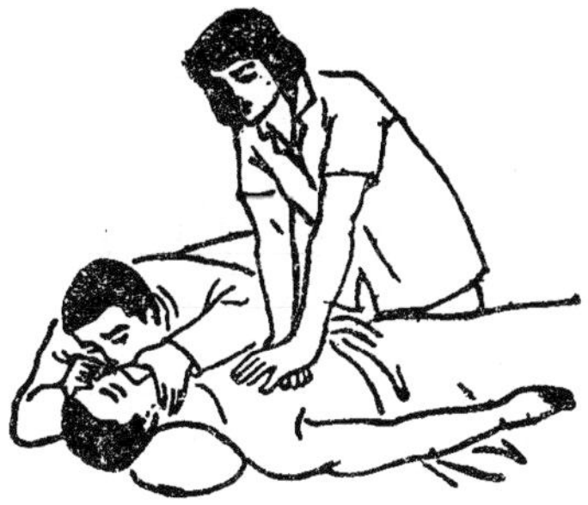

图 12-3-24　口对口吹气和胸外心脏按压

（二）胸外心脏按压

胸外心脏按压法系通过按压胸骨下端而间接地压迫左右心室腔，使血流流入主动脉和肺动脉，建立有效的大小循环，为心脏自主节律的恢复创造条件。

操作时，使患者仰卧于硬板床或地上，急救者以一手掌根部置于患者胸骨的中、下 1/3 交界处（注意非剑突处），另一手交叉重叠于其手背上，肘关节伸直，充分利用上半身的重量和肩、臂部肌肉的力量，有节奏地带有冲击性地垂直按压胸骨，使之下陷3~4 cm，对儿童相应要轻些。每次按压后随即迅速抬手，使胸廓复位，以利于心脏舒张。速率为每分钟 60~80 次，儿童稍快。操作中，如能摸到颈动脉或股动脉搏动，上肢收缩压达 8 kPa（60 mmHg）以上，口唇、甲床颜色较前红润，或者呼吸逐渐恢复，瞳孔缩小，则为按压有效的表现，应坚持操作至自主心跳出现为止。对呼吸心跳均停止的伤员，应同时进行上述两种急救措施。如为单人操作，按压频率与吹气之比为15∶2，反复交替进行。两人操作时，一人按压，一人吹气，每按 5 次，吹气 1 次，交替进行。

进行心肺复苏急救时，应沉着、冷静、迅速，急救一经开始，就要连续进行，不能间断，一直做到伤员恢复自主呼吸心跳或确定死亡为止。在抢救的同时，应迅速派人请医生来处理。

假死和真死的判断

病人死亡具有如下 4 个特征：①呼吸停止；②心跳停止；③瞳孔扩大，对光反射消失；④角膜反射消失。若只出现上述 1~2 个征象，并非真死，称为假死。如 4 个征象全备，且用手捏眼球时，瞳孔变成椭圆形，即为真死。

七、溺　水

溺水时，水经口鼻进入肺内，造成呼吸道阻塞，或由吸水的刺激引起喉痉挛，使气体不能进出，引起窒息，时间稍长，就有生命危险。

溺水者被救上岸后，首先应迅速清理口鼻内的分泌物及其他异物，如有活动假牙也应卸下取出，以免坠入气管引起窒息。随后立即进行控水，急救者一腿跪地，另一腿屈膝而立将溺水者俯匐在其膝盖上，使其头部下垂，按压其腹、背部，使溺水者口、嘴及气管内的水排出（见图 12-3-25）。也可采用图 12-3-26 的方法控水。但控水时间不宜过长，否则会失去心肺复苏的良机。

控水后立即检查溺水者呼吸、心跳的情况，如果心跳、呼吸都停止了，应就地进行人工呼吸和胸外心脏按压。有条件时可以在运输工具上施行复苏术，同时将病人送往就近的医疗急救单位，切忌不做任何抢救就将溺水者送往医院，因为这样会使溺水者脑缺氧时间过长，从而无法挽救生命。

图 12-3-25　溺水急救处理的控水方法（1）

图 12-3-26　溺水急救处理的控水方法（2）

第四节　运动损伤的一般处理

一、冷疗法

冷疗法是运用比人体温度低的物理因子（冷水、冰、蒸发冷冻剂）刺激来进行治疗的一种物理疗法。

（一）作　用

冷因子刺激躯体可使组织温度下降，周围血管收缩，明显地减少局部血流量及充血现象；还可使周围神经传导速度减慢，因此有止血、退热、镇痛和防肿的作用。它可使肌肉的收缩期、松弛期及潜伏期延长，降低肌张力及肌肉的电兴奋性，因而还有解痉作用。

（二）方　法

1. 冷敷法

将毛巾浸透冷水（视毛巾温度上升的情况随时更换），或将冰块装入热水袋或塑料袋内进行外敷，每次 20~30 min，也可用冰块在治疗部位来回移动（冰块按摩法），或将伤肢直接浸泡在冷水中，但时间应缩短。

2. 蒸发冷冻法

利用一些容易蒸发的物质接触体表，吸收热能而使局部温度降低。常用的为烷类冷冻喷射剂。喷射时喷出的细流应与皮肤垂直，距皮肤 30~40 cm，喷射时间视病情而定，一般 5~10 s，或皮肤上出现一层白霜即可。需要较长时间治疗时，可用间歇喷射法，即喷射 5 s 后停止 20~30 s 再进行，但重复不宜超过 3 次。要观察局部皮肤情况，避免皮肤冻伤。

（三）适应证

主要用于急性闭合性软组织损伤的早期。近年，有人发现利用局部冷因子刺激有反应性血管充血及镇痛解痉的作用，而把冷疗法应用于闭合性软组织损伤的整个治疗过程。

（四）注意事项

伤后尽快使用，要严格掌握治疗时间，注意局部情况，一般出现皮肤麻木时应立即停止，防止过冷引起组织冻伤。面部损伤一般不宜用烷类喷射剂。

二、热疗法

热疗法是运用比人体温度高的物理因子（传导热、辐射热等）刺激来进行治疗的一种物理疗法。

（一）作　用

热因子刺激能使局部血管扩张，促进血液和淋巴循环，提高新陈代谢，有利于肿胀的吸收消散，缓解肌肉痉挛。热刺激还能加强白细胞、单核细胞的吞噬作用，促进坏死组织的消除，促进再生修复的进行。因而，热疗有消肿、散淤、解痉、镇痛、减少粘连和促进损伤愈合的作用。

（二）方　法

1. 热敷法

将毛巾或敷料浸透热水或热醋后放于伤处，无热感时应立即更换，每次敷 30 min 左右，每日 1~2 次，也可用热水袋热敷。

2. 蒸熏法

用配好的药物加水煮沸，将需治疗部位直接在蒸气上熏。每次治疗 20~40 min，每日 1 次。此法能使药物通过温热作用渗入局部而起到治疗作用。有时也可用稀释的温热药液直接浸泡伤处。

3. 红外线疗法

红外线由热光源产生。治疗时把红外线灯移至治疗部位上方，灯距一般为 30~

50 cm。剂量的大小可用改变灯与皮肤的距离来调节，一般以舒适温热、皮肤出现桃红色的均匀红斑为合适。每次治疗时间为15~30 min，每日1~2次。15~20次为一疗程。

（三）适应证

急性闭合性软组织损伤的中、后期，慢性损伤。

（四）禁忌证

急性软组织损伤的早期，高热，有出血倾向，活动性肺结核，恶性肿瘤，等等。

（五）注意事项

（1）防止烫伤，对瘫痪和感觉障碍的伤员要注意观察，如伤员皮肤出现红紫或灼痛，应停止治疗，涂以凡士林或硼酸软膏，防止起水疱。

（2）凡有皮肤过敏，或红外线治疗中有头晕、心慌、疲倦等反应，应停止治疗。

（3）红外线治疗时要避免直接辐射眼部。

三、保护支持带

正确地使用保护支持带，是保证伤部修复与避免再伤的重要方法。

（一）保护支持带的作用

（1）使用保护支持带后可避免受伤韧带或其他组织的松弛，保持关节的稳定性。

（2）限制肌肉、肌腱超常范围的活动，以免已伤组织再伤，并使已伤组织适当休息，有利修复。

（二）使用方法

常用的保护支持带有各种护具（如护腕、护肘、护膝、护踝、各种围腰等）、粘膏、弹力绷带、纱布绷带等。保护支持带的使用要正确，否则会引起相反结果。总的原则是关节能固定于相对适宜的位置，受伤组织不再受到牵扯，活动时不使疼痛加重。常用的保护支持带有：

1. 指间关节扭伤粘膏支持带

将伤指与健指固定在一起，中间垫以少许棉花，应用时注意两条粘膏的位置不应妨碍各关节活动（见图12-4-1）。用后可以参加练习。

2. 第一掌指关节扭伤粘膏支持带

粘膏带的缠绕方向应防止第一掌指关节过伸和外展（见图12-4-2）。

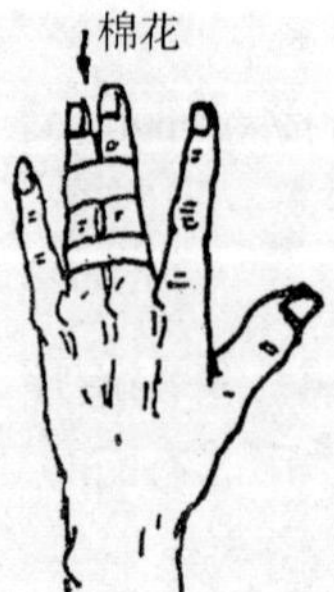

图12-4-1　指间关节扭伤粘膏支持带

图12-4-2　第一掌指关节扭伤粘膏支持带

3. 膝部损伤粘膏支持带

伤员膝关节微屈，用宽约 4 cm 的粘膏按图 12-4-3 所示粘贴。粘贴后还可戴上护膝或缠上弹力性绷带。

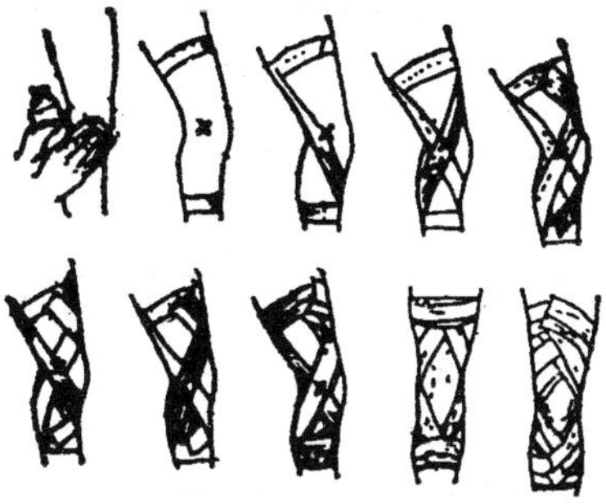

图 12-4-3 膝关节侧副韧带损伤的粘膏支持带

4. 胫骨粗隆骨骺损伤粘膏支持带

用粘膏将膝关节固定于伸直位置（见图 12-4-4）。

5. 跟腱损伤粘膏支持带

踝关节稍微跖屈，用两条 2~3 cm 宽的粘膏自小腿后面中部向下于足跟交叉，贴至足底，然后用三条粘膏分别横贴小腿、踝部及足底，将前两条粘膏固定（见图 12-4-5）。

图 12-4-4 胫骨粗隆骺损伤粘膏支持带

图 12-4-5 跟腱损伤粘膏支持带

6. 距腓前韧带损伤粘膏支持带

用宽 2~3 cm 的粘膏，如图 12-4-6 所示，作编篮式包扎。

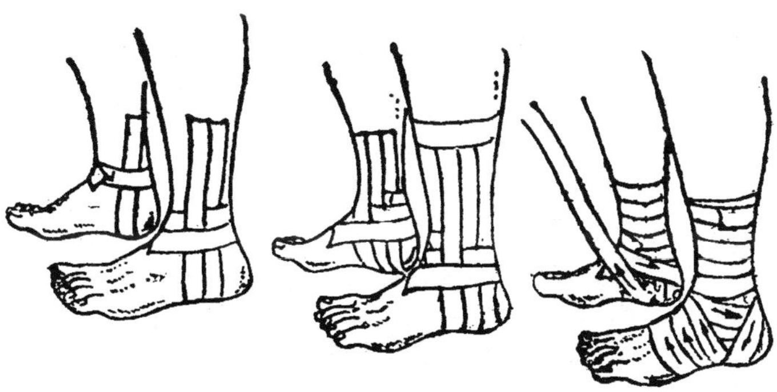

图 12-4-6 距腓前韧带损伤粘膏支持带

7. “足球踝”保护支持带

使踝关节保持直角，用普通布带或弹力绷带从小腿内侧向外侧横扎后绕至足底，再从足内侧绕足一圈后，经足跟内侧绕向小腿，又经足背绕到足底，再经足跟外侧绕到小腿后面，环绕小腿以环形包扎法结束（见图 12-4-7）。

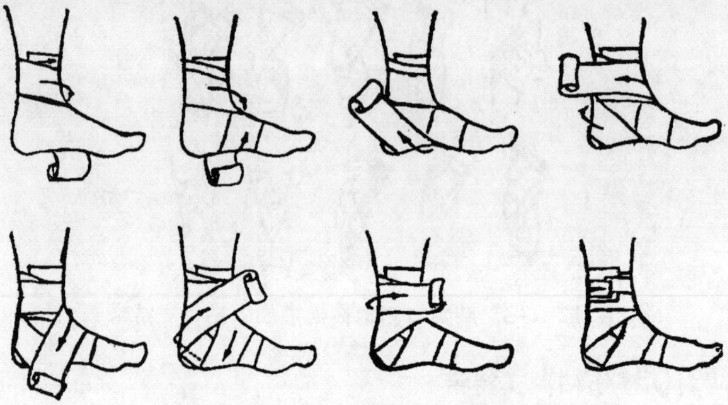

图 12-4-7　“足球踝”保护支持带

8. 其　他

如跟骨挫伤或跟骨下滑囊炎可用海绵垫保护（见图 12-4-8），海绵垫的缺口应正对伤处；腰部损伤用宽围腰或皮围腰支持；跖腱膜拉伤及足弓劳损粘膏支持带的使用分别如图 12-4-9 和图 12-4-10 所示。

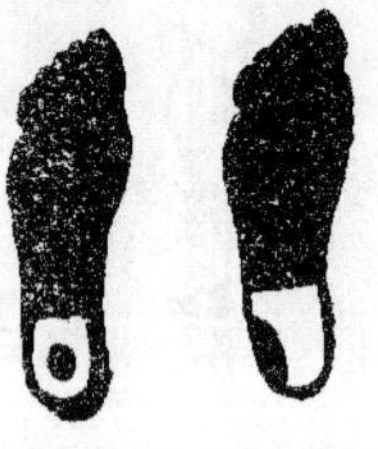

图 12-4-8　足跟损伤海绵垫保护法

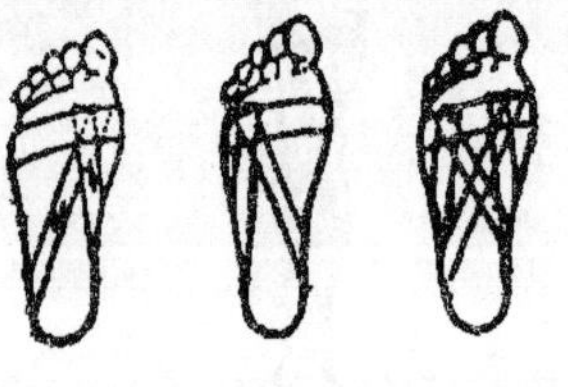

图 12-4-9　跖腱膜拉伤粘膏支持带

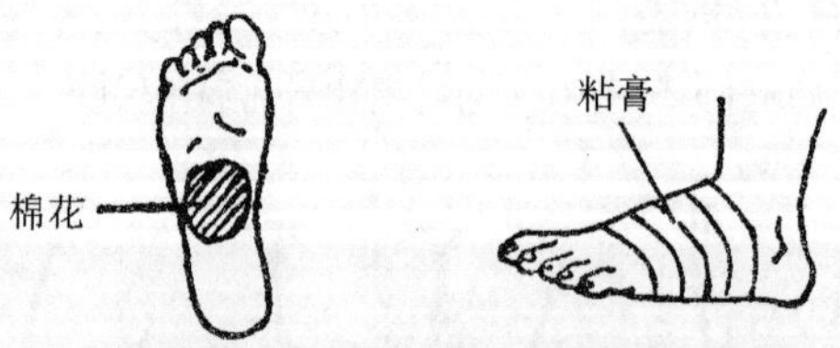

图 12-4-10　足弓劳损粘膏支持带

（三）注意事项

（1）使用粘膏支持带前应把局部的汗毛剃去。

（2）选用的粘膏宽窄应与损伤部位相符，粘贴时要平整，用手掌塑形，粘牢。

（3）一般情况下，避免用连续环形缠绕的方法，必须使用时，应注意该部位的血液循环情况。

（4）受伤部的支持带不应保留 5 天以上。需延长使用的，要重新粘贴；比赛时使用的，赛后立即拆除。

四、闭合性软组织损伤的处理

对闭合性软组织损伤的处理，应根据其不同的病理过程进行。闭合性软组织损伤有急、慢之分，处理过程分述于下：

（一）急性损伤

急性软组织损伤的病理过程可分为 4 个阶段：组织损伤出血，炎症反应及肿胀，肉芽组织形成，瘢痕形成。

治疗的基本原则是按不同的病理过程进行处理，大致可分为早、中、后三个时期。

1. 早 期

指伤后 24 h 或 48 h 以内，组织出血和局部急性炎症期。这一时期的处理原则主要是适当制动、止血、防肿、镇痛和减轻炎症。

伤后即刻冷敷、加压包扎、抬高伤肢、适当制动。加压包扎就是用适量厚度的棉花或海绵放于伤部，然后用绷带稍加压力进行包扎。一般先冷敷，后加压包扎，但也可二者同时并用。加压包扎 24 h 后即可拆除，再根据伤情做进一步处理。如外敷新伤药，疼痛较重者服止痛片，淤血较重者内服跌打丸、七厘散等。

2. 中 期

指伤后 24 h 或 48 h 后，出血已停止，急性炎症逐渐消退，但伤部仍有淤血和肿胀，肉芽组织正在形成，组织正在修复。处理原则主要是改善伤部的血液和淋巴循环，促进组织代谢，促进淤血与渗出的吸收，加速再生修复。

治疗方面可采用热疗、按摩、拔罐、药物治疗（如外敷活血生新剂）。同时，应根据伤情进行适当的康复功能锻炼，以保持机体神经及肌肉的紧张度，以及在维持中已经建立起来的条件反射，及各个器官与系统的反射性联系。

3. 后 期

损伤基本修复，肿胀、压痛等局部征象已基本消失，但功能尚未完全恢复，锻炼时仍感疼痛，酸软无力。有些严重病例，由于粘连或瘢痕收缩，出现伤部僵硬、活动受限等情况。此时期的处理原则是增强和恢复肌肉、关节的功能。如有瘢痕硬结和粘连，应设法使之软化、松解。治疗方法以按摩、理疗、功能锻炼为主，适当配以药物治疗，如旧伤药外敷或海酮熏洗药熏洗。

（二）慢性损伤

慢性损伤的病理变化主要是变性和增生。由于伤部长期代谢障碍而引起组织形态和功能上的改变，伤员自觉酸胀、疼痛、活动不便、局部发凉等。

慢性损伤的处理原则主要是改善伤部血液循环，促进组织的新陈代谢，合理安排局部负担量。治疗方法与急性损伤的中后期大致相同，但特别要注意功能锻炼。在各种疗法中以按摩、针灸、理疗、局部注射肾上腺皮质素等效果较好。

五、伤后康复训练

运动损伤治疗的重要任务是使患者早日恢复训练，按时参加比赛，继续提高运动成绩，因此，伤后康复训练较一般人更具有特殊意义。

（一）康复训练的目的

（1）保持运动员已经获得的良好训练状态，缩短重新投入训练的间期，即一旦伤愈能立即投入正规训练。

（2）防止因伤停训而引起的各种疾病，如神经衰弱、胃扩张、胃肠功能紊乱、内分泌失调等，有人称为停训综合征。

（3）运动外伤常与技术动作密切相关。在康复训练过程中，局部不安排受伤动作的练习，能保证其得以修复，以免再伤。

（4）促进损伤的痊愈和功能的恢复。伤后训练可改善伤部组织的代谢和营养，有利于组织的修复，减少组织粘连、关节僵硬及活动受限。康复训练还可以维持神经肌肉的紧张度，防止肌肉、骨骼的废用性萎缩，最大限度地维持伤部的运动能力。

（5）可防止因伤后停训而增加体重，以减少影响恢复训练的时间。对体操、舞蹈项目的运动员更为重要。

（二）康复训练的原则

伤后康复训练是一项细致、复杂、严肃的工作，需注意以下几方面的问题：

（1）尽量保持全身和未伤部位的训练，如一侧肢体受伤时练对侧肢体，上肢受伤练下肢，立位练习有限制可进行坐位或卧位练习，等等。这样可以避免伤后机能状态和健康情况下降，保持一定的训练水平。对未伤部位的训练，应注意负担量要适当，不要单纯以加大未伤部位的训练量来代替已伤部位的负荷。

（2）已伤部位要合理安排锻炼内容和负担量，安排时要注意个别对待、循序渐进和分期进行。

急性损伤早期，伤区可暂不活动，以免再度出血，增加肿胀和疼痛。一旦症状有所减轻，就应及早开始活动，进行功能锻炼。待基本痊愈后，才能进行正常的训练。一般来说，急性软组织损伤在伤后24 h或48 h以后即可开始进行活动。轻伤、不肿者，可提早些；损伤较重、肿胀和出血明显者，则可稍晚些。

对慢性损伤和劳损进行合理的伤后训练是最适宜的。在安排训练时，首先要弄清损伤的性质与程度、受伤原理、局部组织的解剖结构特点和弱点，然后考虑局部负担量、康复训练的形式和内容，要循序渐进，从对伤情影响较轻的动作开始，逐步过渡到专项训练。进入专项训练后，也要循序渐进，并应插入具有一定强度的功能练习。运动量的大小，以练习后无明显疼痛、经一晚休息后原有症状不见加重为宜，一般5~6天后，若无不良反应，才可开始加量。

（3）功能锻炼主要是加强伤部有关肌肉的力量练习和关节功能练习，目的在于发展伤部周围肌肉的负担能力，提高组织结构的适应性，恢复关节、肌肉的正常功能。

在力量练习的内容安排上，不但要锻炼原动肌，也要锻炼对抗肌；不但要锻炼大肌肉群，也不能忽视有关小肌肉群的锻炼。在练习方式上，可静力性练习与动力性练习相结合，力量性练习与柔韧性练习相结合。一般以静力性练习开始，然后逐步结合动力性练习。先进行不负重的练习，再逐渐增加负重练习。

（4）加强伤后训练的医务监督。每次训练前要做好准备活动，伤部应使用保护支持带。经常注意伤部反应，及时调整运动量和训练内容。训练前后应开展自我按摩和相互按摩。

（三）康复训练效果的判断及评定

康复训练需经常根据运动的恢复情况调整训练量及训练内容，并经常需要回答和解决受伤运动员能否参加训练和比赛的能力问题。因此正确地判断、评定康复训练的效果是很重要的，一般都可采用与健侧肢体进行比较的方法，比较的内容有以下几方面：

（1）有关肌群的力量（爆发力和耐力）恢复情况。

（2）对抗肌群的肌力平衡情况。

（3）关节的活动范围、柔韧性。

（4）肢体的本体感觉恢复情况。

（5）对专项技术要求所能承担的能力。

一般康复训练的最终目的应要求受伤部位恢复到与健侧相同的水平甚至超过对侧。以膝关节内侧副韧带中度扭伤为例，经适当固定、治疗、康复训练后，应能恢复到：①患侧关节运动范围与健侧相同；②关节周围的肌肉力量与健侧相等或略有增大；③患侧腘绳肌与股小头肌力量的比值趋向合理化范围（50%～67%）；④患侧腿围为健侧的90%以上；⑤行走跑无跛行，弧线跑或“8”字跑10次以上无不良反应。在这种情况下方可以参加正规训练和比赛，否则仍应保持一定的康复训练，不断调整康复训练计划，以期达到最终目的。

第十三章　大学生常见运动损伤的防治

章节导读

2023 年全国教育工作会议强调，要以习近平新时代中国特色社会主义思想为指导，紧紧围绕深入学习贯彻党的二十大精神这条主线，认真贯彻落实习近平总书记关于教育的重要论述，深刻领悟“两个确立”的决定性意义，增强“四个意识”、坚定“四个自信”、做到“两个维护”，坚持稳中求进工作总基调，坚持和加强党对教育工作的全面领导，全面贯彻党的教育方针，落实立德树人根本任务，以教育强国建设为目标，以全面提高人才自主培养质量为重点，加快建设高质量教育体系。因此，为了更好地深入落实立德树人这项根本任务，为了更好地健全大学生全面发展的体制机制，为了更好地加快建设高质量的大学体育教育体系，在大学体育教学过程中介绍大学生常见运动损伤的防治尤为重要。

第一节　擦　伤

机体表面与粗糙的物体相互摩擦而引起的皮肤表层损害，称为擦伤。主要征象为表皮剥脱，有小出血点和组织液渗出。伤口无感染则易于干燥结痂而愈；伤口有感染，则局部可发生化脓、有分泌物。

小面积的擦伤，用 1%～2%红汞或 1%～2%龙胆紫涂抹；面部擦伤宜涂抹 0.1%新洁尔灭溶液。擦伤面积大，伤口深，易受污染，需用 2.5%碘酒和 75%酒精在伤口周围消毒，用生理盐水棉球清除伤口异物，外敷生理盐水或 1‰雷弗奴尔纱布，再用绷带包扎。感染的伤口应每日或隔日换药。

第二节　裂伤、刺伤、切伤

裂伤是指钝物打击引起的皮肤和皮下组织撕裂，伤口边缘不整齐。

刺伤是指尖细锐物刺穿皮肤及皮下组织器官的损伤，伤口小而深。

切伤由锐器切入皮肤所致。伤口边缘整齐，多呈直线形，出血较多。

裂伤、刺伤和切伤，轻者可先用碘酒、酒精将伤口周围皮肤消毒，再用消毒纱布覆盖，加压包扎。伤口较大、较深，污染较重的，应及时送医院，由医务人员做清创术，清除污物、异物、坏死组织，彻底止血，缝合伤口；口服或注射抗菌药物以预防感染。伤口小而深和污染较重者，应注射破伤风抗毒血清，常用剂量是 1500 U，肌注，伤口污染重或受伤超过 12 h 者，剂量加倍。

严重的切伤、刺伤有时会伤及深部的血管、神经、肌腱，处理时要仔细检查。

第三节 挫 伤

人体某部遭受钝性暴力作用而引起该处及其深部组织的闭合性损伤，称为挫伤。

1. 原 因

挫伤原因：在足球、篮球运动中运动员相互碰撞或被对方踢伤，体操、武术运动中人体与器械撞击或被器械击伤，等等。大腿前面肌肉及小腿都是容易受挫伤的部位。头部和躯干部的挫伤可并发脑组织和内脏器官的损伤。

2. 征 象

单纯肌肉挫伤，轻者局部仅有疼痛、压痛、肿胀、功能障碍。重者，可因皮下出血形成血肿或瘀斑，疼痛和功能障碍都较明显。

复杂性挫伤是一种较为严重的损伤，如头部挫伤，轻者可发生脑震荡，严重者可有颅骨骨折或合并脑挫伤而危及运动员的生命；胸、背部挫伤可合并肋骨骨折或肺脏损伤，形成气胸或血胸；腰、腹部挫伤可合并肾挫伤和肝、脾破裂而引起内出血和休克；睾丸挫伤可因剧烈疼痛而引起休克；股四头肌、腓肠肌的严重挫伤，可引起肌肉或肌腱断裂，故应根据暴力大小和受伤部位判断伤势的轻重。

3. 处 理

单纯性挫伤在局部冷敷后外敷新伤药，加压包扎，抬高患肢；头部、躯干部和睾丸挫伤有休克症状出现者应首先进行抗休克处理，保温、止痛、止血、矫正休克后，立即送医院治疗；有肌肉、肌腱断裂者，应将肢体包扎固定后，送医院治疗。

4. 预 防

训练和比赛时，应加强必要的保护，提高自我保护能力，穿戴好保护装置，改正错误动作，严格裁判，禁止粗野动作。

第四节 肌肉拉伤

肌肉主动强烈的收缩或被动过度的拉长所造成的肌肉微细损伤、肌肉部分撕裂或完全断裂，称为肌肉拉伤。

1. 原因和原理

在体育运动中，由于准备活动不当，某部肌肉的生理机能尚未达到适应运动所需的状态；训练水平不够，肌肉的弹性和力量较差；疲劳或过度负荷，使肌肉的机能下降，力量减弱，协调性降低；错误的技术动作或运动时注意力不集中，动作过猛或粗暴；气温过低、湿度太大、场地或器械的质量不良；等等都可以引起肌肉拉伤。

在完成各种动作时，肌肉主动猛烈的收缩超过了肌肉本身的负担能力；或突然被动的过度拉长，超过了它的伸展性，都可发生拉伤。如举重运动弯腰抓提杠铃时，骶棘肌由于强烈收缩而拉伤；在做压腿、劈叉等练习时，突然用力过猛，可使肌肉过度被动拉长而发生损伤。

在体育运动中，大腿后群肌肉的拉伤最为常见。近年研究资料表明，大腿前后群肌肉力量不平衡（正常约为2∶1)，左右侧同名肌力量不平衡，弱侧容易受伤。多关节肌

（如半腱肌、半膜肌、股二头肌长头）因运动协调能力较低，也容易发生拉伤。

大腿内收肌、腰背肌、腹直肌、小腿三头肌、上臂肌都是肌肉拉伤的易发部位，与运动技术动作有密切关系。

2. 征　象

局部疼痛、压痛、肿胀、肌肉紧张、发硬、痉挛、功能障碍。当受伤肌肉主动收缩或被动拉长时，疼痛加重，肌肉收缩抗阻力试验阳性，即疼痛加剧或有断裂的凹陷出现。有些伤员伤时有闪痛、撕裂样感，肿胀明显及皮下淤血严重，触摸局部有凹陷及一端异常隆起，可能为肌肉断裂。

3. 处　理

肌纤维轻度拉伤及肌痉挛者，用针刺疗法会取得显著疗效。肌纤维部分断裂者，早期用冷敷、加压包扎，还要把患肢放在使受伤肌肉松弛的位置以减轻疼痛；48 h后开始按摩，手法要轻缓。怀疑有肌肉、肌腱完全断裂者，应在局部加压包扎，固定患肢，立即送医院确诊，必要时还要接受手术治疗。

4. 伤后训练

部分断裂者，局部停训2~3天，健肢及其他部位可以继续活动。以后逐步进行功能锻炼，但避免那些易造成重复受伤的动作。一周后可逐渐增加肌肉的力量和柔韧性练习。在做伸展练习时以不增加伤部疼痛为度。10~15天后，症状基本消除，可逐渐进行正规训练。训练时伤部必须使用保护支持带，并充分做好准备活动。

肌肉、肌腱完全断裂或撕脱骨折者，应立即停止训练，完全休息，积极治疗，伤后训练和专项训练都应在医生指导下进行。

5. 预　防

注意加强屈肌和易伤部位肌肉的力量与柔韧性练习，使屈肌和伸肌的力量达到相对平衡，这是防止肌肉拉伤的有效措施。同时应充分做好准备活动，合理安排运动量，纠正和改进动作与技术上的缺点等，才能达到预防的目的。

第五节　掌指关节、指间关节扭伤

掌指和指间关节由掌骨与第一节指骨及一、二、三各节指骨构成，关节囊背侧松弛，关节两侧有侧副韧带加固以限制侧向运动。

1. 原　因

手指受到侧方外力冲击而致伤。篮、排球运动中手指被球撞击，接球技术动作错误，皆可引起侧副韧带或关节囊损伤。关节扭伤常发生于拇指掌指关节和其他各指近侧指间关节。

2. 征　象

受伤关节的伤侧疼痛、肿胀、压痛、无畸形，关节活动轻微受限，伸屈不灵活。如韧带完整，则关节稳定，无异常活动；如受伤关节明显肿胀、关节畸形、运动受限、失稳，提示可能发生关节脱位。

此外，将伸指肌腱末端撕裂误诊为指间关节扭伤者屡见不鲜，值得重视。前者的典型征象是末节指间关节呈30°~50°屈曲畸形，不能做伸直运动，常合并末节指骨基底背侧有小骨片撕脱。此种损伤又称为锤状指，应与扭伤相鉴别。

3. 处 理

轻度扭伤关节稳定性正常者，可于微屈位轻轻拔伸牵引，外擦舒活酒，轻捏数次，不揉、不扳，然后用粘膏将靠近伤侧的健指连同患指固定在一起（见图 13-5-1）。第三天开始练习主动屈伸活动，继续外擦舒活酒。扭伤稍有侧方活动者，宜用一块弓形小夹板放在掌侧将患指固定于半屈位，有时也可采用上述粘膏固定法，3 周以后开始练习关节伸、屈活动。扭伤有明显异常侧方活动或锤状指者，应及时送骨科处理。鼓励病员积极练习掌指关节屈伸活动，严格避免对患指做被动性暴力扳伸和强行屈曲。解除固定后可用中药熏洗或理疗。

图 13-5-1 粘膏固定法

4. 伤后训练

固定治疗期间，只需停止手指易于触碰运动器材的活动。解除固定以后至手指伸屈功能完全恢复以前，以及轻度扭伤需要继续参加比赛者，宜用粘膏支持带对患指加以保护，以限制受伤关节活动范围过大，避免加重损伤。

5. 预 防

凡手部运动较多的专项运动员，应加强双手协调一致的快速屈伸练习、握力练习、手指触地俯卧撑练习等，以增强掌指和指间关节的稳定性与灵活性。提高技术水平，如准确判断来球的方向、速度、力量，纠正手的错误动作。运动中思想应集中，避免仓促动作。

第六节 腰部扭伤和劳损

腰部扭伤和腰部劳损，都是腰部软组织，主要包括肌肉、筋膜、韧带和滑膜等的损伤。前者有明确的外伤史，伤后立即或一二日后发生腰痛，为急性腰部扭伤，也称“闪腰”；后者无明显的外伤史，逐渐发生腰痛，为腰部劳损，也称腰部慢性损伤。

一、急性腰部扭伤

人体在负重活动或体位变换时，使腰部的肌肉、韧带、筋膜、滑膜等受到牵扯、扭转，或者肌肉骤然收缩，使少数纤维被拉断、扭转或使小关节微动错缝，称急性腰部扭伤。腰部是人体活动的枢纽，脊柱两旁的肌肉是腰部活动的动力结构和保持脊柱稳定的主要因素。因此，在体育运动和日常劳动与生活中，腰部遭受外伤的机会较多，且多见于青壮年。

1. 原因和原理

（1）负荷重量过大。强行用力，提举过重的杠铃，超过了脊柱肌肉的负荷能力，肌肉突然剧烈收缩，使若干肌肉附力点、小关节韧带受累。在负重条件下失足或被撞倒，身体重心不稳，为了维持身体平衡，同样会因肌肉剧烈收缩，引起关节韧带、肌肉附力区的损伤。

（2）脊柱过度前屈，突然转体，脊柱超常范围运动而扭伤。

（3）技术动作错误。直膝弯腰提重物不能有效地发挥髋、膝关节周围大肌肉的力量克服重力，致使重力落在腰背筋膜、肌肉、棘上（棘间）韧带而受伤。跳远腾空落地收腹过猛，脊柱突然过度前屈，也会使筋膜、肌肉、韧带受伤。

2. 征 象

绝大多数伤员有明确外伤史。

肌肉轻度扭伤：患处隐痛，随意运动受限，24~48 h后疼痛达到最高峰。受伤后疼痛显著，脊柱不能伸直，因肌痉挛而引起脊柱生理曲线改变者为较重的扭伤。腰扭伤者疼痛可牵涉下肢，但仅局限于臀部，大腿后部和小腿感觉正常。

棘上韧带与棘间韧带扭伤：受伤当时即感到局部突然撕裂样疼痛，过度前弯腰时疼痛加重，腰伸展时疼痛较轻，棘突上或棘突之间有局限而表浅的明显压痛点。如疼痛剧烈，压痛处韧带松弛而有凹陷，腰前屈时棘突间距离增大，提示可能为韧带完全断裂。

筋膜破裂：腰部扭伤可造成腰背筋膜破裂，多发生在骶棘肌鞘部和髂嵴上、下缘。伤处有明显的压痛点，弯腰和腰扭转时疼痛较重，腰伸展时疼痛较轻。其余征象与肌肉扭伤相似。

小关节交锁：往往发生于肌肉无活动准备的仓促弯腰扭转动作。受伤当时即有腰部剧烈疼痛，呈保护性强迫体位，不敢做任何活动，也惧怕任何搬动，尤其不能做腰后伸活动。几乎整个腰部肌肉都处于紧张僵直状态，走路时以手扶腰，步态迟缓，惧怕触动。疼痛位置较深，不易触到压痛点，但叩击伤处可引起震动性剧烈疼痛。

3. 处 理

（1）休息。伤后初期，宜仰卧于有垫子的木板床短期休息，腰部垫一薄枕以便放松腰肌；也可以与俯卧位相互交替，避免受伤组织再受牵扯，以利修复。轻度扭伤休息2~3天，较重扭伤需休息一周左右。

（2）按摩。伤后即可进行穴位按摩。取人中、肾俞、委中等穴，手法强度应使病人有较强的酸麻胀感为宜。

（3）其他疗法。如外贴活络止痛膏、内服活络止痛药、火罐疗法、针灸疗法、局部注射强的松龙、理疗等，均有较好的疗效。

4. 预 防

（1）在进行体育活动及劳动时，注意力要集中，对所承担的负荷和动作，思想要有准备。

（2）要充分做好准备活动，提高腰、腹肌的协调性、反应性。

（3）提杠铃或弯腰搬运重物时，要屈髋屈膝，用腿部肌肉发力；不要直腿弯腰提重物，提重物时要把重物靠近身体，可以减轻腰部负担。

（4）要加强腰腹肌的力量与伸展性训练。

（5）正确掌握技术动作和运动量。跳跃腾空时，腰肌要保持一定的紧张度，以免意外受外力作用而“闪腰”；力量练习时，适当使用护腰带。

二、腰部劳损

凡使腰部肌肉、韧带、筋膜反复受牵拉、痉挛而产生的慢性损伤，均为腰部劳损。

1. 原因和原理

腰部劳损是反复的机械力作用于肌肉、筋膜、韧带、关节囊的结果。

（1）长期弯腰负荷过多或体位姿势不良。如自行车运动中的持续弯腰，射箭运动中的经常脊柱侧弯，长时间坐位工作、坐位姿势不良等，均易使腰部肌肉，特别是深层肌肉（骶棘肌、腰方肌、腰大肌等），长时间固定或反复相对固定于一种体位，使该肌被动牵张或持续收缩，造成局部供血不良，营养及代谢障碍。

（2）腰部反复微细损伤或急性扭伤愈合不佳。腰部微细扭伤可致有关肌肉、韧带纤维少量撕裂，出现小量出血、水肿，由于受伤组织结构不良、瘢痕粘连、耐力差、力量不足，易反复损伤形成慢性劳损性腰痛。

（3）腰部肌力软弱。腰肌可因缺乏锻炼或肌肉训练不足，或因伤病影响，而肌肉体积缩小，肌力较弱，相对不能承受较大负荷而易劳损。

（4）脊柱畸形。腰骶部活动多，承担较大的应力，如果脊柱有先天畸形（如脊柱隐裂、腰椎骶化、骶椎腰化、后关节突不对称等），由于腰骶部的弱点更易引起慢性腰痛。此外，脊柱姿势性侧凸、前后凸畸形，凸侧的韧带及肌肉长期处于牵张状态，骨杠杆及肌肉用力方向也发生变异，组织结构变性而发生慢性劳损性腰痛。

2. 征　象

腰部酸痛或胀痛。疼痛的范围较大，有时疼痛可牵涉臀部和大腿后、外侧，但无串麻，肌肉轻度僵直。白天运动或劳动较多，坐久或站久，由弯腰位转为直立位时，常诱发腰痛或逐渐加重，经过短期休息或平卧后疼痛可以缓解。若夜间休息充分，白天腰痛会有所减轻。由于腰部力量和耐劳能力减低，工作不能持久，做那些腰部前倾的动作，如洗脸会感到不舒适。劳损部位有压痛点，有酸、胀、痛反应。

3. 处　理

按摩、体疗是治疗腰痛的重要方法。

（1）按摩疗法。其对腰部劳损引起的腰部肌肉痉挛和组织粘连行之有效，因而能减轻或消除腰痛。常用按摩手法有推摩、揉、滚、叩打、弹筋、按压、搓、擦摩等，既可一次依此顺序进行，也可选择其中若干手法有机地组合应用。均可配合穴位按摩（参见腰部扭伤点穴按摩），每次 10~20 min，每日或隔日 1 次。

（2）体疗。加强腰、腹肌锻炼，对增强肌肉弹性和耐力，提高脊柱的稳定性、灵活性和耐久性，改善肌肉的供氧状态，松解粘连，都是有益的。相反，过多卧床休息是不适当的。体疗的原则应该是在不引起疼痛和肌肉痉挛的前提下进行肌肉静力性收缩锻炼，需持之以恒。仰卧举腿：仰卧、闭气、膝伸直，和缓地尽量将腿抬高（可左右交替抬，也可双腿并抬），同时微微抬起头颈，四拍为一遍，然后将腿缓缓还原，松弛肌肉。每次至少做 30 遍，每日 2 次。运动员和锻炼有素者，可做负重仰卧举腿，重物系于踝关节处，重量酌定，并增加每次遍数。俯卧“飞燕”：俯卧，头、颈、背及两上肢和下肢同时尽量向后伸，仅让腹部着床呈一弧形。四拍为一遍，然后还原，松弛肌肉。每次至少做 30 遍，每日 2 次。运动员应增加每次遍数。

另外，针灸、理疗、强的松龙、痛点注射、反悬（倒挂）疗法、内服活络止痛药物等，对本病均有一定效果。

4. 伤后训练

持续性腰痛者暂时停止腰部负荷及体前屈运动。要根据腰痛严重程度及训练后的反应安排运动量和强度。每次训练时间不宜太长，训练内容多样化，不能“单打一”。

5. 预　防

（1）经常进行改变体位的交叉训练，使不同的肌群有轮换休息的机会，减轻疲劳和预防劳损。

（2）在全面训练的基础上加强腰、腹肌训练。腰、腹肌力量提高，有助于提高胸、腹内压，保护脊柱，预防腰肌劳损。

（3）注意循序渐进和训练节奏，以防肌肉疲劳积累。

（4）积极治疗腰部扭伤。腰部扭伤后应从事积极治疗和必要的短期休息，务必一次完全愈合，避免尚未愈合的组织反复扭伤。

（5）参加腰部用力较多、负担较重、活动幅度大的体育运动及伤后训练时，应佩戴护腰或宽腰带。

（6）经常保持良好姿势，避免长期固定于一种体位。例如，正确的坐姿应是：上腰部与椅子靠背板相贴，臀部尽量后移并保持固有的腰椎前凸及腰骶角，椅子宜尽量拉向桌缘，防止弯腰，两足平放着地，可以自由伸屈，膝关节屈曲约 100°。正确的坐姿对棋类运动员和学龄儿童都是十分重要的。

（7）积极开展自我按摩或相互按摩。常用手法是揉、捏、叩打等。赛前按摩可以减少损伤；赛后按摩能消除疲劳，促进恢复。

第七节　膝关节急性损伤

膝关节由股、胫、髌、腓骨构成，上下杠杆长，构造复杂，是容易发生运动损伤的关节。膝关节的主要功能为屈伸运动，在半屈或屈 90°时有轻微的旋转运动。膝关节周围的肌肉和肌腱，内、外侧副韧带，前、后十字韧带以及内、外侧半月板，共同维持膝关节的稳定性（见图 13-7-1、图 13-7-2）。

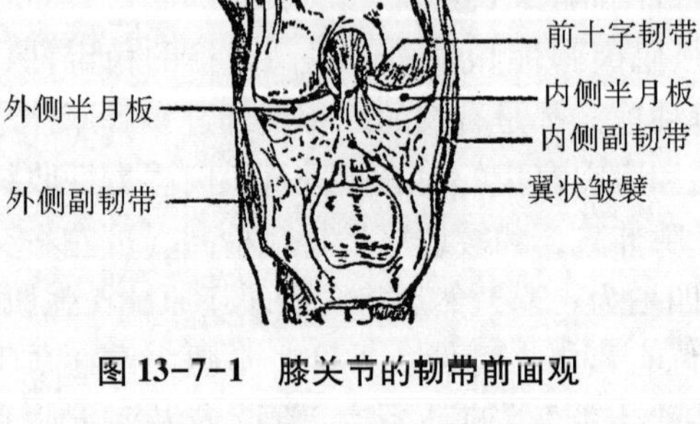

图 13-7-1　膝关节的韧带前面观

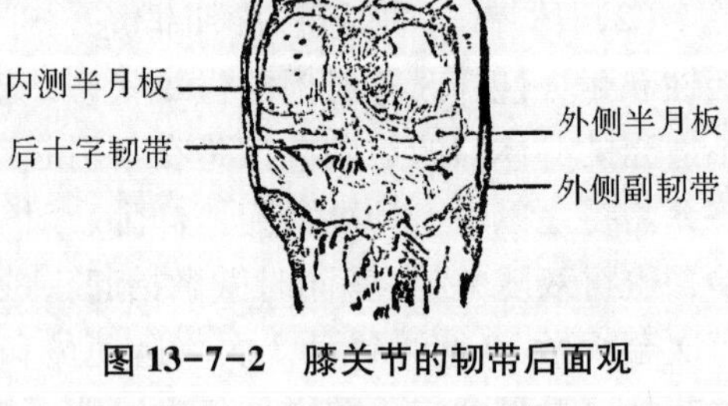

图 13-7-2　膝关节的韧带后面观

一、原因和原理

膝关节不同结构的损伤原因及原理是不一样的。

（1）内侧副韧带：由股骨内上髁行至胫骨内侧髁。韧带与关节囊、内侧半月板等结构相连。膝关节屈曲（130°~150°），小腿突然外展外旋，或足及小腿固定，大腿突然内收内旋，都可使内侧副韧带损伤。如踢足球时两人“对脚”，跳箱落地不正确，两腿没有并拢，单侧小腿于外展外旋位持重，身体重心失去平衡，或关节外侧受到暴力冲击，均可造成损伤。扭转力大小与损伤程度有极密切关系。严重扭转力会使韧带完全断裂合并内侧半月板撕裂、前十字韧带损伤。

（2）外侧副韧带：由股骨外上髁至腓骨小头外侧面。膝关节屈曲，小腿突然内收内旋，或大腿突然外展外旋，可发生外侧副韧带损伤。外侧副韧带如圆束，又有股二头肌腱与髂胫束加固，该韧带受损的机会较少。

（3）十字韧带：在关节囊内，共两条，位于胫骨髁间隆突的前、后方，行至股骨髁间凹的内、外侧。主要功能是限制胫骨过度前移或后移。膝关节处于半屈曲位突然完成旋转及内收、外展动作是重要的损伤机制。单独损伤并不少见，常合并内侧副韧带或半月板损伤。

（4）半月板：一对半月形软骨，边缘较厚，中间则很薄。它们分别填充在胫骨内、外踝与股骨内、外踝间隙内。半月板加深了胫骨平台的关节窝，增加了膝关节的稳定性。膝关节半屈曲位小腿外展外旋或内收内旋时，两块半月板滑动不协调，就会使半月板夹在股骨髁和胫骨平台之间，受到急剧研磨、捻转而撕裂。

二、征　象

1. 膝关节疼痛

轻度韧带扭伤时，膝部某处常突然疼痛，但是往往立即减轻，能继续坚持比赛，比赛后疼痛加重，能持重、行走。如果受伤时，膝内有“啪啦”声，同时伴有局限性撕裂样剧痛，患肢不能持重，不能行走，提示可能发生韧带完全断裂或膝关节联合损伤。

2. 膝关节肿胀

膝关节扭伤者，肿胀较轻，局限于某一处。如果韧带完全断裂，则局部肿胀较大，并有皮下瘀斑；联合损伤者，迅速发生全膝关节肿胀，周径增大，膝关节周围可见皮下瘀斑，浮髌试验阳性，甚至小腿出现凹陷性浮肿。

3. 膝关节压痛

扭伤部位都有压通，恒定的压痛点可作为损伤的定位诊断依据。膝关节内侧近股骨内上髁处局限性压痛为膝内侧副韧带扭伤；膝关节外侧近腓骨小头处局限性压痛为膝关节外侧副韧带损伤；膝的一侧关节间隙压痛可能为半月板的边缘部撕伤；髌韧带两侧的压痛可能为半月板的前角损伤。半月板的内缘或后角损伤、十字韧带损伤，都靠近膝的中央部，不容易查到压痛点。如果在压痛点处扪到局部组织有缺损性凹陷，多为韧带完全断裂之表现。

4. 膝关节活动障碍

伤后膝关节周围肌群肌痉挛，使膝关节处于轻度屈曲位置，但病人能主动缓缓将膝关节伸或屈至正常范围。半月板损伤或十字韧带损伤者，当时即膝关节不稳、膝部软弱无力，甚至倒在地上，不能完成正在进行的动作和持重行走。若发生垂足，足背和小腿外侧皮肤感觉消失或减退，为合并腓总神经损伤。

5. 膝关节交锁

膝关节扭伤一般没有交锁现象。关节交锁由半月板部分撕裂、十字韧带断裂、内侧副韧带断裂、内侧副韧带断端嵌顿在关节间隙间而引起。关节交锁的表现为偶然一次膝关节屈伸活动中，突然“卡住”于半伸屈状态。一些患者在主动活动膝关节时，伴随“咔嗒”一声而再伸直，称为解锁。

三、检查方法

1. 膝关节侧向运动试验

膝关节侧向运动试验用于检查侧副韧带。方法是令病人仰卧，膝关节伸直或屈曲30°，检查者一手握住并固定踝部，另一手放于膝关节的外侧，被动外翻膝关节，如膝关节外翻活动异常与膝内侧痛，提示膝内侧副韧带断裂；另一手放在膝关节的内侧，被动内翻膝关节，如膝内翻活动异常与膝外侧痛，则提示膝外侧副韧带断裂。如检查时膝关节无明显异常活动而仅有轻微疼痛，则多为韧带扭伤。这项试验需两侧对照检查。最好能在受伤时立即检查，以免出现假阳性。

2. 抽屉试验

抽屉试验是检查前后十字韧带有无松弛的方法。患者取仰卧位，双膝屈曲，检查者用大腿抵住病人的足背，双手握住患肢胫骨上端用力前、后推拉。如果胫骨上端有向前移动，则证明前十字韧带松弛。如果胫骨上端有向后过多的移动，则证明有后十字韧带断裂。

3. 麦氏试验

麦氏试验是检查膝关节半月板损伤的方法。患者取仰卧位，充分屈膝屈髋，检查者一手握住患肢足部，另一手扶在膝上，使小腿外展、外旋，将膝关节由极度屈曲而缓缓伸直，如关节隙处有响音（听到或手感到），同时出现疼痛，即表明内侧半月板损伤。反之，则为外侧半月板损伤。

四、处　理

1. 轻微侧副韧带扭伤

疼痛较轻，肿胀不明显，侧向运动试验无异常，无关节屈伸功能障碍者，置患膝于微屈曲位，停止活动2~3天，外敷活血止痛中药。然后，开始步行锻炼，用舒活酒做按摩治疗。膝关节患处由远心向近心做轻推摩，大小腿肌肉用揉捏法。每日练习直膝抬腿及负重直抬腿、抗阻直膝抬腿2~3次，总时间40~50 min。如参加比赛，应用粘膏支持带及弹力绷带保护。

2. 较重的侧副韧带扭伤

患处有较明显的肿胀，患膝呈半屈曲位，伸屈功能受限，侧向运动试验无明显异常膝外翻或膝内翻活动，但于患膝有疼痛加剧倾向的病例，早期治疗着重于止血、止痛和保护受伤韧带不致进一步加重损伤。一般采用棉垫或橡皮海绵加弹力绷带压迫包扎，再用托板将患膝固定于微屈位，然后抬高患肢休息。2~3 天以后去除压迫材料，开始按摩治疗，按摩方法与轻微扭伤的按摩方法相同，隔日 1 次，也可配合外敷和内服活血化瘀、消肿止痛中药或理疗，继续托板固定。与此同时，应开始每日作 2~3 次股四头肌静力收缩（绷颈），伤后 10 天左右可加大按摩力量，增加按摩手法，增加直膝抬腿练习并逐渐过渡到负重直膝抬腿练习，同时仍可配合外用和内服舒筋活络中药。2~3 周以后解除托板固定，开始练习走路，继续按摩治疗并增加弹筋手法，开始练习膝关节屈伸运动并逐渐过渡到屈曲位抗阻力伸膝练习。刚恢复下地走路时，伤处可粘贴活络膏或橡皮膏，患肢鞋跟用楔形垫垫高 0.5~1.0 cm，以防止反复扭伤，垫高鞋跟直至局部无压痛和肌力恢复正常为止。按摩、理疗、中药熏洗对恢复膝关节功能都有良好效果。

3. 十字韧带不完全断裂或完全断裂

十字韧带不完全断裂或完全断裂均可先用长腿托板固定患膝于 30°位 6 周。固定期间与解除固定后的按摩治疗和功能练习原则上与较重的扭伤相同。

十字韧带断裂，时间不超过 1 周者，以立即手术缝合为好。

4. 半月板损伤

半月板损伤急性期难以得出明确诊断，要待急性期症状缓解以后才能进行全面检查。因此，急性期可参照重度扭伤处理。如有交锁征，必须解锁后才能固定，如系半月板边缘破裂尚有自愈可能。

5. 侧副韧带完全断裂，合并十字韧带断裂、半月板损伤

侧副韧带完全断裂，合并十字韧带断裂、半月板损伤，应立即加压包扎与固定制动，转送到专科医院作进一步诊治。如需手术治疗，最好在 1 周之内手术，最迟不宜超过 2 周。

6. 陈旧性损伤

陈旧性损伤，首先应当有计划、积极地坚持 3 个月以上股四头肌与膝的屈肌锻炼和按摩治疗，只要股四头肌代偿功能良好，关节稳定性无明显受累，症状不明显，无关节交锁征，对膝关节要求不大的项目不妨碍训练，一般不予手术治疗，但应对训练量及强度予以监督指导。如症状严重、疼痛明显、关节不稳、关节交锁、妨碍训练者，可考虑手术治疗。

五、伤后训练

当膝屈曲位抗阻力伸膝运动局部尚有疼痛时，主要应加强全身各健康部位的练习，以保存肌肉的紧张力与其他已获得的条件反射联系。同时，加强股四头肌与膝屈肌的静力性锻炼。一旦疼痛消失，即可在粘膏带支持及弹力绷带固定下参加一般训练。当参加一般训练 2~3 周无异常反应，伤处无深压痛，肌力也基本恢复正常时，即可完全去除支持带，恢复正式训练和比赛。

六、预　防

重视对股四头肌及小腿三头肌与腘绳肌的肌力训练，使之强健有力，关节稳固而灵活。做好运动场地的医务监督，避免场地因素致伤。做好准备活动，使膝关节运动灵活而协调。当持久训练出现动作反应迟钝时，应终止基本部分练习，预防动作不协调致伤，防止粗野动作致伤。

第八节　踝关节韧带损伤

踝关节主要韧带有以下3组：

外侧副韧带：包括距腓前韧带、跟腓韧带、距腓后韧带（见图13-8-1）。

内侧副韧带：包括距胫后韧带、跟胫韧带、距胫前韧带及舟胫韧带，有时简称为三角韧带（见图13-8-2）。

胫腓韧带联合：包括胫腓骨间韧带、胫腓前韧带、胫腓后韧带（见图13-8-1）。

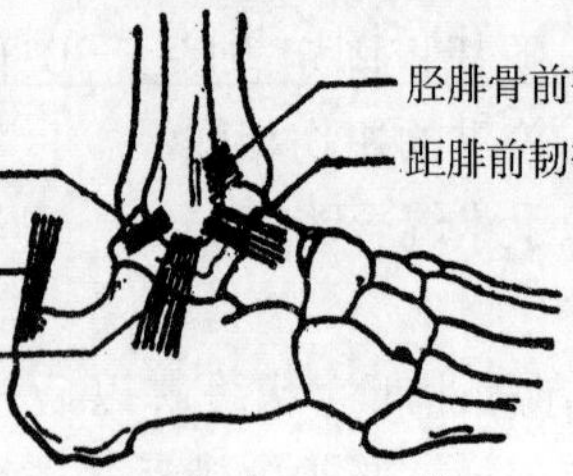

图13-8-1　踝关节外侧副韧带

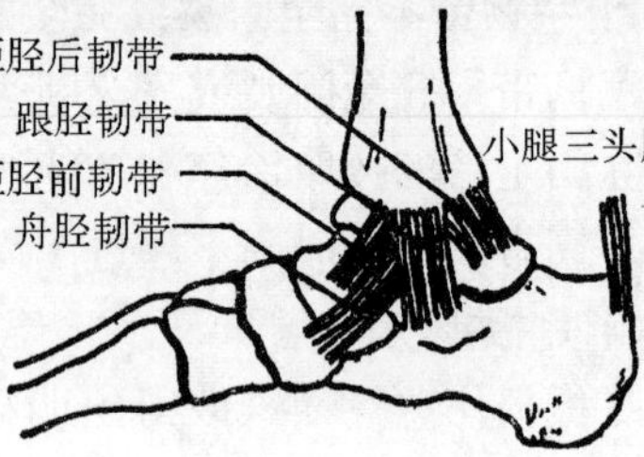

图13-8-2　踝关节内侧副韧带

一、原因和原理

胫腓韧带联合强韧而富有弹性，不容易受伤。

内侧副韧带面积大，韧带纤维较细密而强韧，单纯内侧副韧带损伤也较少见。

外侧副韧带为最容易受伤的踝关节韧带，因为外踝比内踝长，距骨体前宽后窄，当跖屈时，踝关节有较大的活动度。足的内翻肌群（腓伤肌、比目鱼肌、胫后肌、胫前肌、趾长屈肌、拇长屈肌）的力量大于足的外翻肌群（腓骨长肌、腓骨短肌、胫骨前肌、趾长伸肌、拇长伸肌）。在跑、跳练习中，运动员处于腾空阶段时，足就自然有跖屈内翻的倾向。在落地重心不稳，向一侧倾斜或踩在他人的脚上或踩球、陷入坑内等情况下，就会以足的前外侧着地、内翻，而导致距腓前韧带损伤、跟腓韧带损伤。外踝扭伤占踝关节扭伤的80%。

严重的踝关节损伤往往包括韧带断裂、胫腓韧带联合骨折撕脱分离，内、外、后踝骨折——三踝骨折。

二、征　象

踝外侧副韧带扭伤者有足内翻受伤史。踝外侧疼痛，疼痛轻重与伤势有密切关系。

1. 踝外侧韧带扭伤

患足可以持重，跛行。足踝外侧轻度肿胀。进行踝关节强迫内翻试验（检查者一手握住踝关节上方固定小腿，另一手握住足外缘将踝关节内翻）可使疼痛加重，踝关节稳定，无异常活动。

2. 踝外侧韧带完全断裂

患足不能持重，跳跃式跛行。外踝剧痛，肿胀严重而范围大，外踝和足背出现皮下瘀斑。踝关节强迫内翻试验时伤处剧痛，同时有踝关节不稳和距骨异常活动。进行踝关节前抽屉试验（患足稍跖屈，检查者一手握住小腿，一手握住足跟向前推拉，使距骨向前错动），如活动范围大，说明踝外侧副韧带完全断裂。

三、处　理

1. 现场急救

伤后应当立即用拇指指腹压迫痛点（韧带损伤处）止血，并趁局部疼痛尚轻，肿胀未明显，还没有出现踝关节两侧肌痉挛时，立即进行踝关节强迫内翻试验和前抽屉试验检查，以了解韧带是否断裂。如疑有韧带断裂，应立即用大块棉花垫或海绵垫压迫及绷带包扎，绷带缠绕的方向应与受伤暴力作用方向相反；如外侧副韧带损伤，则应将踝关节包扎于轻度外翻背屈位。如有条件，外面应再用一直角托板加强固定。抬高患肢运送医院。

2. 外侧副韧带轻度扭伤

用绷带将踝关节包扎于轻度外翻背屈位，制动 4~7 天，也可同时配合外敷活血化瘀、消肿止痛的中药。4 天以后可保持原固定下地走路，并配合按摩、理疗和踝背伸抬腿练习。按摩方法，踝关节外侧用推摩手法，足背和小腿前、外侧用捏和揉捏手法。

1~2 周可基本痊愈。在比赛中受伤需要继续参赛者，可采用粘膏支持带固定后参加比赛，赛后进行治疗，方法同前。

3. 外侧副韧带较重的扭伤（踝关节强迫内翻试验出现轻微不稳）

压迫包扎止血，并用托板将足固定于轻度外翻背屈位，抬高患肢休息，宜配合活血止痛中药内服治疗。3 天以后，去除加压包扎材料，继续托板固定，并配合按摩、外敷与内服舒筋活络中药、针灸、理疗等治疗方法。固定时间约 3 周。解除固定以后，可继续治疗，但要积极从事功能锻炼，如走路、踝关节屈伸运动、提踵等，直至完全愈合为止。

4. 其　他

踝关节强迫内翻试验或踝关节前抽屉试验出现明显松动和“开口”感，或合并踝部骨折者，经现场急救处理后，及时转送医院诊治。

四、伤后训练

急性期应当抬高患肢，休息。一旦肿胀、疼痛缓解，就要积极进行关节周围肌肉力量练习及屈伸活动。解除固定后，在弹力绷带或护踝的保护下，逐渐参加一般锻炼。重压患处无疼痛，踝关节强迫内翻试验也无疼痛时，可完全去除支持带恢复正常训练。

五、预　防

平时重视踝周围肌肉力量和关节协调性训练，如负重提踵、跳绳、足尖走路等练习。做好运动场地医务监督，准备活动要充分，提高落地动作时技术水平，防止撞人犯规动作。

1. 内侧副韧带损伤

身体失去重心，足外翻外展，即可造成踝内侧副韧带损伤。单一的踝内侧副韧带损伤比较少见，复合损伤比较多。伴发踝关节脱位后有时可能自动复位，很容易将此误诊为一般扭伤。因此，必须常规检查伤处有无凹陷和骨擦音，踝关节强迫外翻试验和抽屉试验是否出现踝关节不稳、距骨是否异常活动等。诊断明确后，处理原则与踝外侧副韧带损伤基本相同而固定方向相反。

2. 胫腓骨下端韧带损伤

突然的外力使足固定，小腿内旋，有时可能发生胫腓骨下端韧带损伤。其症状很像踝外侧副韧带扭伤，但是仔细检查，该损伤之疼痛和压痛以及肿胀主要发生在踝关节的前方而不是在踝的外侧，再握住足跟向两侧摆动，如出现距骨异常活动，则多为胫腓骨下端韧带完全断裂。疑为该损伤者，需及时转送医院诊治。

第十四章　意外伤害急救法

章节导读

2017 年 8 月 27 日，习近平总书记在会见全国体育先进单位和先进个人代表时强调：“体育承载着国家强盛、民族振兴的梦想。体育强则中国强，国运兴则体育兴。要把发展体育工作摆上重要日程，精心谋划，狠抓落实，不断开创我国体育事业发展新局面，加快把我国建设成为体育强国。”大学体育在中国体育事业中有着特殊的地位，为了开创我国大学体育事业发展的新局面，大学生必须有能处置所有意外情况出现的能力，在大学普及意外伤害急救的方法至关重要。

第一节　生命体征观测法

一、意　识

意识是指人对周围环境和自身的识别能力及清晰程度，是大脑功能活动的综合表现。正常人的意识清晰、对答正确，能够正确地识别时间、地点、人物，能对环境的刺激作出相应的反应。通过观察病人的意识状态，可以判断病情的严重程度，以便采取合适的对症处理。

二、呼　吸

呼吸是人体内外环境之间进行气体交换的必需过程。人体通过呼吸吸入氧气，呼出二氧化碳，从而维持正常的生理功能。正常成年人每分钟呼吸 16~20 次，呼吸与脉搏之比是 1∶4，即每呼吸一次，脉搏搏动 4 次。呼吸的观察主要是看病人胸部的起伏，同时要注意呼吸节律是否均匀、呼吸深度是否一致、呼吸时有无异常的气味呼出。有时危重病人的呼吸运动极为微弱，甚至不易见到胸部的明显起伏，这时将薄纸或树叶等放在病人鼻孔处，便可观察出呼吸的情况。当听不到呼吸音，看不到胸腹起伏等呼吸动作，用脸贴近病人鼻孔也感觉不到有气流进出时，说明呼吸停止。

三、脉　搏

在正常情况下，心脏的跳动使全身各处动脉壁产生有节律的搏动，这种搏动称为脉搏。正常脉搏次数与心跳次数相一致，而且节律均匀，间隔相等。正常人在运动后、饭后、酒后、精神紧张及兴奋时均可使脉搏一时性增快，但很快可恢复正常水平。长期进行体育锻炼的人或运动员的脉搏较一般人要慢。

检查脉搏时应将食指、中指和无名指三指并齐按放在病人近手腕段的桡动脉上，压力大小以能清楚感到搏动为宜。正常人脉搏为60~80次/分，缺氧、失血、疼痛、心衰、休克、发烧时，均致心率加快、变弱。脉搏大于120次/分是病情严重的表现；桡动脉触摸不清，提示收缩压低于11 kPa（80 mmHg）；脉搏越快，血压越低，病情越重。颈动脉摸不到时，提示心跳停止。

四、体　温

体温是指人体的温度。正常人的温度：腋窝温度36.0~37.0 ℃；口腔温度37.0 ~ 37.5 ℃；肛温37.5~38.0 ℃。体温可随着人的生理状态、昼夜时差、年龄、性别、环境等不同而稍有波动。在一般情况下，4：00—6：00体温最低，17：00—18：00体温最高，但在24 h之内，体温变化不超过1 ℃。

腋窝温度大于37.5 ℃，说明体温升高；大于38 ℃说明体温过高，应采取降温措施。腋窝温度小于35.5 ℃，且手脚发凉，说明体温偏低，末梢循环不良。

五、瞳　孔

瞳孔是眼睛虹膜中央的孔洞，直径3~4 mm。正常人的瞳孔为圆形，两侧大小相等。观察瞳孔的变化，对了解一些疾病，特别是颅内的疾病及中毒性疾病的变化，以及危重病人的诊断和急救等，都具有重要的意义。

当双侧瞳孔不等大时常提示有颅脑损伤；双侧瞳孔缩小可见于中毒、药物反应或缺氧；双侧瞳孔散大可见于药物影响（阿托品作用）、濒死状态；瞳孔对光反射迟钝或消失常见于昏迷病人；双侧瞳孔散大、固定、对光反射消失，如果同时伴有心跳、呼吸停止，则表明病人已死亡。

第二节　常见急救方法

一、人工呼吸术

人工呼吸术对于由外伤、触电、溺水、中暑或中毒等意外事故引起的呼吸骤停的抢救非常重要。人工呼吸就是人为地帮助伤病员进行被动呼吸，达到气体交换，促使伤病员恢复自主呼吸的目的。实践结果表明，伤病员呼吸停止后，若能及时采用人工呼吸术，往往会起到起死回生的效果。

常用的人工呼吸术：

1. 口对口人工呼吸法

利用正常人体呼出的气体（含氧约16.3%）、加大通气量（1000 mL以上）吹入病人肺中以维持最低的氧合作用。伤员取仰卧位，尽量使其头后仰，下颌抬起；救护者位于伤员头一侧，用手掌外沿按额并以拇、食指捏紧伤员鼻孔；先深吸一口气，然后对准伤员口部用力吹气直至其上胸部升起；吹气后，救护者头侧转，松开捏鼻孔的手，待伤员胸部复原后再重复吹气。每分钟反复进行14~18次，直到伤员恢复自主呼吸或确诊死亡为止。

2. 举臂压胸人工呼吸法

伤员仰卧位，头偏向一侧，两上肢分别平放于躯干两侧，急救者双膝跪在伤员头顶端，用双手握住伤员的两前臂，并将其双臂向上拉，与躯干成直角；再将双臂向外拉，使伤员的肢体呈十字状，维持 2 s，使伤员的胸廓扩张，引气入肺；接着再将伤员的两臂收回，使之屈肘放于胸廓的前外侧，对着肋骨施加压力，持续 2 s，使其胸廓缩小，挤气出肺。如此往复，直至伤员恢复自主呼吸或确诊死亡为止。伸臂压胸的频率为每分钟 14~16 次。

进行人工呼吸必须注意：

（1）判断准确、实施迅速，因脑部缺氧超过 3 min，大脑皮质即可破坏致死，难以康复。

（2）通畅气道，清除口鼻中异物，假牙需取下；宽衣松带，以免阻碍胸廓运动。

（3）救护者的口必须包紧伤员的口，并捏紧鼻孔，以免气体从旁漏出。

（4）救护者一边吹气，一边要注意观察伤员胸廓起伏运动，轻轻隆起时为吹气合适，每次吹气应为 800~1200 mL。

二、心脏骤停复苏术

心脏由于严重疾病、触电、溺水、窒息或药物过敏，会发生突然停止跳动，这称为心脏骤停。判断心脏骤停的指征是：伤病员的大动脉（如颈动脉、股动脉等）停止搏动、胸前听不到心跳音、伤病员的口唇或指甲紫黑等。心脏骤停是一种危急症状，必须争分夺秒进行抢救，要争取在 5 min 内恢复心跳，否则难以复苏。

心脏骤停的抢救方法：

1. 胸廓外敲击术

将伤病员仰卧位放在硬板床上，抢救者用半握拳在伤病员的心前区上反复敲击。如果敲击 3~5 次，心脏搏动仍未恢复，则应立即改换胸外心脏按压术抢救。

2. 胸外心脏按压术

胸外心脏按压术是抢救心脏骤停伤病员简单而又有效的方法。抢救方法如下：

（1）将伤病员仰卧位放在地上或硬板床上，解开衣服、胸罩、裤带。

（2）救护者跪在伤者身体一侧，两肘关节伸直，双手重叠，将手掌腕部压在伤病员胸骨下 1/3 处（剑突上两横指处）。

（3）救护者靠自己的臂力和体重，有节奏地向脊柱方向垂直下压，将胸骨下压 3~4 cm，然后立即放松，使血液流进心脏。

（4）按压与放松的时间应当相等，如此反复进行，成年伤病员每分钟按压 60~80 次，以能摸到脉搏为有效。

3. 心肺复苏术

当伤病员发生心脏骤停、呼吸停止时，如果只有一人抢救，则应先做胸外心脏按压 15 次，再做 2 次口对口人工呼吸。按压与吹气之比为 15∶2，交替进行。

如果有两人在场抢救，可以采取双人心肺复苏术进行抢救。具体做法：一人做 5 次胸外心脏按压后，另一人做 1 次口对口人工呼吸。按压与吹气之比为 5∶1，如此反复进行，直到伤病员恢复呼吸、心跳或确诊死亡为止。

在做心肺复苏时要注意：

（1）救护者在伤病员胸部加压时，不可用力过猛，动作切忌粗暴。同时，按压位置要正确，若位置过左过右或过高过低，则不仅达不到救治目的，反而容易折断伤病员肋骨或损伤其内脏。另外，为避免在心脏按压时伤病员呕吐物倒流或吸入气管，在做胸外心脏按压前，应将伤病员的头部放低些，并使其面部偏向一侧。

（2）进行胸外心脏按压时，要随时观察抢救效果。如按压心脏有效，则见伤病员的面色转红润，瞳孔由扩大变缩小，手指尖由青紫色变为正常色，且有口鼻轻微喘气，并可触到桡、颈、股动脉跳动。如经过一段时间按压与人工呼吸后，不见伤病员心跳、呼吸恢复，而且其面色灰黄，手与皮肤冰凉，瞳孔散大，全身僵直，肌肉变硬或已见皮肤出现紫青斑块状，则表明伤病员已死亡，可停止抢救。

三、止血包扎术

1. 止血术

严重外伤，常伴有不同程度的出血。外伤性出血可分为外出血和内出血两大类，血液从伤口流向体外者称为外出血；若皮肤没有伤口，血液由破裂的血管流到组织、脏器或体腔内，称为内出血。内出血的处理较复杂，需去医院诊治，这里只介绍外出血的急救法。

外伤性出血是一种危重的病症。需及时有效地止血。常用的止血方法：

（1）加压包扎止血法。适用于一般静脉出血或毛细血管出血等。方法是用较厚的纱布放置在伤口上，再用绷带、三角巾或布条加压紧紧地缠绕包扎伤口，即能达到止血的目的。

（2）间接指压止血法。这是一种最方便、及时的临时止血方法，主要用于动脉出血。具体方法：在出血动脉的近心端，用拇指和其余手指将动脉压在该处的骨面上达到止血的目的。

（3）加垫屈肢止血法。四肢膝、肘以下部位出血时，如没有骨折和关节损伤，可将一个厚棉垫、泡沫塑料垫或绷带卷塞在腘窝或肘窝部，屈曲腿或臂，再用三角巾、宽布条、手帕或绷带等紧紧缚住。

（4）止血带止血法。止血带有橡胶止血带、布制止血带和临时止血带等。具体方法：将止血带放置在出血部位的上方，将伤肢扎紧，把血管压瘪而达到止血的目的。这种方法只适用于四肢部位血管的出血。使用止血带止血法应注意：在上止血带前，局部应用毛巾、衣服等软织物加以衬垫，以免绞伤皮肤与肌肉；止血带应放在上臂上1/3处，且不可放于上臂下1/3处，以免压迫损伤桡神经；止血带松紧适度，相隔半小时或1小时左右要松开一次，暂时恢复肢体远端血液循环，防止坏死。

2. 包扎术

外伤造成的伤口，很容易被污染，不仅在局部可引起感染化脓，而且可以引起全身性感染。因此，必须及时包扎好伤口。包扎好伤口不仅可以保护伤口、避免感染，而且还可以固定敷料或药品、伤骨，并起到加压止血的作用。

发生外伤事故后，应迅速暴露伤员伤口，根据受伤的部位及伤口情况进行包扎。抢救者如手中无三角巾等抢救器材，可以就地采用毛巾、衣物等进行包扎。具体包扎方法如下：

（1）毛巾头顶包扎。用毛巾横盖在头顶上，前边齐眉，并将两前角向后拉，在枕后打结。两后角包耳向前绕，在颌下打结。这种方法适用于头顶部受伤的伤员。

（2）毛巾胸部包扎。把毛巾对折，放在一条带子上，将带子系在胸前，再把毛巾上片折成三角形，提到一侧肩上；把毛巾下片也折成三角形，提到另一侧肩上。两角各系一条带子，经肩到背后与横带打结。背部包扎方法与此相同。此法适用于胸背部受伤的伤员。

（3）衣襟重合胸背包扎。解开伤员上衣，在第三、四纽扣间横系一条带子，把两衣襟重合拉紧，两带分别围绕胸背后拉紧扎结。然后把前后衣襟反折向上，两前衣襟角各系一条带子，交叉由背上拉到背后，与反折的后衣襟打纽扣结。此法适用于胸背部受伤的伤员。

（4）毛巾腹部包扎。毛巾斜向折叠，夹角约 45°，在折叠处穿条带子，固定在腰部。然后在毛巾靠内的两角上，分别系条带子，两带分别绕大腿与另一角打结。此法适用于腹部、臀部受伤的伤员。

各类伤口包扎时要注意：动作要轻柔、迅速，不要污染伤口；用毛巾包扎时，边要固定，角要拉紧，中心伸展，敷料要贴住；包扎四肢时，最好将指（趾）露在外边，以便随时观察血液循环的情况。

第三节 意外创伤急救法

一、高处跌下

人从高处跌下后，由于跌下的高度、身体落地的部位及姿势不同，症状表现各异。轻者安然无恙或只受些皮肉之苦；重者皮开肉绽、流血不止或昏迷不醒。

当发现有人从高处跌下时，应首先仔细观察伤员是清醒，还是昏迷、休克，并尽可能了解伤员落地时身体的着地部位。如果伤员是头部先着地，同时伴有呕吐、昏迷等症状，很可能是颅脑损伤，应立即迅速送医院抢救；如果发现伤员的耳朵、鼻子有血液流出，千万不可用手帕、棉花或纱布堵塞，因为这样可能造成颅内高压或诱发细菌感染，会影响伤员的生命安全；如果伤员是腰背部先着地，可能造成脊柱骨折、下肢瘫痪，这时不能随意翻动，搬动时要 3 人同时同一方向将伤员平直抬于木板床上，不能扭转脊柱。运送时要平稳，否则会加重伤情。

二、外伤骨折

骨折就是骨头的折断，各种外伤都可能造成骨折。发生外伤骨折时，伤处会有程度不同的疼痛、压痛，骨折处发生肿胀、淤血，骨折的错位会使局部发生畸形。发生外伤骨折时要做到：

（1）抢救生命。

（2）处理伤口。如果是开放性伤口，不要将露出体外的骨折端和骨碎块送回伤口内，以免并发感染。

（3）固定断骨。及时正确地固定断肢，可减少伤员的疼痛及周围组织继续损伤，同时便于伤员的搬运和转送。可在急救现场就地取材，如木棍、树枝、木板、硬纸板等都可作为固定器材，但其长短要以固定住骨折上下两个关节为准。

（4）适当止痛。骨折会使人疼痛难忍，特别是有多处骨折时，容易导致伤员发生疼痛性休克，因此适当止痛是必要的。

（5）迅速转送。转运中要注意动作轻稳，防止震动和碰撞伤处，以减少伤员的疼痛。同时还要注意伤员的保暖和适当的体位，昏迷伤员要保持呼吸道通畅。

三、胸部损伤

胸部受到挤压、撞击时，会使肋骨多处骨折。由于胸廓失去了原有的稳定性，正常呼吸运动无法进行，而出现反常的呼吸运动，即呼气时胸廓扩张，吸气时胸廓反而缩小，伤员会发生严重的呼吸困难。如果胸膜、肺脏受到损伤，情况将更危险。

抢救胸部损伤伤员的要点：

（1）如果伤员感到呼吸困难，有可能是肋骨骨折，因此必须让伤员安静，急救者迅速用手支撑住伤员伤侧的肋骨，并协助伤员保持半坐的姿势，使其整个身体略倾向受伤一侧，以避免伤员发生窒息。

（2）将一块软质护垫放在伤处，将伤员受伤侧的手臂屈曲护住护垫，利用较宽的绷带缠住胸部或用大片条状胶布叠瓦式贴于胸部肋骨受伤处，以此来固定胸部，减轻反常呼吸的发生。

（3）如果伤员有呼吸困难、咳嗽、咯血痰、口唇发紫，或者表情淡漠，意味着病情严重，可能合并有心肺损伤，应及时将伤员送往医院抢救。在运送伤员时，要使伤员保持半卧位或头高足低位，这样会使伤员呼吸顺畅些。

四、腹部损伤

腹部损伤可以分为两大类：一类是车撞、塌方、脚踢等钝伤，另一类是枪弹片、刀子等锐器所致的开放性损伤。由于腹壁无骨骼等保护，所以腹部损伤容易导致腹部脏器如肝脏、脾脏、胃肠等损伤及内出血，严重者会危及生命。

腹部损伤的急救要点：

（1）注意伤员的气色、脉搏，如果没有腹痛现象，可先让伤员安静躺下，并将膝盖弯曲，绝对不可进食。

（2）如果伤员出现头晕、面色苍白、皮肤湿冷、呼吸微浅、脉搏快而弱，而且伤员干渴、不断地要水喝，可能是发生内出血，应及时送医院诊治。

（3）如果伤员出现呼吸、心跳停止，应采取心肺复苏术。

（4）对腹部开放性伤口，应参照“包扎术”一节的内容进行包扎处理。

五、腰部扭伤

人们在干重活或抬重物时，如果动作不协调、姿势不正确等，往往会发生急性腰扭伤，即“闪腰”。这是腰部或骶髂部位的肌肉、韧带、筋膜等软组织突然受到牵拉而超过其弹性限度所致的急性损伤。

急性腰扭伤后可立即出现剧烈疼痛，甚至有腰部断裂感。此时，腰部不敢活动，行走困难，严重者甚至卧床时不能翻身。腰部的疼痛为持续性的，咳嗽、打喷嚏、腹部用力等都可使疼痛加剧。

急性腰扭伤的处理：

（1）停止工作、劳动，绝对卧床休息。应仰卧于硬板床上，床上垫一厚被，腰下垫一软枕，可减轻疼痛和缓解肌肉痉挛。

（2）扭伤当天不要热敷和推拿，以免局部血管扩张，发生渗血和加重水肿。24 h后，局部可用热敷、推拿、拔火罐等治疗。如用红花油、米酒等涂抹、按揉患处，可促进局部的血液循环，调和气血。

六、异物入眼

在日常生活中，经常会发生异物入眼的事。异物入眼后，可引起不同程度的眼内异物感、疼痛及反射性流泪，严重的会造成角膜损伤。异物入眼后的处理方法：

（1）切勿用手揉擦眼睛，以免异物擦伤眼球，甚至使异物陷入组织内。正确的方法应当是，先冷静地闭眼休息片刻，等到眼泪大量分泌，不断夺眶而出时，再慢慢地睁开眼睛眨几下，在多数情况下，大量的泪水可将异物自动冲洗出来。

（2）如果泪水不能把异物冲出，可把眼轻轻闭上，准备好干净的水装在脸盆里，将头、眼浸入水内，在水中眨几下眼，这样也会把眼内异物冲出。也可请旁人将患眼翻开，用装满干净水的杯子冲洗眼睛。

（3）如果各种冲洗法均不能把异物冲出，则可请旁人或自己翻开眼皮，用棉签或干净的手帕蘸点干净的水轻轻将异物擦掉。

（4）如果异物是嵌在眼组织内，则应尽快到医院请眼科医生取出。切勿用针挑或其他不洁物挑，以免损伤眼组织，导致眼化脓感染。异物取出后，可适当滴入一些消炎眼药水或涂抹眼药膏，以防感染。

七、呼吸道异物

气管和食管都位于胸部，上端都与咽喉连接。通常，由于有会厌等保护，吞咽时食物不会误吸入气管。但如果在进食时大笑、哭闹或讲话，常因伴有短时间吸气，食物很容易呛入气管；昏迷或醉酒的人可能将假牙误吸入气管；此外，处于昏迷、麻醉状态的患者也可能将呕吐物呛入气管。

食物或其他异物呛入气管后，病人可突然出现刺激性呛咳、气喘、胸闷，甚至面色发绀。此时，如果意识清醒，可以采取自救方法，即自己一手紧握拳头，拇指藏在拳内，将拳眼面紧按在肚脐上，然后用另一手握住拳头，用力向上按压，如此反复，直至异物排出。此法无论患者站、坐或躺着均可实施。也可将自己的肚脐对着椅背或台边，然后猛然向上一压，重复此动作，直至异物排出。

若患者无法自救，救护者可以从背后抱起患者，用右手握拳压在患者的上腹部（心窝部），左手按在右拳上用力向后上方按压，紧缩动作，有节奏地一紧一松，反复进行，以促使异物排出。一些小异物，如米粒，呛入气管后经过咳嗽多能排出，咳嗽时头部适当低一些，另一人帮助拍击其背部以促使异物受震动后随气流排出。如果异物较大，不易咳出，出现面色发青的情况，应火速送往医院五官科治疗。

第四节　意外事故灾害急救法

一、触　电

触电可发生在有电线、电器、用电设备的任何场所。由于人体是一种导电体，当遭受强烈电流通过时，可感到局部或全身发麻、肌肉抽搐，严重者呼吸肌麻痹、心室纤颤及神经中枢麻痹，导致呼吸、心跳停止，因此必须争分夺秒地进行抢救。

立即切断电源。抢救者应立即关闭电源开关或拔掉电源插头，若一时拉不开电源开关，就立刻用绝缘的钳子、刀斧等刃具将电线截断，同时要注意割断后的带电导线不要再触到旁人身上。

如果触电人自己还有知觉，就应奋力跳起来，离开地面，因为手脚脱离了带电导体和地面，流经人体的电流因失去通路而消失，于是就自行摆脱了危险。若触电者是被漏电电线或被刮断、割断的电线击倒，抢救者可用木棍、竹竿或带木柄的铁器将电线挑开，或手戴绝缘橡皮手套，站在木板（凳）上将触电者拖开。

如果触电者脱离电源后，自己还能呼吸，但触电时间较长，或曾经一度昏厥，可将其抬到温暖的地方安静地卧着，并速请医生诊治或送往医院诊治。

若触电者呼吸、心跳微弱而不规则甚至停止，在脱离电源后应立即进行口对口人工呼吸、胸外心脏按压等心肺复苏抢救。触电紧急救护，不宜注射强心针，只需长时间的人工呼吸和心脏按压，使“假死”状态的受害者呼吸和心跳恢复正常才是行之有效的办法。只有判断确已死亡的，才能放弃救护。对已恢复心跳者，千万不要随意搬动，以防室颤再次发生，应等待医生到达，或等伤员完全清醒后再搬动。

如果触电者有皮肤灼伤，就应该将灼伤或起疱的皮肤表面保护好，切勿碰到生水或不洁的东西，也不要涂抹任何药膏，可用干净的纱布或手帕等包扎好，以防感染。

二、溺　水

溺水又叫淹溺，往往由游泳者水性不熟或过于疲劳发生小腿抽筋造成，也见于投水自尽或谋杀。人在水中被淹死的主要原因是水进入呼吸道，使人窒息；其次是由溺水者昏迷或冷水刺激而引起喉头痉挛或声带关闭，从而导致呼吸、心跳停止。因此，必须立刻进行现场急救。

若溺水者仍浮在水面，抢救者可向水中抛投木板、竹竿等救护器材，让溺水者抓住这些器具游上岸（船）；若溺水者已下沉水底，抢救者应迅速潜入水中急救；若溺水者还在挣扎，最好不要从正面接近，以免被溺水者抱住而无法施救，甚至被拖入水底，抢救者可以从侧面托住溺水者的腋窝部或下颌，然后将溺水者拖带出水面，并采用仰泳法将溺水者拖上岸或船。

将溺水者救上岸后，不论其清醒与否，均应清除其口、鼻中的泥沙、杂草，脱下假牙，把舌头拉出口外，松解衣领，以免影响呼吸。

将溺水者取俯卧位，抢救者两手把溺水者的腰部提高，头部下垂，这样能把呼吸道及胃中的水从口中倾倒出来，以保持呼吸道通畅。

如果溺水者肺、胃内的水，在平躺或俯卧时难以倒出，可将其双脚朝天提起，使其肩部、头部、双下肢下垂，就可将水倒出。或由抢救者将溺水者拖起，右手提起其腰，左手扶住其头，并将其腹部置于抢救者右膝上，使其头与双上肢下垂，这样也会使溺水者肺、胃内存水流出。

如果溺水者呼吸、心跳微弱或已停止，应在进行胸外心脏按压的同时，进行人工呼吸，积极抢救。抓紧时间进行心肺复苏比将胃中的水吐出来更重要，因此不要为吐水而耽误了急救的时间。总之，以既能倾倒出呼吸道内积水又能便于心肺复苏为最好方式。

如果寒冷的季节或较长时间浸在水中，而导致体温下降，应采取措施，给身体保温，以减少并发症的发生，并尽快将溺水者送医院继续抢救治疗。

三、火　灾

大火是无情的，烟雾中的大量一氧化碳会令人中毒窒息，烈火可将人吞没，跳楼逃生又可能摔伤致死。一旦发生火灾，该怎样自救逃生呢？下面几点将有助于你做出正确抉择。

1. 沉着冷静

许多情况下，大火中人们并非在劫难逃，而是由于一时乱了方寸，采取了错误的逃生方法。因此，如何根据当时的具体情况，采取科学的自救措施，迅速逃离火场是十分关键的。只有保持清醒的头脑，沉着、冷静地根据火势灾情选择最佳方案，才能化险为夷，才能把损失降到最低限度，否则就会造成不应有的伤亡。

2. 设法脱离险境

在大火扑来时，想方设法尽快脱离火境仍是上策。但首先需要的是镇静，要明确自己所在的楼层，观察或分析周围的火情，要回忆楼梯和楼门的位置、走向。千万不要盲目开窗开门，不要盲目乱跑、跳楼。

如果下楼的楼梯没有起火或火势不大，或没有坍塌的危险，可以在自己身上裹一件雨衣（塑料的禁用）、一条毯子，快速从楼梯冲下去。在逃离时，往往需要冲过起火地带，这时如果火势尚不太猛，可以穿上浸湿的不易燃烧的衣服或裹上浸湿的毯子。地面如有火可以穿上雨鞋。穿过火区时一定要迅速果断，不要吸气，以免被浓烟熏呛窒息。有条件的可以用毛巾捂住口鼻。

倘若利用楼梯脱险已不可能，应设想其他方法，如利用牢靠的墙外排水管，顺管下滑；或利用绳子、布条（床单撕开连接而成），系在窗挡或其他固定物上，顺绳慢慢滑下；或利用阳台、窗台，借助绳子逐级跳下。

住在较高层的人，选择跳楼逃生并不明智。而对住在二、三层楼的居民来说跳楼也是在迫不得已的情况下可采取的一项应急措施。跳楼时先往地上扔一些棉被、床垫、棉袄等物品，然后穿上棉衣裤，对准这些软物跳下，以起到缓冲作用，并尽量保证双脚先落地。另外，跳的方法也要注意，最好爬到窗外，双手抓住窗台、阳台底部；身体下垂，自然落下，这样离地高度可以减少“一人一手”，而且常常是双脚落地，保持头在上的体位，安全得多。

离出事地点较远的居民，应趁早夺门而出，但在开门时应先触摸一下门板，若门板是热的，并有烟雾溢入室内，说明大火已逼近，这时切不可开门，因为这时屋内空气中氧气含量相对较多，火苗极易窜入。可以选择另外的出口，如无其他出口可以选择，只能爬着穿过门厅或房间，绝不能站立行走。

在失火的楼房内不可用电梯，因为起火后电梯往往是浓烟的通道，运行中电梯也有发生故障突然停住的可能。另外，在逃生中，带孩子的要把孩子抱起，不可牵着孩子的手奔跑；穿高跟鞋的女性最好把鞋脱掉。

3. 防烟堵火

对于被困在火海中的人来说，应当立即关门闭户，堵塞室内孔缝，这样可以起到防热、防烟和减慢火势的作用。防止烟雾吸入的简易方法是用湿毛巾捂住口鼻。若一时找不到毛巾，可以用其他棉织物代替。防烟还可以躲进烟雾较少的卫生间，并关闭门窗；还可以到阳台、窗台上，把门窗关闭。对于火势蔓延方向的门或窗户，可用浸湿的棉被封堵，并不断往棉被上浇水，以阻挡烈火的入侵。

4. 显示求救信号

被火围困时，正确地显示求救信号是脱离险境的重要手段。火场上人声嘈杂，烈火飞腾，烟雾影响视野，呼叫声不易被人听见，这时如果卧着呼救效果比站着好。因为站着呼救，熊熊烈火会把声波反射回来，外面的人听不见。卧着呼救时，因火势随着空气上升，低矮的地方可燃物已经燃尽，或者还没有燃着，声波容易穿过空隙传出去。如果呼救声音实在不易被人听见，也可以采用各种方法发出求救信号。如用竹竿、拖把挑起色彩鲜艳的衣衫、布巾，并不断摇晃；或用手电筒灯光、应急灯光；或不断把衣服、沙发垫等软物掷出（但应避免伤人）；或敲击面盆、锅碗等，以引起救援人员的注意。

四、水　灾

水给人类带来生命，带来幸福繁荣。水却又是如此无情，古往今来，不知有多少船只在江河湖海上失事遇难；水一旦泛滥成灾，冲垮堤坝，滔滔洪水又不知吞没了多少宝贵的生命和财产。

洪水决堤，滚滚洪流倾泻而来时，怎样求生呢?

首先，要防止淹溺，迅速撤离到山坡高地或地基结构坚实的建筑物上；也可以爬到树上等待营救；或编扎木筏、竹筏向山坡高地划去；无法脱离险情、快要被洪水淹溺时，应抱住树木、竹板、木板、塑料板及其他能在水中漂浮的物体，在水上漂游。

为防洪水涌入屋内，首先要堵住大门下面所有空隙，最好在门槛外侧放上沙袋。如果预料洪水还会上涨，那么底层窗槛外也要堆上沙袋。如果洪水不断上涨，应在楼上储备一些食物、饮用水、保暖衣物以及烧开水的用具。

如果水灾严重，水位不断上涨，就必须自制木筏逃生。任何入水能浮的东西，如床板、门板等，都可用来制作木筏。如果一时找不到绳子，可用床单、被单等撕开来代替。在爬上木筏之前，一定要试试木筏能否漂浮。食品、发信号用具（如哨子、手电筒、旗帜、鲜艳的床单）、桨等是必不可少的。在离开房屋漂浮之前，要吃些含较多热量的食物，如巧克力、糖等，并喝些热饮料，以增强体力。

在离开家门之前，还要把煤气阀、电源总开关等关掉。时间允许的话，将贵重物品用毛毯卷好，收藏在柜子里。出门时最好把房门关好，以免家中财产随水漂流掉。

落水前，如果时间来得及，应争取多穿些衣服，特别是在冬春季。这对于登上救生筏或救生艇的逃生者和在水中漂浮的逃生者来说十分重要。厚厚的衣服能够帮助救生筏或救生艇上的逃生者抵御寒冷，对于水中漂浮的逃生者也起一定的御寒保温作用。

落水者应尽快离开正在下沉的船只和有倒塌危险的建筑物，尽快向山坡高地游去。水面上的一些漂浮物被波浪抛来抛去，可能会打到落水者，因此，落水者应尽量避开水面上的漂浮物。

如果长时间漂浮，会使体温下降。当被他人捞救上来后，应尽快泡到温度 40 ℃左右的热水中，使全身被热水浸泡从而达到迅速升温的作用。注意不要采用局部加热或按摩的办法来促进血液循环。如遇到昏迷的落水者，注意不要给他喝酒。有人认为酒能加速血液循环，但在落水者体温很低的情况下，只会加快其体内热量散失的速度。所以，绝对不能给因过冷而昏迷的落水者饮酒。为了促使过冷的落水者复温，除热水浸泡外，还可以喂些热糖水，增加其体内的热量，促进体温的回升。

五、地　震

地震是一种较严重的自然灾害，一旦发生地震，顷刻间山崩地裂、房屋倒塌、水库决口，给人民的生命财产带来严重威胁。地震发生时该怎样逃生呢？

首先，要镇静、沉着，不要惊慌失措，更不要恐惧、绝望，以免导致精神上的全面崩溃。在以往的地震中，多次发生过有的人蒙头转向找不到门，误把窗户当门；有的人把本该往里拽的门死死往外推；还有的人不顾一切地跳楼等现象，往往招致本可避免的伤亡。

地震发生时若在平房住宅里，应迅速钻到桌子下、床下或墙根下（勿靠近窗户）；如果房屋、围墙、门垛不高而院子又比较宽敞，那么也可头顶被褥、枕头或安全帽，到院子中心躲避。

如果正在楼房中，不要盲目逃离，最好躲避在离建筑物中心最近的墙根下，空间最小、支承牢固的房间内（如厨房或卫生间等），这些房间开间小，顶板与四面墙体联结比较紧密，而且上下水管、暖气管道也能起一定的支撑和拉扯阻挡作用。也可以钻到书桌或床底下，降低重心，伏而待定。一般来说，高层振动大，易塌，低层较为安全。高层住户可伺机向下转移，但千万不要跳楼。为了防止地震时门框变形，打不开门，在防震期间，最好不要关门。夜间地震时，不要因为寻找和穿衣而耽误时间，要争分夺秒地躲避到安全地点。

在大地抖动一阵之后的短暂平息中，要迅速拉断电闸、浇灭炉火、关闭煤气液化气阀门，然后带上震前准备好的提袋、提箱（可用袋箱护住头部），按震前选定的疏散路线（或当机立断）向安全区转移。楼房居民下楼时不要乘电梯。

如果地震时在公共场所（如电影院、舞厅、商场、展览厅等），若距离大门口较近，可迅速离开房屋，到空旷处躲避；若距离大门口较远，就不要挤到门口人堆里，以免被拥挤的人群挤伤踩伤，可以先躲到适合的地方（如椅子下、桌下、橱柜下），等人群疏散后再离开。

地震时若正好在室外，要迅速远离易爆和易燃及有毒气体储存的地域，避险时要远离高楼、大烟囱、高门脸、女儿墙、高压线，以及峭壁、陡坡或海边，不要在狭窄的巷道中停留。

如果不幸被建筑物压埋，首要的问题是如何自救。在废墟下压埋较轻的人，凭借自己的力量和智慧，根据自己所处的具体情况，寻找可以自救脱险的薄弱部位，尽力自救，完全可以脱险；失去理智的乱喊乱叫是无济于事的。受重伤或暂时不能脱险者，不要乱喊乱叫消耗体力；要设法延缓生命，首先把妨碍呼吸的部位（口、鼻、胸部附近）松动一下，或扒开一定的小空间，以利呼吸，等待救援。当听到外面有人经过或扒救时，可用呼喊或敲击物体的方法求救或为扒救人指明埋压的位置。

六、车 祸

交通事故造成的伤害大体可分为减速伤、撞击伤、碾挫伤、压榨伤及跌打伤等，以减速伤和撞击伤最为多见。减速伤是由突然强大而紧急的刹车或两车相撞，所致的损伤；撞击伤多由机动车直接撞击伤员所致，由于车速快，一旦被撞击伤势大多很严重；碾挫伤及压榨伤多由车辆碾压挫伤，或被变形车厢、车身、驾驶室挤压而致伤。

一旦发生交通事故，常常会遇到各类难以预料甚至不可抗拒的险情，常有多人甚至数十人、数百人受伤。那么怎样进行自救、互救，在险情绝境中求生呢？

乘车时，若在发生事故前的瞬间能发现险情，应迅速握紧前面的扶手、椅背，同时两腿微弯，用力向前蹬地，这样，在撞击发生的一瞬间，即使身体有被碰撞的可能，只要双手用力向前推，撞击力消耗在手腕和腿弯之间，就能缓解身体前冲的速度，从而减轻受伤害的程度。

如果车祸意外发生得十分突然，来不及做缓冲动作，就应迅速抱住头部并缩身成球形，这样可以减少头部、胸部受到的撞击。如果乘的车不幸翻倒或翻滚，不要死抓住某个部位，抱头缩身才是上策。

汽车、火车起火时，要迅速停车，乘客在车辆停稳后，要迅速打开车门或敲碎窗户玻璃，从车中逃出，不要在车厢内停留，并迅速组织扑灭烈火，搬开易燃易爆品。发生爆炸时要迅速卧倒或到安全地区隐蔽、防止炸伤。

如果车祸已经发生，该怎样抢救呢？

一般说来，头部、胸部、腹部受伤或多处受伤者，出血多者及昏迷者，均列为重伤。对垂危病人及心跳停止者，需立即进行心肺复苏。对意识丧失者用手帕、手指清除其口鼻中泥土、异物、呕吐物及分泌物，紧急时可用口吸出，以挽救其生命。对有出血、骨折的伤员，应按本书中有关章节介绍的方法处理。

由于紧急刹车、猛烈撞击和震动可引起颅脑损伤，使受伤者突然失去知觉，有的则引起颈椎损伤等，如果车厢变形，乘客受挤压、被困，常使抢救工作十分困难，因此，在抢救时要特别预防颈椎错位，脊髓损伤。凡重伤员从车内搬动、移出前，首先应在原地放置颈托或进行颈部固定，以防颈部活动，引起颈椎错位而损伤脊髓，因而发生高位截瘫。

迅速将伤员转送到附近医院治疗抢救。在运送伤员时，应尽量让伤员保持平卧姿势，以免休克加重、病情恶化。伤员的头朝车尾、脚朝车头，以免车辆行进时受加速度影响而减少脑血流灌注。转送中应严密注意伤员的呼吸、脉搏、意识变化，并注意保暖。

七、空中意外

随着航空事业的发展，乘坐飞机旅行的人越来越多，空难事故屡有发生。如果人们掌握一些自救互救知识，对减轻事故的危害程度能起一定作用。

发生空中紧急情况时，乘客应做好以下几点：

（1）保持镇静，听从机组人员指挥，切不可惊慌失措、各行其是。因为机组人员会对危急情况作出妥善处理，使损伤降低到最低限度。

（2）如果飞机高度在3660~4000 m，密封增压舱突然失落释压，乘客头顶上的氧气面罩会自己下垂，应立即吸氧。

（3）按照规定竖直坐椅靠背，系好安全带，屈身向前，脸贴在垫有枕头之类柔软物的双膝上，两臂抱住大腿，使整个身体处于最低水平位，以减少因惯性而造成的损伤。

（4）迅速将随身携带的锋利、坚硬的物品（如钥匙、小刀等），以及假牙、牙托、眼镜等放在前排座椅后的口袋里，以避免不必要的损害。

（5）若机舱内失火，乘客应尽量蹲下，使身体处于低位，屏住呼吸或用湿毛巾堵住口鼻，有秩序地撤离失火区。

八、沉　船

在江河湖海上航行，若遇到狂风巨浪或船触礁、船相撞等意外，就可能发生翻船、沉船事故。这种情况下该怎样求生呢？

保持镇静，不能惊慌失措，听从船上工作人员的指挥。

船上有救生衣、救生圈的，要迅速穿好、戴好。若没有救生衣、救生圈，则应以船自身或其他能浮动的物体作为救生用具。

在海上遇险，如在下水前能穿上较厚的衣服就能延长冷水浸泡的生存时间，最好能套上防水服。若水温低于10 ℃，则必须戴上手套和穿上鞋子，使手脚血管扩张时体热散失量减到最小，以免在很冷的水中皮肤冻结。

落入冷水者应利用救生背心或抓住沉船漂浮物，尽可能安静地漂浮。入水后应尽量避免头部、颈部浸入冷水里，不可将头盔去掉。为了减少与水接触的体表面积，特别是保护几个高度散热的部位，即腋窝、腹股沟和胸部，在水中应取双手在胸前交叉、双腿向腹部屈曲的姿势。有些遇险者在落入冷水里时，因惊慌而大喊大叫、猛烈挣扎，这样势必使体温很快下降而导致低温症或淹溺。经验证明，缺乏训练、不良的心理因素可大大减少遇险者在冷水中的生存时间。

若船已翻沉，不要挤作一团，应该分散撤离船只，游向岸边、岛上或其他救生物。由于沉船后许多船内的东西漂浮在水面上，稍不注意就会被其碰撞，轻者负伤，重者丧命。落水后要集中精力观察四周，发生不可避免的碰撞时，及时将头藏于救生圈下，减轻碰撞。

人体的肾脏不能排除高盐度的海水，所以在海上遇难时，不能饮用海水，许多遇难者因为不适量地饮用了海水，导致身体脱水而死亡。但在万不得已的情况下，遇难者也可少量饮用海水，这样有利于延长生命。当然如果能接到雨水喝是最理想的，此外，吃鱼或浮游生物都比喝海水安全。

在海上长时间漂浮，缺乏食物，人死亡得快，因此必须努力猎取食物。在海上最容易获取的食物是海藻，它不仅品种多，数量多，还容易捞取，绝大部分没有毒，可以食用，再就是捕捞浮游生物，抓鱼、鸟等。

要设法获得救援。白天落水的遇难者最好将颜色鲜艳的衣服穿在外面。通常在比较平静的海面，在视线良好的情况下，用肉眼直视或望远镜观察海面，只能在1海里（约为1852 m）以内发现落水者。若有风浪或大雾，或黑夜情况下就更糟，遇难者必须适时地使用各种信号，才能引起救助者注意。一般使用的信号有气球、电筒、发光物等。

九、中　暑

中暑是外界过高的热能作用于人体，引起体温调节功能障碍而发生的一种急性疾病。

中暑是个总称，实际上它分为4种病症：

（1）人在受热之后不出汗，使体内积热太多，出现中暑症状。这种病称热射病。

（2）在烈日下晒烤，头部受到阳光中红外线和紫外线的大量直射，头内的温度升高，头部就会发生问题。这种病称日射病。

（3）人在高温、高热环境中，出汗过多，水和盐大量丢失，因补充不及时而出现中暑症状。这种病称热痉挛。

（4）人受高温影响，大部分血液集中到皮肤和肌肉中去，以便将体热散走，结果流向脑的血液减少，因大脑缺血而引起昏晕，这种中暑叫作热衰竭。

中暑现象是在不同高温、高热或日晒的情况下发生的。其主要症状有：皮肤干热、潮红，头痛、眩晕、恶心、呕吐，尿量少，呼吸短促、脉强而快，体温升至40 ℃以上，瞳孔缩小转为放大，昏睡，逐渐神志不清。如救治不及时有效，则可能中暑死亡。

中暑的自救与互救方法：

（1）迅速转移到阴凉通风处，脱衣解带，平卧休息，喝0.1%的盐水，保持安静。对体温高、头部温度高的患者，最重要的是头部降温，最好用冰水浴或冷水浴，使头部迅速降温，保护中枢神经系统的功能。对高热的热射病，要用冰水浴、冷水浴全身降温，同时扇风以加速蒸发；或在颈、腋窝、腹股沟等有浅表大血管处放置冰块、冰水袋或浸冷水毛巾，使体温降至38 ℃。采取降温措施时，应避免患者发生寒战。

（2）给患者喝些清凉饮料，如菊花水、绿豆汤、盐茶水等。还可以给患者服藿香正气水或十滴水、人丹等解暑药。有条件的可立即静脉注射葡萄糖或葡萄糖盐水。经过上述处理后，轻病员一般可以恢复。

（3）中暑症状较重、面部发红的患者，可将其头部垫高；对面色苍白的患者，则要使其头部放低，以保证脑部供血。可用50%的酒精或冷水、冰水进行反复擦浴，以促其降温、散热。若患者失去知觉，昏迷不醒，可用香烟末刺激其鼻孔，促其苏醒，同时针刺或手掐其人中、十宣、百会、合谷穴，使其恢复知觉。如上述方法抢救无效，应尽快送医院抢救，在护送途中注意降温避暑。

参考文献

［1］邢以群. 健康概论［M］. 杭州：浙江大学出版社，2021.
［2］樊富珉，费俊峰. 大学生心理健康十六讲［M］. 北京：高等教育出版社，2020.
［3］郑希付，罗品超. 学校心理健康教育［M］. 2版. 北京：中国人民大学出版社，2022.
［4］教育部关于印发《国家学生体质健康标准（2014年修订）》的通知［EB/OL］.（2014-07-07）［2024-02-11］.http://www.moe.gov.cn/s78/A17/twys_left/moe_938/moe_792/s3273/201407/t20140708_171692.html.
［5］陈庆伟，张瑞瑛. 大学生体育与健康教程［M］. 沈阳：东北大学出版社，2016.
［6］李艳. 现代起居养生［M］. 北京：金盾出版社，2010.
［7］萧会军. 性心理与性健康［M］. 上海：第二军医大学出版社，2012.
［8］贾振邦. 环境与健康［M］. 北京：北京大学出版社，2020.
［9］朱启星. 卫生学［M］. 北京：人民卫生出版社，2018.
［10］邓树勋，王健，乔德才. 运动生理学［M］. 3版. 北京：高等教育出版社，2015.
［11］生活常识全精通编委会. 生活常识全精通［M］. 昆明：云南人民出版社，2010.
［12］蔡东联. 营养卫生学［M］. 上海：上海科学技术出版社，2005.
［13］运动医学编写组. 运动医学［M］. 北京：北京体育大学出版社，2022.
［14］曲绵域，于长隆. 实用运动医学［M］. 2版. 北京：北京大学医学出版社，2003.